*Angel Thompson*
Feng Shui in der Praxis

*Angel Thompson*

# Feng Shui in der Praxis

Die kosmische Kunst der Anordnung
von Wohn- und Arbeitsräumen

Edition Astroterra

Titel der amerikanischen Originalausgabe: FENG SHUI
Copyright © 1996 by St. Martin's Griffin, NY 10010, USA
Fotografien: Angel Thompson
Illustrationen: Gabriel Jorge Ruspini und Karen McCauley



*Deutsche Erstausgabe*

Übersetzung: Doris Aebi Egli

Satz: DTP-Studio N&M Wengerek, CH-Steinhausen

Druck: Freiburger Graphische Betriebe, D-Freiburg i. Br.

Umschlagbild: Edition Astroterra

ISBN 3-907029-56-9

**Dieses Buch ist all jenen gewidmet,
die nach der Wahrheit suchen und danach streben,
die subtile, immerwährende Balance und Harmonie von Mutter Natur
nachzuempfinden, in sich aufzunehmen und
zum Ausdruck zu bringen.**

# Inhalt

# Danksagung

Mein besonderer Dank gilt folgenden Personen:

meiner Mutter Theresa und meinem Vater Frank für ihre Rolle im Kreislauf des Lebens und dafür, dass sie mich in diese Welt gesetzt haben;

meinem Sohn Seth, dessen kritischer Geist und unendliche Geduld mit dem Fischteich mich zur Erkenntnis führten, wie die Natur funktioniert;

meiner Tochter Lily und ihrer Fähigkeit, kritisch zu prüfen und zu synthetisieren;

Karen McCauley für ihre herkulischen verlegerischen Fähigkeiten und ihren gesunden Menschenverstand;

Mikey, dessen Weisheit und Rat mich auf die richtige Spur brachten;

Tad, Noel und Marion, die an mich glaubten;

meiner Familie – Jo, Frankie, Shane, Herman, Beth, Kate, Jill, Kelly und Paul – für ihre bedingungslose Liebe und Unterstützung;

allen meinen Studenten, Klienten und Freunden für ihre Begeisterung und Ermutigung;

Barbara Anderson, Verlegerin, und Joy Chang, Verlagsassistentin bei St. Martin's Press, für ihre Unterstützung und Geduld.

Ihr Raum ist Ihr Reich.
Wie Sie diesen Raum einrichten
und was sich in ihm findet, wird bestimmen,
ob die Energie darin frei fliessen kann.
Frei fliessende Energie ist wie ein Strom,
der die Geschenke von Mutter Natur in sich birgt:
Gesundheit, Gedeihen und Wohlbefinden.
Feng Shui ist der Gast,
der diese Geschenke des Lebens
in Ihr Heim und in Ihr Büro bringt,
dauernd, unaufhörlich –
wo auch immer Sie sein mögen.

# Einleitung

Alle wünschen sich ein gutes Leben, das ist klar. Die Frage ist nur, wie man dieses Ziel erreicht. Was würden Sie von dem Rat halten, Ihr Leben mit dem Kauf einiger Goldfische oder einer Zimmerpflanze oder einfach durch das Umblättern eines Kalenders an der Küchenwand zu verbessern? Würden Sie das für verrückt halten?

Erstaunlicherweise können solch einfache Mittel eine grosse Wirkung haben. Das wird durch die folgenden Begebenheiten veranschaulicht:

- Mary war monatelang arbeitslos. Sie hängte einen kleinen Spiegel hinter ihren Ofen und bekam einige Tage später einen neuen Job.
- Thomas war seit fünf Jahren verwitwet. Er fühlte sich bereit, jemanden zu treffen und ein neues Leben zu beginnen, aber aus irgendeinem Grund passierte einfach nichts. Er pflanzte einige rote Blumen neben seine Eingangstür. Innerhalb weniger Stunden kam eine interessante Nachbarin vorbei und brachte ihm einen selbstgebackenen Kuchen.
- Cindy und Steve waren frustriert. Seit über einem Jahr hatten sie versucht, ihr Haus zu verkaufen, aber niemand war daran interessiert. Sie reparierten das Gartentor, und innerhalb weniger Tage war das Haus verkauft.

Reiner Zufall? Nicht für Kenner des Feng Shui (sprich: «fang-schwe»). Feng Shui, «Wind und Wasser», ist ein alter chinesischer Brauch, der die Umgebung als Metapher für alles im Leben betrachtet. Fühlen Sie sich deprimiert? Vielleicht sind die Büsche ums Fenster so hoch gewachsen, dass sie die Sonne abhalten. Haben Sie das Gefühl, Ihr Geldbeutel habe ein geheimnisvolles Loch, durch das Ihr Geld einfach verschwindet? Untersuchen Sie die Wasserleitungen auf undichte Stellen. Scheint Ihr Leben kompliziert oder in Unordnung zu sein? Vielleicht ist es an der Zeit, dass Sie Ihr Haus oder Ihren Wagen putzen.

Feng Shui stützt sich auf die Vorstellung, dass die Energie, oder das *chi* (sprich: «tschi»), in jedem Raum einen eigenen Charakter hat. Wer sich in einem Raum aufhält, reflektiert das darin befindliche *chi*. Wenn Ihre Wohn- und Arbeitsräume in Harmonie mit der Natur eingerichtet sind, kann das Leben angenehm sein.

Feng Shui wird im Osten schon lange angewendet. Dort glaubt man, dass eine günstige Stellung von Häusern, Türen und Möbeln ein glückliches Leben sichert. Heute hilft diese alte Kunst Menschen auf der ganzen Welt, ihr Leben zu verbessern. Feng Shui kann unmittelbare Veränderungen bewirken, was keine Philosophie, traditionelle Disziplin oder Praktik für sich in Anspruch nehmen kann. Wer schon versucht hat, eine grössere Veränderung in seinem Leben oder Verhalten herbeizuführen, weiss, ein wie langsamer, langdauernder und schwieriger

Prozess das ist. Feng Shui hilft bei solchen Veränderungen – einfach, leicht, schnell und vor allem schmerzlos. Es ist eine wirksame Methode, die gewünschten Ergebnisse zu erreichen.

Die Chinesen wissen seit Jahrhunderten, dass eine innere Veränderung bereits dann beginnt, wenn man zu einer äusseren Veränderung bereit ist. Verändern Sie Ihre Umgebung, und Sie verändern Ihr Leben. Wie kann das sein, wenn uns doch beigebracht wurde, dass unser Inneres sowohl unser Schicksal als auch die Qualität unseres Lebens bestimmt? Jahrzehnte verbrachten wir mit der Erforschung der inneren Welten, gaben Tausende von Dollars für Therapien aus, um Kindheitstraumata zu heilen, und berichteten jedem, der zuhören wollte, stundenlang von unsere Sucht nach bestimmten Dingen, von unseren Verhaltensmustern. Wir gaben der Regierung, dem Karma, vergangenen Leben, unseren Horoskopen, Mutters Küche und sogar Gott die Schuld an unseren Problemen. Warum haben wir nie bedacht, dass auch der Raum, in dem wir wohnen oder arbeiten, seinen Anteil an ihnen hat?

Viele Menschen sagen, dass sie ihre Arbeit hassen, obwohl ihnen in Wirklichkeit nicht die Arbeit oder ihr Chef lästig sind, sondern ihr Arbeitsplatz ist ihnen unangenehm. Wir sprechen über die Umgebung, als sei sie etwas weit Entferntes. Wir wollen den Regenwald retten und keine Bäume mehr töten – aber was tun wir mit unserer Umwelt? Muss sie nicht gerettet werden? Durch eine weise Wahl des Wohn- und Arbeitsortes und sorgfältige Planung der Inneneinrichtung kann man Glück und Erfolg in sein Leben bringen. Gutes Feng Shui lässt gute Energie frei durch ein Gebäude fliessen und bewirkt eine harmonische und problemlose Kommunikation zwischen den darin Lebenden oder Arbeitenden.

Die Feng Shui-Meister von Hong Kong, Taiwan, Singapur und anderen Orten mit grossem chinesischem Bevölkerungsanteil können aufgrund der Form, Ausrichtung und Stellung eines Gebäudes bestimmen, ob es Wohlergehen und Erfolg anzuziehen vermag. Trotz hoher Honorare sind Feng Shui-Meister sehr gefragt, denn wenn ihr Rat befolgt wird, folgen Wohlergehen und Erfolg auf dem Fuss.

Traditionelles Feng Shui hat seine Wurzeln im *tao,* dem «Weg der Natur». Durch Beobachtung der vielen Zyklen im physischen Universum, einschliesslich des Himmels und der Sterne, des Sichtbaren und des Unsichtbaren, des Schattens und des Lichts, erkannten die chinesischen Philosophen einen Rhythmus, der den Menschen mit der Natur verbindet und die Naturgesetze mit den Gesetzen des Lebens gleichsetzt. Im ländlichen China wurde vor 5000 Jahren ein System entwickelt, das diese Verbindung fördern sollte. Elemente in der Landschaft – insbesondere Wasser, Erde, Metall, Holz und Feuer – halfen, die grundlegende Natur oder den Charakter eines Ortes zu beschreiben und vermittelten die zu interpretierenden Zeichen und Symbole. Leben galt als nachgeahmte Natur. Berge waren Drachen und die Flüsse deren Blut. Auf diese einfache Weise konnten die machtvollen Kräfte der Natur verstanden und zur Zusammenarbeit gebracht werden.

Die stets wachsenden Städte zerstörten die natürlichen Landschaften und ihre Merkmale, und als die Menschen in die flachen Ebenen Zentralchinas wanderten, entstand die Feng Shui-Kompassschule. Statt der natürlichen Merkmale der Landschaft benutzte diese Schule die Himmelsrichtungen (Norden, Süden, Osten und Westen), um den Charakter eines Ortes zu bestimmen und zu beschreiben. Die Richtungen des Kompasses wurden durch die Beobachtung des täglichen Laufs der Sonne festgelegt: vom Aufgang der Sonne im Westen über den Süden, der ihr Licht empfing, und den Westen, wo sie in der Abenddämmerung unterging, bis hin zum Norden, wo sie während der Nacht unsichtbar blieb. Jeder Himmelsrichtung wurde eine bestimmte Energieart zugeordnet. Als das Leben komplizierter wurde, wurden zusätzlich Zwischenrichtungen eingeführt (Südosten, Nordosten, Südwesten und Nordwesten), um differenziertere Aussagen machen zu können.

Seit 1975 hat die Schwarze Sekte des tantrischen Buddhismus das traditionelle Feng Shui um einige Dinge erweitert: religiöse, spirituelle und magische Praktiken, Gebete und Gesänge, um bösen Zauber zu brechen, Geister zu vertreiben oder die Umgebung zu reinigen und zu segnen. Diese Sekte hatte für das Bedürfnis westlicher Menschen, traditionelle chinesische Konzepte in zeitgemässe Gedanken und Praktiken zu integrieren, ein offenes Ohr.

Feng Shui ist eine sozusagen wissenschaftliche Technik zur Analyse der Umgebung und zur Interpretation natürlicher Landschaftsformen – eine Mischung aus Geomantie und architektonischem Wahrsagen. Es ist mystisch, kreativ und gleichzeitig praxisbezogen; Ziel ist, die Harmonie und Ausgewogenheit der natürlichen Umwelt in der persönlichen Umgebung zu imitieren. Die Texte sind alt, die Schulzimmer sind die Welt der Natur und der Raum, in dem man sich hier und jetzt befindet, das Wissen stützt sich auf universelle Wahrheiten und kann von jedermann erfahren werden. Es ist offen, verlässlich, leicht zugänglich und anwendbar. Ästhetik, Energiefluss und gesunder Menschenverstand sind die Grundlagen der Beratung durch Feng Shui-Praktiker.

Jeder kann die Qualität seines Lebens leicht verbessern, indem er die subtilen Einflüsse der Umgebung beachtet. Ein tropfender Wasserhahn vergeudet nicht nur Wasser, sondern entspricht einem Verlust an Ressourcen. Ein Bürostuhl mit gebrochenem Bein kann den Arbeitenden und somit auch die Arbeit aus dem Gleichgewicht bringen. Ein zu tief gehängter Spiegel kann die Tatsache symbolisieren, dass man «den Kopf verliert» oder kein klares Bild von sich selbst hat. Viele kleine Dinge, die wir als selbstverständlich hinnehmen, nicht beachten oder übersehen, können Probleme in unserem Leben erklären. Wir steigen über Kisten im Korridor, sitzen im Dunkeln und passen uns den meisten Bedingungen so schnell wie möglich an. Wir sind sehr geübt darin, zu leugnen und zu ignorieren, was direkt vor unserer Nase geschieht. Wir können uns den übelsten Umständen anpassen, es uns bequem machen und es Zuhause nennen, weil wir dazu erzogen wurden, alle Hindernisse in unserer Umgebung anzunehmen, zu ignorieren und uns ihnen anzupassen. Aber tun wir gut daran?

Sensible Menschen reagieren ständig auf Energien, ob ihnen das klar ist oder nicht. Ärzte raten einem erschöpften Patienten zu einer Luftveränderung; Freunde raten zu einer neuen Frisur oder zum Kauf eines Luxusartikels, damit man sich besser fühlt. Blumen heitern ein Krankenzimmer auf; Ventilatoren lassen abgestandene Luft zirkulieren; Türglocken kündigen einen Besucher an.

Die meisten intuitiven Menschen erkennen in Feng Shui etwas, mit dem sie schon immer unwillkürlich gearbeitet haben; sie können gute Räume von schlechten Räumen unterscheiden. Sie bekommen durch Feng Shui eine Sprache, mit der sie ihre Intuitionen beschreiben können; für andere bedeutet Feng Shui einen gangbaren Weg, sich mit der Natur zu verbinden und die Lebensqualität zu verbessern.

Wir leben in einer Zeit der Krise, in der die Kenntnis von Feng Shui viel zur globalen Heilung beitragen kann. In den letzten 500 Jahren haben wir die Natur ignoriert, haben wir uns dem industriellen und elektronischen Fortschritt zugewandt und behauptet, wir seien einmalig und überlegen. Unsere moderne Welt ist zwar das Ergebnis unserer Bemühungen, die Natur unter Kontrolle zu bringen – doch die Kontrolle selbst ist nur eine Illusion, die oft genug durch verheerende Überschwemmungen, Erdbeben, Tornados und anderes mehr zerstört wird, was Mutter Erde zur Erhaltung von Gleichgewicht und Harmonie einsetzt.

Wir können die Uhr des Fortschritts nicht zurückdrehen, und wir wollen es auch nicht. Das moderne Leben mit allen seinen Annehmlichkeiten ist grossartig. Trotzdem sollten wir jene Naturgesetze anerkennen und achten, die dazu dienen, Gleichgewicht und Harmonie zu erhalten. Wenn wir unsere Verbindung mit Mutter Natur akzeptieren und aufrechterhalten, werden wir würdig, die Geschenke, die sie für all ihre Kinder bereithält, zu empfangen – den Schatz eines langen, blühenden und friedlichen Lebens. Dieses Buch kann Ihnen dabei helfen. Es ist als Anleitung zum Aufbau einer Beziehung mit der Natur, mit sich selbst und mit dem Raum, den man bewohnt, gedacht. Auf lange Sicht ist dies die einzige Beziehung im Leben, die ewig besteht.

Feng Shui umfasst unendlich viel mehr als die einfachen Praktiken, die in diesem Buch aufgezeigt werden. Feng Shui ist ein Studienobjekt fürs Leben. Ich habe jedoch die Erfahrung gemacht, dass Menschen auch dann davon profitieren können, wenn sie sich nicht mit der zugrunde liegenden, komplizierten esoterischen Philosophie befassen wollen. Das von mir entwickelte System – eine Mischung alter Prinzipien mit heutigen Realitäten – funktioniert ohne teure Renovationen. In diesem Buch werden Sie Informationen finden, die Sie heute verwenden können. Gerade jetzt. In diesem Augenblick. Vielleicht werden Sie nicht in der Lotterie gewinnen und auch keinen Millionär heiraten, aber wenn Sie diese Methoden regelmässig anwenden, wird Ihr Leben immer besser werden. Viel Glück!

# Teil 1

## *Die Grundlagen des Feng Shui*

# Kapitel 1

# *Die Elemente und die Richtungen*

## Der Gebrauch von Farbe, Form und Richtung als Nachahmung der Natur

Wohin gehen Sie, wenn Sie sich entspannen oder wohlfühlen wollen? Gehen Sie an den Strand, in die Berge oder in die Wüste? Manche Menschen lieben den freien Himmel oder das Kampieren im Wald. Andere mögen die Lichter einer Grossstadt oder geniessen den Nervenkitzel in Vergnügungsparks. Vielleicht bleiben Sie lieber zu Hause und entspannen sich beim Geschirrspülen beim Pflanzengiessen oder beim Spazierengehen.

Aber wo auch immer Sie zu Erholungszwecken hingehen, eines ist sicher: An diesem Ort fühlen Sie sich wohl. Hier können Sie sich gehenlassen, sich entspannen und alle Sorgen und Gedanken loslassen. Diesen Ort wollen wir einmal Ihr persönliches Paradies nennen.

Und wenn ich Ihnen nun sagen würde, dass Sie die guten Gefühle, die sich bei Ihnen an solch «magischen» Orten einstellen, überall hervorrufen könnten, wo auch immer Sie sich aufhalten – wären Sie dann bereit, sich eine bestimmte Art des Sehens anzueignen, wenn sie Ihnen helfen würde, das zu erreichen? Wenn Sie hier mit «ja» antworten können, sind Sie bereit für den ersten Schritt in Feng Shui – für die fünf Elemente.

Die Elemente enthalten die Antwort auf die Frage, warum bestimmte Räume gut sind und andere nicht. Wenn Sie verstehen, warum das so ist, können Sie sich ihr persönliches Paradies schaffen.

Die fünf Elemente – Holz, Feuer, Erde, Metall und Wasser – repräsentieren alle Dinge der sichtbaren und der unsichtbaren Welt, einschliesslich der Himmelsrichtungen. In der Natur sehen wir die Elemente in ihrer natürlichen Form. Bäume und Blumen gehören zu Holz, die Sonne zu Feuer usw. Auch Landschaften werden dem sie dominierenden Element zugeordnet. Wenn Sie beispielsweise an einem See wohnen, befinden Sie sich in einer Wasser-Umgebung und in der Wüste in einer Feuer-Umgebung. Auch Gebäude und Innenräume werden dem sie beherrschenden Element zugeordnet.

Im Reich der von Menschenhand geschaffenen Objekte und Räume werden die Elemente durch Farben, Formen und Richtungen dargestellt. Alles Folgende gehört beispielsweise zum Element Holz: ein Holzhaus; ein hohes oder rechteckiges Haus; ein Haus, dessen Eingang nach Osten weist; ein Ort, an dem Pflanzen gezüchtet oder verkauft werden; ein grün gestrichenes Haus.

Dies bedeutet, dass man die Natur mittels Farben, Formen und alltäglichen Materialien in den Innenräumen wiedererstehen lassen kann.

Nehmen wir einmal an, Ihr persönliches Paradies sei der Strand. Was macht einen Strand zu etwas Besonderem? Die ungezähmte Natur und der weite Raum, das Sonnenlicht, die in der Brise schwankenden Palmen, die salzige See, die sich brechenden Wellen, die flaumigen weissen Wolken, die feuerroten Sonnenuntergänge, die grauen Möwen, die buntgestreiften Sonnenschirme. All dies gehört zum «Strand». Das Meer können Sie zwar nicht mit nach Hause nehmen, aber durch die Verwendung von Farben, Formen und Richtungen, die die natürlichen Elemente des Strands repräsentieren, können Sie dessen Atmosphäre mit Leichtigkeit wiederentstehen lassen.

Am Strand gehören die Palmen, die Strohmatten und die Holzpfähle, an denen die baumwollenen Sonnenschirme befestigt sind, zum Element Holz. Im Inneren erhalten wir es durch die Farbe Grün, durch organische Materialien, Holzmöbel und Miniaturpalmen. Am Strand erkennt man das Feuerelement im Sonnenlicht, in der Hitze, in den Sonnenuntergängen und in den roten Segeln auf dem Meer sowie in allen Meereslebewesen wieder.

In Innenräumen ersetzen Licht und Wärme die Sonne, Muscheln können als Ornamente verwendet werden, und Bilder von Sonnenuntergängen oder rote Accessoires hellen Heim und Büro auf. Am Strand stellt der Sand das Element Erde dar. Daheim kann man Sandfarben oder Miniatur-Sandgärten benutzen.

Um einen Eindruck von «glitzernder See» hervorzurufen, kann man beispielsweise glänzende Steine und spiegelnde Oberflächen verwenden. Gewiss würden Sie nicht den Ozean in ihrem Wohnzimmer haben wollen, aber wie wäre es mit einer Wellenmaschine, mit Bildern von der Brandung oder vielleicht mit natürlichen Meeresgeräuschen als Hintergrundmusik? Wenn man alle Entsprechungen der Elemente kennt, ist es einfach, die gewünschte Atmosphäre zu schaffen.

## Die fünf Elemente

Im Universum gibt es einen Rhythmus. Wer in Kontakt mit der Natur lebt, folgt diesem Rhythmus ganz bewusst. Bauern pflanzen im Frühjahr an, lassen im Sommer wachsen, ernten im Herbst und lassen im Winter das Land ruhen. Seeleute und Fischer sind sich der Bewegung von Sonne, Mond und Sternen und deren Auswirkung auf die Gezeiten und die Bewegungen der Fische sehr bewusst. Auch Stadtbewohner, die keinen Kontakt zur Natur haben und in Gebäuden aus Stahl und Glas leben, stehen unter dem Einfluss dieser natürlichen Rhythmen, aber es ist ihnen nicht bewusst. Daher können Stadtbewohner leicht die Einstimmung auf die Natur verlieren, wodurch innere Rhythmen gestört werden und das Leben unharmonisch und unerfreulich wird.

Die Chinesen analysierten den Rhythmus des Universums durch die Beobachtung der Sonne, und sie entdeckten, dass auch die Natur und das Leben diesem Rhythmus folgen. Das Leben beginnt am Morgen, wenn die Sonne im Osten aufgeht. Während des Tages nimmt die Sonne an Kraft zu, bis sie im Westen sinkt und schliesslich verschwindet. Der Übergang vom Licht zum Dunkel geht in vier klar unterscheidbaren Stadien vor sich: Anfang, Mitte, Niedergang und Ende. In der Natur sahen die Chinesen diesen Rhythmus in den fünf Elementen ausgedrückt.

*Dieses Haus wirkt so, als sei es mit seiner Umgebung verwachsen – es befindet sich in vollkommenem Einklang mit ihr.*

### *Holz – das Element des Frühlings*

Das Leben erwacht aus dem tiefen Winterschlaf, wenn die Sonne die Ankunft des Frühlings ankündigt. Das Element Holz schickt dem Licht zarte grüne Sprossen entgegen. Diese Energie gleicht der Energie bei der Morgendämmerung, wenn die Sonne im Osten aufgeht und einen neuen Tag ankündigt. Daher wird das Element Holz den frühen Morgenstunden, dem Frühling, allem Wachsenden, der Farbe Grün, hohen, rechteckigen und baumähnlichen Formen, dem Osten und dem Prinzip des Wachstums oder des Anfangs zugeordnet.

Eine Holz-Landschaft ist geprägt von Wäldern und Dschungeln, vielen hohen Bäumen und Pflanzen oder Blattwerk, angepflanzt oder natürlich wachsend. Auch viele Pfosten und Säulen weisen auf einen Holz-Ort hin. Häuser, die vorwiegend aus Holz gebaut wurden (oder einen Holzzaun haben) gehören zum Holz-Element.

Wenn es in der Umgebung zu viel Holz gibt, sollte man es zurückschneiden oder entfernen. Eine Säge, eine Hacke oder eine Axt (alles Metall-Gegenstände) in den Händen eines kräftigen Gärtners kann überschüssiges Pflanzenwachstum entfernen. Wenn man es nicht entfernen will, verringert Feuer das Holz und macht es beherrschbar. Symbolisch kann man Feuer hinzufügen, indem man Räucherwerk verbrennt, Kerzen anzündet, Schwerter oder Messer als Dekoration, elektrisches Licht, rote Blumen oder allgemein die Farbe Rot verwendet. Wenn das alles nicht geht, kann man das Licht einschalten und die Heizung aufdrehen.

Wenn es nicht genug Holz in der Umgebung gibt, gibt es nichts, an das man glauben kann. Sie könnten ängstlich werden und nicht nur Veränderungen, sondern auch Verpflichtungen fürchten. Hat man keine feste Meinung, so kann man sich zwar eine Zeitlang anderen anschliessen, aber letztlich wird man nicht mehr fähig sein, für sich selbst zu sprechen oder für sich selbst einzutreten.

Dieser einfache Holzzaun (Abb. links) ruft die gleichen Gefühle hervor wie die Säulen eines griechischen Tempels (Abb. unten). Beide Formen gehören zum Holz-Element.

Wenn es nicht genug Holz gibt, ist es einfach, Pflanzen, Blumen, Bonsai-Bäume, Wasserpflanzen in einem Wassergefäss, ein grünes Möbel oder Bilder von Pflanzen einzusetzen. Wenn lebende Pflanzen nicht erhältlich sind, kann man Früchte und Gemüse benutzen oder getrocknete oder künstliche Pflanzen.

Holz hat folgende Entsprechungen:

| | |
|---|---|
| *Qualitäten:* | Erschaffung, Nähren, Wachstum nach oben, ursprüngliche Wut |
| *Tugenden:* | Liebe zu den Menschen; Wohlwollen; ausgewogenes Verhältnis zwischen Wurzeln und Ästen, Familie und Karriere; flexibles Denken |
| *Symbol:* | der mythische grüne Drache |

*Vom Hongkonger Hafen aus gesehen, erinnern diese hohen Gebäude an Bäume in einem Wald. Die baumförmigen Bauwerke stehen in Einklang mit der gesamten Wasser-Landschaft.*

*Die Pagode des Tempels der Sechs Banyan-Bäume (ca. 357 n. Chr.) in Kanton, China, ist ebenfalls ein baumförmiges Bauwerk (hoch) mit Details aus dem Wasser- (geschwungene Balkone) und dem Feuer-Element (oben spitz), die einen ausgleichenden Effekt haben.*

| | |
|---|---|
| *Jahreszeit:* | Frühling |
| *Himmelsrichtung:* | Osten |
| *Farbe:* | Grün |
| *Zeit:* | der frühe Morgen, die Jugend |
| *Planet:* | Jupiter |
| *Materiallien:* | alle Arten von Holz; organische natürliche Fasern (Seide, Baumwolle, Leinen); Gemüse, Früchte, Kräuter, Blumen, Pflanzen (lebend oder künstlich – auf Fotos oder künstlerisch dargestellt) |
| *Innenräume:* | Esszimmer, Kinderzimmer, Schlafzimmer |
| *Formen und Typen:* | gross; oval; rechteckig; säulenförmig; Formen, die oft an religiösen oder Gedenkstätten benutzt werden; Wolkenkratzer; hohe Türme |
| *Ideale Anwendung:* | alles, was mit Kreativität, Nahrung und Wachstum zu tun hat: Pflanzenschulen und Gewächshäuser; Spitäler, Kinderheime, Heilzentren; Restaurants, Cafés und Geschäfte aus dem Bereich des Catering; Hersteller oder Verkäufer von Holzartikeln; Künstlerateliers |

Das Element Feuer wird durch die am Zenith stehende Sonne dargestellt – die Mitte des Tages, wenn die Sonne am höchsten steht, es sehr heiss und die Helligkeit gross ist. Dies gleicht der Energie, die im Sommer, einer Jahreszeit voller Verheissungen und Wachstum, vorherrscht. Die Sonne zieht durch die südlichen Teile des Himmels, daher wurde der Süden zur Richtung des Feuers. Flammen geben dem Feuer seine rote Farbe und seine dreieckige, spitze Form.

Landschaften mit spitzen Bergen oder Gebäude mit spitzen, eckigen oder abfallenden Dächern werden als Feuer-Orte betrachtet. Die grossen Pyramiden von Gizeh, Ägypten, haben eine klassische Feuer-Form. Ihre Nähe zum Nil ergab eine vollkommene Feuer-Wasser-Matrix, aus der Leben entstehen konnte, und tatsächlich floss der Nil durch ein fruchtbares Tal.

Feuer ist das Element des Verstehens, der Höflichkeit und der Zeremonie. Feuerdominierte Menschen sind gewöhnlich vernünftig und auch fähig, Gefühle angemessen mitzuteilen. Eine solche Person hegt keinen Groll und hat Mitgefühl für andere. Ein Ungleichgewicht im Element Feuer kann sich allerdings als Unfähigkeit manifestieren, mit Enthusiasmus voranzuschreiten. Wer in einer Küche, einer Bäckerei oder an einem anderen heissen Ort arbeitet, in der Wüste oder im Schatten eines dreieckigen Berges lebt, wird extreme Emotionen zeigen – von passiv und apathisch bis hin zu manisch und hyperaktiv.

Bei einem Mangel an Feuer leiden wir an steifen Gelenken, trockener Haut, schlechten Augen und schlechter Blutzirkulation. Wir können müde sein, zu wenig leidenschaftlich und sexuelle Schwierigkeiten oder Orgasmusstörungen haben. Wir haben möglicherweise Zukunftsängste, die sich bis zur Panik steigern können.

Wenn es in der Umgebung an Feuer mangelt, kann man sich Goldfische anschaffen, ein Vogelhaus, Hunde, Katzen oder andere Tiere. Oder man kann im Kamin ein Feuer anzünden,

*Die drei Pyramiden von Gizeh setzen den Standard für die klassische Feuer-Form. Selbst heutzutage schreibt man den Pyramiden noch magische Eigenschaften zu – so auch die Fähigkeit, himmlische Weisheit an Sterbliche auf Erden weiterzuleiten.*

*Die feuer-artigen Segel der Boote auf dem Nil ragen in den Himmel.*

*Auch die feuer-artigen Turmspitzen des Schlosses tun dies.*

*Die ebenfalls feuer-artlgen Fabrikschlote sind ein neuzeitlicher Versuch, den Gott der Industrie mit den Göttern des Himmels zu verbinden.*

*Die Zinnen der Westseite des Mormonentempels in Salt Lake City, Utah, weisen ebenfalls himmelwärts.*

eine Grillparty veranstalten, Kerzen und Räucherwerk anzünden oder rote Blumen aufs Pult, ans Bett oder auf den Tisch stellen. Malen Sie die Eingangstür rot an.

Wenn Sie das Gefühl haben, an Feuer-Mangel zu leiden, sollten Sie tagsüber hinausgehen und das Sonnenlicht tief in sich aufnehmen – ein einfacher Weg, das innere Feuer zu entfachen.

Andererseits kann sich zu viel Feuer in einem flatterhaften, kritischen, lauten, unangenehmen und streitsüchtigen Verhalten äussern. Wenn Sie Feuer reduzieren wollen, können Sie Keramiktöpfe, Lehmziegel und andere Erdsubstanzen oder -farben benützen. Denken Sie etwa an eine mexikanische Hazienda mit ihren Ziegelböden und -dächern: Es gibt einen guten Grund dafür, dass in tropischen Regionen Backsteine oft als Hauptbaumaterial verwendet wird. Erdige Materialien schützen gut vor der Sonnenhitze; sie machen ein Haus im Sommer kühl und im Winter warm.

Auch Wasser kühlt Hitzezustände ab, weshalb die mexikanischen Haziendas immer einen Brunnen oder Teich beim Vordereingang haben. Das Element Wasser kann auf mannigfache Weise eingebracht werden – mittels Brunnen und Wasserschalen, durch Glasgegenstände oder Bilder von Meeren und Seen.

Wenn Sie das Gefühl eines Überschusses an Feuer haben, sollten Sie nachts ins Freie gehen und das Mondlicht in sich aufnehmen. Draussen in der Nacht tief durchzuatmen ist ein altes Heilmittel und eine gute Methode, um sich zu beruhigen.

Erinnern wir uns daran, dass Feuer das Element des Lebens und des Lichts ist. Ohne Feuer können wir nicht leben; wenn wir es haben, wachsen und gedeihen wir.

Feuer hat folgende Entsprechungen:

| | |
|---|---|
| *Qualitäten:* | Intelligenz, Einfallsreichtum, menschliches und tierisches Leben |
| *Tugenden:* | Weisheit, Vernunft, Etikette |
| *Symbol:* | Roter Phönix |
| *Jahreszeit:* | Sommer |
| *Himmelsrichtung:* | Süden |
| *Farbe:* | Rot (alle Schattierungen und Intensitäten) |
| *Zeit:* | Mittag, junges Erwachsenenalter |
| *Planet:* | Mars |
| *Materialien:* | tierische Produkte einschliesslich Leder und Wolle; alles, was Licht oder Wärme erzeugt; glänzende Stoffe, die Licht und Hitze reflektieren |
| *Innenräume:* | Küchen und andere Orte, an denen gekocht wird; Öfen; Kamine |
| *Formen und Typen:* | spitze, schräge und scharfe Winkel; Gebäude mit abfallenden Dächern; Gebäude, in denen Tiere gehalten werden (Tiere werden dem Feuer zugeordnet) |
| *Ideale Anwendung:* | Gebäude vom Feuertyp eignen sich für Bibliotheken, Religionsschulen und andere Orte des Lernens sowie für Geschäfte, die mit Design und Mode zu tun haben, für Herstellungsprozesse, die Feuer, Öfen oder Chemikalien umfassen und für Tierkliniken (wegen der Verbindung zwischen Feuer und tierischem Leben) |

Zwischen Sommer und Herbst liegt der Spätsommer, eine Zeit der Ruhe und der Stabilität, in der die Nächte gleich lang sind wie die Tage und das Leben ausgewogen und leicht erscheint. Für die Chinesen entsprach diese Phase stark der Erde selbst – geduldig, unveränderlich, das Leben unterstützend. Sie hat keine Richtung, denn sie ist das Zentrum, um das sich alles dreht.

Die Energie des Elements Erde ist verlässlich, ruhig und zentrierend. Der Planet Saturn beherrscht Erde und repräsentiert Solidität und Sicherheit. Zu Erde gehört die Farbe Gelb, was vermutlich auf den gelben Erdboden Chinas zurückzuführen ist.

Die Zeit für das Element Erde ist die Mitte des Nachmittags, wenn die Energie des Morgens ihren Höhepunkt hinter sich gelassen hat und langsam abzunehmen beginnt. Erde stellt die Mitte des Lebens dar, in der die gesammelten Erfahrungen – hoffentlich – zu Weisheit geführt und die ungestümen Feuer der Jugend sich zu einem warmen Glühen besänftigt haben. Alle

*Erd-Landschaften sind flach und scheinen sich endlos auszudehnen.*

*Erd-artige Gebäude in einer Erd-Landschaft sind kaum erkennbar.*

*Dieser japanische Tempel ist ein gutes Beispiel für ein erd-artiges Gebäudes.*

*Erd-artige Gebäude sind quadratisch mit flachen Dächern. Ein Wohnhaus in Manaus, Brasilien (Abb. links) ähnelt in der Form einem alten Adobe-Dorf in Santa Fé, Neu-Mexiko (Abb. unten).*

Materialien, die aus der Erde kommen – etwa Lehm, Backsteine, Zement, Keramikplatten, Marmor, Sand und Steine – gehören zum Element Erde. Die Formen, die das Erd-Element repräsentieren, sind: Quadrat, Schachtelform oder Ebene. Landschaften mit Plateaus oder aber flache, eintönige Gegenden entsprechen dem Element Erde, ebenso flache, niedrige, schmucklose, quadratische, einfache Gebäude. Erinnern Sie sich an die Geschichte von den drei Schweinchen? Das erste baute sein Haus aus Stroh, das zweite aus Holz und das dritte aus Backstein. Natürlich hielt das Haus aus Backstein am längsten. Wenn man ein solides und verlässliches Leben will, sollte man in einem Erd-Haus wohnen.

Zu Erde gehören Sympathie, Vertrauen, Integrität und eine ausgeglichene Persönlichkeit, die verlässlich und aufrichtig ist und materielle Ressourcen angemessen behandelt. Ein Ungleichgewicht in Erde ergibt entweder einen opportunistischen Geizhals oder einen grosszügigen Spinner, der alles wegschenkt: Wer zu wenig Erde hat, wird im Restaurant verschwinden, wenn die Rechnung kommt. Wer ausgeglichene Erde hat, wird die Rechnung entsprechend dem Verzehr des Einzelnen aufteilen. Wer zu viel Erde hat, wird anbieten, die ganze Rechnung zu begleichen, aber dafür bei den anderen Geld ausleihen müssen.

In einem hohen Gebäude entweder ganz oben oder im Untergeschoss zu wohnen, kann ein Ungleichgewicht in Erde hervorrufen. Mit zu viel Erde wird man allzu steif. Man fühlt sich blockiert und ist unfähig, etwas daran zu ändern. Mit zu wenig Erde kann man Schwierigkeiten haben, sich Geld oder Ressourcen zugänglich zu machen. Um eine ausgewogenere Umgebung zu schaffen, sollten Gegenstände aus Metall wie Silber, Messing, Kupfer, spiegelblanke Oberflächen oder die Farbe Weiss eingesetzt werden. Zusätzliche Pflanzen oder grüne Farbe können ein Ungleichgewicht in Erde ebenfalls reduzieren.

Wenn man sich lethargisch oder haltlos fühlt (wie eine Feder im Wind) oder an geringer Selbstachtung, mangelnder Geradlinigkeit und unter der Unfähigkeit leidet, sich Ziele zu setzen, könnte es in der Umgebung an Erde mangeln. Erde kann in Form von Sand- und Steingärten, Bonsaibäumen in Keramiktöpfen, Steinen, Steinkrügen, Töpfereien, Marmor, Statuen oder Erdfarben wie Gold, Orange, Ocker und Gelb betont werden. Feuer stärkt Erde, daher sind tierische Produkte wie Leder und Wolle gut, ebenso Öllampen aus Ton, Weihrauch, Kerzen oder die Farbe Rot.

*Erd-artige Häuserblöcke verteilen sich über die Landschaft.*

Das Element Erde ist ruhig und stabil. Fehlt es, verliert man den Halt; ist es vorhanden, ist man fähig, aufrecht dazustehen. Was will man mehr?

Erde hat folgende Entsprechungen:

| | |
|---|---|
| *Qualitäten:* | Sympathie, Ehrlichkeit, Treue |
| *Tugenden:* | Verlässlichkeit, verantwortungsbewusster Umgang mit materiellen Ressourcen |
| *Symbol:* | Erde, das Zentrum |
| *Jahreszeit:* | Spätsommer |
| *Himmelsrichtung:* | das Zentrum oder Südosten |
| *Farbe:* | Gelb, Erdtöne |
| *Zeit:* | Mitte des Nachmittags; Mitte des Lebens |
| *Planet:* | Saturn |
| *Materialien:* | Lehm, Backsteine, Zement, Ziegel, Marmor, Porzellan, Kristall, Sand – alles, was aus der Erde kommt |
| *Innenräume:* | Lagerhallen, selten benutzte Salons, Garagen, Vorratsräume (falls mit Holz kombiniert), Innenhöfe |
| *Formen und Typen:* | flach, niedrig, schmucklos, schachtelförmig, quadratisch; einfach und aus Backsteinen, Zement, Lehm oder anderen Erdmaterialien erbaut (auch ein Backsteinbau mit steilem Dach gilt als Erd-Gebäude) |
| *Ideale Anwendung:* | Krankenhäiuser; Gefängnisse; Regierungsgebäude; Geschäfte, die solide und dauerhaft wirken müssen; Gräber; Mausoleen; Gewölbe; Lagerhallen; Geschäfte, die mit Minen oder Tunnelbau zu tun haben; Herstellung und Verkauf von Keramik; Landwirtschaft oder Bauingenieurwesen; Banken und Finanzinstitute |

### *Metall – das Element des Herbstes*

Am Ende des Sommers werden die Blätter farbig; Reif glitzert im Gras wie Diamanten und kündigt den Herbst an – eine Jahreszeit, die zum verblassenden Licht im Westen passt. Die Prinzipien der Kontraktion und der Reduktion sind aktiv. Durch Druck werden die Mineralien in der Erde reduziert und komprimiert; so entstehen die Metalle, die gewonnen, geschmolzen und zu Schwertern, Schaufeln und Sicheln für die Ernte geformt werden können, und Münzen werden aus Silber und Gold geprägt. Daher wurde das Element Metall mit dem Westen, der Farbe Silber und mit runden, münzenähnlichen Formen assoziiert.

Eine Metall-Landschaft hat sanft gerundete Hügel, wie man sie z. B. in der Toskana findet, und wird von Bögen, Kuppeln, Kurven sowie von Gebäuden aus oder verkleidet mit Stahlbeton, Eisen, Stahl oder Kupfer charakterisiert. Gerundete und spiegelnde Oberflächen wie auch Unterführungen, die gewöhnlich aus Metall bestehen, werden ebenfalls vom Element Metall beherrscht.

Die Tugenden des Elements Metall sind Moral, Ethik, Rechtschaffenheit und exaktes Denken. Das Element Metall steht für Geradlinigkeit und Reinheit. Von Metall beherrschte Personen können sehr gut kommunizieren und dann sprechen oder schweigen, wenn es ange-

*Metall-artige Gebäude sind rund, gebogen, haben Arkaden oder Kuppeln. Da Metall mit Münzen in Verbindung gebracht wird, sind metall-artige Gebäude ideal für alle Geschäfte, die mit Finanzen und Geld zu tun haben.*

bracht ist. Exaktes Denken gehört ebenso zu diesem Element wie neue Ideen und Gedankengänge.

Zu wenig Metall macht einen Menschen ruhig, vorsichtig und pingelig. Es ist schwierig, mit ihm auszukommen. Das gilt auch für Menschen mit zu viel Metall, die geschwätzig, rechthaberisch, allzu enthusiastisch und gedankenlos im Sprechen und Handeln sein können. Emotionaler Kummer ist ein Symptom von Unausgewogenheit in Metall, die eine Unfähigkeit bewirken kann, seinen Gedanken eine Form zu geben und sich Ressourcen zugänglich zu machen; Gegenstände können aufgrund von Zerstreutheit verlorengehen. Fehlendes Metall in der Umgebung lässt sich mit den Farben Weiss und Grau oder durch schwarzweisse Muster ersetzen. Silberne Platten, Kochgeschirr aus Metall, Messingtöpfe, Goldschmuck, schmiedeeiserne Geländer, Stahlmöbel, Metallskulpturen – alle Gegenstände also, die aus Metall bestehen –

*Das Casino von Avalon, Kalifornien, ist ein Metall-Gebäude in einer Wasser-Umgebung – eine sehr günstige Lage, sofern das Wasser sauber ist.*

können benutzt werden. Echtes oder falsches Geld, Goldmünzen, militärische oder sportliche Auszeichnungen sollten strategisch plaziert werden, um mehr Einkommen anzuziehen.

Metall steht für Loslassen, sich Zurückziehen und Umkehren. Wenn man an der Vergangenheit festhält, kann das einen Überschuss an Metall bedeuten und zu entsprechenden Problemen wie Verstopfung, Hemmung oder Atembeschwerden führen (in der Akupunktur werden die Lungen dem Element Metall zugeordnet). Schwierigkeiten, die Realität zu akzeptieren, können sich in steifen Gelenken oder schlechter Blutzirkulation äussern. Geld und die materielle Welt können überbetont werden. Einem Metall-Überschuss kann durch einen Herd mit einem grossen Feuer (oder der Videoaufnahme eines brennenden Feuers), Kerzen, Weihrauch, dekorativen Äxten oder Schwertern, roten Porzellanvasen, goldenen Kerzenständern oder solchen aus Messing, Stahlmöbeln oder elektrischen Öfen entgegengewirkt werden. Eine andere Möglichkeit, Metall zu reduzieren, ist das Hinzufügen von Wasser in Form von Wassergärten, Brunnen oder Wasserschalen oder einem gläsernen Wasserspender. Auch Erde in Form von Sand, Steinen, Ziegeln usw. kann zu einer ausgewogenen Umgebung beitragen.

Metall erleichtert die Konzentration. Wenn man Metall in seinem Leben betonen will, sollte man einen metallenen Ring an dem Finger tragen, der die gewünschte Aktivität repräsentiert. Männer sollten den Ring an der linken Hand tragen, Frauen an der rechten.

| | |
|---|---|
| *Daumen:* | persönliche Macht |
| *Zeigefinger:* | Lernerfolg |
| *Mittelfinger:* | Stabilität |
| *Ringfinger:* | Liebe |
| *kleiner Finger:* | Kreativität |

Metall ist ein wichtiges Element im Leben, denn es repräsentiert scharfes Denken, intensive Konzentration und die Fähigkeit, Schlussfolgerungen zu ziehen. Der Ausgang einer Sache ist ebenso wichtig wie ihr Beginn.

Metall hat folgende Entsprechungen:

| | |
|---|---|
| *Qualitäten:* | Umkehr und Rückzug |
| *Tugenden:* | Moralität, Ethik, Rechtschaffenheit und exaktes Denken |
| *Symbol:* | weisser Tiger |
| *Jahreszeit:* | Herbst |
| *Himmelsrichtung:* | Westen |
| *Farben:* | Weiss, Grau, Silber |
| *Zeit:* | Sonnenuntergang |
| *Planet:* | Venus |
| *Materialien:* | Aluminium; Stahlbeton, Eisen, Stahl, Kupfer, Zinn – alle Arten von Metall; Spiegel aus Glas, überzogen mit Silber oder Aluminium; Drähte, die Töne, Licht oder Hitze übermitteln; Transparentfilm, bedeckt mit Silber |
| *Innenräume:* | Werkstätten oder Orte, an denen Werkzeuge und Messer benutzt werden; Küchen, Öfen, Metallausgüsse. Ofen und Ausguss sollten durch Keramikplatten (Erde) voneinander getrennt werden, denn Feuer und Metall bekämpfen sich |
| *Formen und Typen:* | die sanft gerundeten Hügel der Toscana; Unterführungen von Strassen und Eisenbahnlinien; runde, gebogene und kuppelförmige Dächer; Bögen; Arkaden; Halbkreise; Burgen; Schlösser; anderer teurer Grundbesitz |
| *Ideale Anwendung:* | in allen Geschäften, die mit finanziellen oder städtebaulichen Belangen zu tun haben; auch geeignet für Hersteller von Schmuck, Haushaltsgegenständen, Messern und Schwertern aus Metall. Heute werden viele Gebäude aus einer Mischung von Erd- und Metall-Elementen gebaut. Da Erde und Metall aufeinander folgen gilt dies als günstig; es fördert Wohlstand und finanziellen Erfolg. Das Metall-Element verspricht Geldgewinn, ist aber für das einfache tägliche Leben nicht förderlich |

### *Wasser – das Element des Winters*

Der Zyklus scheint nun geschlossen. Alles ist dunkel wie tiefes Wasser, das letzte Element. Es ist Winter. Im hohen Norden scheint die Sonne nicht mehr. Das Leben ist unter der gefrorenen Oberfläche der Seen verborgen und wartet auf den Frühling, auf die Wärme der Sonne, um zu neuem Leben zu erwachen. Die Farbe, die zu Wasser gehört, ist Schwarz. Die Form, die zu Wasser gehört, ist gerundet wie der Lauf eines Flusses oder eine Welle.

Wasser ist das Blut des Lebens; nichts kann ohne Wasser existieren. Das Element wird ausgedrückt durch Kommunikation, Übermittlung von Ideen, Weisheit und soziale Interaktion. Wenn in Wasser ein Ungleichgewicht besteht, kann der Mensch einsam und isoliert, vergesslich, unfruchtbar oder impotent sein. Er kann an steifen Gelenken, unscharfer Sicht, mangelnder Klarheit, Schlaflosigkeit, störenden Träumen oder Minderwertigkeitsgefühlen leiden.

*Wasser-artige Berge gleichen heranflutenden Wellen.*

*Wasser-artige Gebäude wie das Sea-Ranch Condominium im Norden von San Francisco, Kalifornien, haben unregelmässige Dachlinien und scheinen aus der Landschaft herauszuwachsen. Wasser-artige Gebäude in einer Wasser-Umgebung sind harmonisch.*

Wenn es zuviel aktives Wasser gibt, ist der Mensch wie ein Ozean – grenzenlos, überwältigt und überwältigend. Wenn es einen Wasser-Überschuss gibt, etwa das Dach undicht ist, kann man Pflanzen aufstellen, die das Wasser auffangen. Holz und Wasser harmonieren, und Holz wird die Auswirkung von Wasser dämpfen, ohne es zu zerstören. Auch Keramiktöpfe und andere Gegenstände, die zu Erde gehören, können überschüssiges Wasser aufnehmen. Man denke hier nur an Sandsäcke, die Fluten aufhalten.

Bei zu wenig fliessendem Wasser ist eine Person wie Wasser, das vom Fels tropft, oder wie ein Brunnen, der zwar vor sich hinblubbert, aber sein Wasser steht. Wasser beherrscht soziale Interaktionen. Möchte man das Wasser-Element in seinem Leben aktivieren, etwa um beliebter zu sein, könnte man jemanden anrufen, mit dem man lange nicht mehr gesprochen hat, oder man kann es sich zur Aufgabe machen, sich jedes Mal beim Ausgehen einer neuen Person vorzustellen. Man sollte sich weder beklagen, noch Dinge fordern.

Stehende Gewässer wie Seen, Teiche oder Becken stellen Klarheit durch Ruhe dar. Zu viel inaktives Wasser deutet aber auf jemanden hin, der nichts lösen kann – jemand, der immer in allem eine tiefere Bedeutung sieht und um die beste Lösung ringt, ohne dabei je zu einem Ende zu kommen. Zu wenig stilles Wasser lässt uns engstirnig und urteilsunfähig werden, einem verschlammten Teich gleich. Ein Ungleichgewicht in Wasser führt oft zu wirrem Denken. Um mehr Klarheit zu gewinnen, kann man nachts eine Schale mit sauberem Wasser neben das Bett stellen. Dann sollte man sich seinen Verstand so klar wie dieses Wasser vorstel-

Ein wellenförmiges Dach in Tahiti.

Ein wellenförmiges Dach am Bali Way in Marina del Rey, Kalifornien.

len. Am Morgen muss das Wasser ersetzt werden. Das kann bis zu dem Punkt wiederholt werden, an dem man die gewünschte Klarheit erreicht hat. Alles Leben braucht Wasser. Es ist die nährende und erneuernde Essenz der Lebenskraft. Klares Wasser kann jede Umgebung verbessern, und es hinzuzufügen ist recht einfach: durch Schalen mit klarem Wasser, Brunnen, Wasserkühler oder Glasgegenstände wie Vasen und Krüge. Objekte oder Farben des Metall-Elements unterstützen das Wasser. Erinnern Sie sich an Ihre Kindheit, als Sie singend durch den Regen liefen? In diesem kindlichen Verhalten liegt Weisheit.

Wasser hat folgende Entsprechungen:

| | |
|---|---|
| *Qualitäten:* | Kommunikation, Vermittlung von Ideen, Sozialisation |
| *Tugenden:* | Weisheit, soziale Aktivitäten |
| *Symbol:* | schwarze Schildkröte |
| *Jahreszeit:* | Winter |
| *Himmelsrichtung:* | Norden |
| *Farbe:* | Schwarz |
| *Zeit:* | Mitternacht |
| *Planet:* | Merkur |
| *Materialien:* | Glas. Gebäude, die hauptsächlich aus Glas bestehen, gelten als Wasser-Gebäude, aber da Glas allein nicht benutzt werden kann, |

*Diese Kirche in Santa Fé, Neu-Mexiko, erbaut aus Erd-Materialien, befindet sich in Harmonie mit ihrer Umgebung. Sie zeigt alle fünf Elemente: Holz (hohe Form des Glockenturms), Feuer (Spitze der Kreuze), Erde (quadratische Form des Haupteingangs), Metall (Glocken in den Türmen) und Wasser (Dachlinie, die wie ein Wasserfall aussieht).*

*Alle fünf Elemente ergeben einen schönen Tag am Strand: Holz (Steg), Feuer (Menschen, Sonne), Erde (Sand), Metall (Abfallkübel, Schild) und Wasser (Meer).*

muss es mit einem anderen Element kombiniert werden. Wasser und Erde bekämpfen sich; Gebäude mit viel Glas sollten keine Backstein- oder Betonfundamente haben. Holz und Metall befinden sich in Harmonie mit Wasser und gelten als viel günstiger (wie die meisten Wolkenkratzer zeigen)

*Innenräume:* Badezimmer, Waschküchen, Küchen, Weinkeller, Swimmingpools, Mineralbäder, Teiche und Brunnen.

*Formen und Typen:* unregelmässige Formen und Baumerkmale, die eher wie zufällig zusammengewürfelt als geplant wirken

*Ideale Anwendung:* Wasser-Gebäude sind ideal für alle Geschäftstätigkeiten, die mit der Übermittlung von Ideen zu tun haben – Verlage, Kunstgalerien, Museen, Konzertsäle, Werbeagenturen, Radio- und Fernsehstationen, Medienunternehmen. Das AT&T-Gebäude in New York hat oben eine kronenähnliche Form, die es zu einem Wasser-Gebäude macht. Und was ist schon kommunikativer als eine Telefon-Gesellschaft? Passend sind auch alle Tätigkeiten im Bereich der Textverarbeitung, der Computerterminologie und der Elektronik wie auch solche, die mit Flüssigkeiten aller Art zu tun haben, wie Ölraffinerien, Brauereien und Abfüllfabriken. Geschäftstätigkeiten mit Seefahrt, Segeln, Booten usw. sind ebenfalls günstig

Jedes Element hat eine spezifische Rolle, damit Ausgewogenheit und Harmonie entstehen können. Wachsendes Grün versorgt die Erde mit Sauerstoff, das Feuer der Sonne erhellt und wärmt den Weg, Erde steuert den Mutterleib bei, der alles trägt, Metall bringt die Schwerkraft, die alles davor bewahrt, in den Weltraum hinauszufliegen, und Wasser nährt alles Leben. Die ideale Umgebung, sei es aussen oder innen, enthält alle fünf Elemente. Dominiert ein Element den Raum oder die Landschaft, werden andere Elemente ausgeschlossen oder reduziert und das Gleichgewicht gestört. Wenn es etwa zu viel regnet, überflutet Wasser die Erde und ertränkt Pflanzen und Tiere, erodiert Fundamente und korrodiert das auch das stärkste Metall.

Auch Innenräume leiden unter dem Überschuss oder Mangel eines Elements. Ein ganz weisser Raum (Metall) ist steril und unnatürlich; ein Raum mit zu viel Licht und Hitze (Feuer) bleicht Stoffe und Teppiche aus; in einem Raum voll schwerer Stoffe und mit wenig Fenstern (Erde) wird es an Luft mangeln, ein Raum oder Garten, der ganz mit Pflanzen zugewachsen ist (Holz), vermittelt ein Gefühl der Unruhe und des Kontrollverlusts, und ein von Backsteinmauern umschlossener Raum (Erde) könnte statt einem Gefühl der Sicherheit ein Gefühl des Begrabenseins vermitteln.

*Der gebogene Metallzaun, verankert in Backsteinpfosten, ist für das hohe, zweistöckige Holzhaus zu klein. Metall beherrscht Holz, kann dies hier aber nicht tun, weil der Zaun zu klein ist. Auch sind die Backsteine und Pfosten (Erde) zwar mit Metall kompatibel, aber nicht mit Holz. Ein höherer Zaun aus Holz würde das Gebäude betonen und ausgewogener wirken.*

Vito litt an einer seltsamen, exotischen Krankheit. In seiner Wohnung gab es unzählige Pflanzen: Ranken wuchsen an den Wänden empor und über die Decke, tote Blätter fielen auf sein Bett, Pflanzen hingen von den Küchenschränken herunter. Er liebte zudem die Farbe Grün und hatte grüne Teppiche, Wände und Möbel.

In Räumen, die Erfolg anziehen, sind alle fünf Elemente ausgewogen vertreten. Zu viel von einem Element bedeutet, dass ein anderes zu schwach vertreten ist. Wenn alle fünf Elemente vorhanden sind, beginnt ein Raum, der Natur zu ähneln; es müssen jedoch auch die Beziehungen zwischen den Elementen berücksichtigt werden.

Wer von uns hat noch nie über die Launen der Natur gestaunt, wenn er die Macht von Wind, Wasser, Feuer und Erde erfahren hat? Unsichtbare Kräfte scheinen einige Menschen auf trockenen Boden zu bringen, vor Flammen zu retten und die Wände ihrer Häuser zusammenzuhalten, während andere, weniger glückliche, mit Entsetzen zusehen müssen, wie ihre Kamine herunterfallen und ihre Dächer weggeweht werden. Einige Gebäude überleben, andere nicht. Warum?

In vergangenen Zeiten wurde der Standort eines Gebäudes nach Energiemustern bestimmt, die aus der Bewegung der Sonne und aus den Strömungen von Wind und Wasser abzulesen waren. Heute wird ein neues Gebäude meistens im Einklang mit den bestehenden Gebäuden errichtet, damit es in den städtebaulichen Gesamtplan passt. Das bedeutet, dass alle Gebäude auf der einen Seite einer Strasse in dieselbe Richtung blicken – unabhängig davon, wie der Wind weht, wie das Wasser fliesst oder wem das Gebäude gehört. Daher werden einige Gebäude desselben Blocks von Fluten und starken Winden beschädigt, während andere, die vielleicht etwas anders plaziert wurden, eine andere Dachlinie, einen anderen Zugangsweg haben oder sogar in eine andere Richtung blicken, verschont bleiben. Wenn ein Gebäude so liegt, dass die Sonne nie darauf scheint, ist es vermutlich kalt und feucht, und seine Bewohner sind vom lebenspendenden *chi* abgeschnitten.

Wenn ein Gebäude so plaziert wird, dass es die Elemente nutzen kann, fühlen sich die Bewohner besser; das Gebäude bringt Wohlergehen. Wird zudem die Inneneinrichtung miteinbezogen, kann ein Raum mit Natur und Kosmos harmonisch fein-abgestimmt werden.

Gestreifte Hose mit geblümtem Hemd ist kaum je in Mode. Das gleiche gilt für Häuser. Haben Sie schon einmal ein Gebäude gesehen, das nicht in seine Umgebung passt? Oder einen Zaun, der das Gebäude irgendwie merkwürdig aussehen liess? Oder vielleicht einen teuer eingerichteten Raum, der einfach seltsam wirkte? Oder ein Restaurant, das Ihnen den Appetit nahm? Vielleicht haben Sie es bemerkt, vielleicht auch nicht. Vielleicht dachten Sie einfach, die Bewohner hätten einen schlechten Geschmack. Vergleichen wir das einmal mit einem natürlichen Arrangement: Ein Berg passt immer in seine Umgebung, ein Fluss ist nie hässlich oder seltsam, und ein Baum kann einfach nicht unpassend aussehen. Die Natur strahlt immer Schönheit und Grazie aus. Warum tun Gebäude und Räume das nicht?

Mutter Natur hält Ausgewogenheit und Harmonie durch Ordnung und Struktur aufrecht, indem sie die fünf Elemente – Holz, Feuer, Erde, Metall und Wasser – in einer vorbestimmten Abfolge miteinander kombiniert, die der nährenden Beziehung zwischen Mutter und Kind entspricht. Jedes Element nährt das nächste in der Reihe: Wasser nährt Holz; Holz lässt das Feuer brennen; Feuer erzeugt Asche, die zur Erde gehört; Erde drückt auf die Teilchen und komprimiert sie zu Metall. Metall zieht Wasser durch Kondensation an. Wer mit Metallstücken

*Schöpfungszyklus*

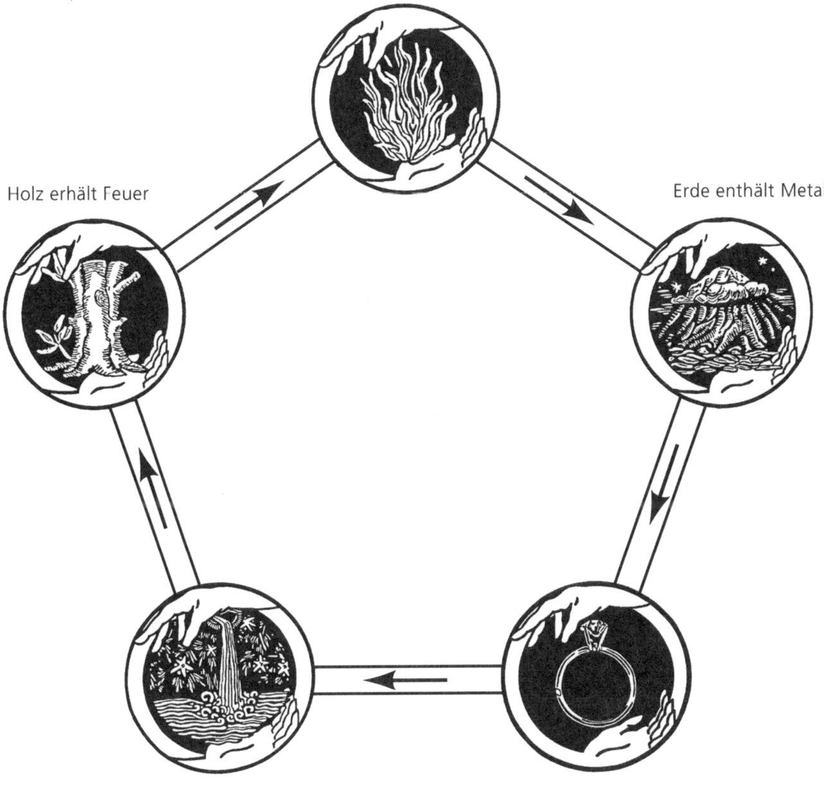


Feuer machen will, bleibt in der Kälte. Wer Pflanzen mit Sand begiesst, wird sie verdorren und sterben sehen.

Wenn das vorherrschende Element der Umgebung und das vorherrschende Element eines Gebäudes übereinstimmen oder die beiden Elemente im Schöpfungszyklus nebeneinander liegen, ist die Kombination kreativ und wachstumsorientiert. Die ägyptischen Pyramiden, eine Feuer-Erde-Kombination, haben viele Jahrhunderte überdauert. Ein Holzhaus passt gut zum Feuer des sonnigen Kalifornien und auch zum Strand, denn Wasser, Holz und Feuer folgen aufeinander. Ein Metallgebäude passt weniger dorthin, weil Metall und Feuer nicht nebeneinander liegen. Die Abbildung oben zeigt den Schöpfungszyklus der Elemente.

Als Charles sein Restaurant eröffnete, war er von seinem Erfolg überzeugt. Erbaut aus Stahl und Glas, stach es wie ein verletzter Daumen aus der sanften Hügellandschaft eines Bauerndorfes. Metall wird benutzt, um Holz zu schlagen. Das Gebäude zerschnitt die Landschaft und irritierte die Nachbarn, die es für einen Ausdruck schlechten Geschmacks und seinen Besitzer für einen Anfänger hielten. Die Einheimischen gingen weiterhin zu «Tante Emmas Küchenecke», einer hausbackenen Imbissstube in einer Holzbaracke. Der riesige Apfelbaum davor war ebenso einladend wie die Blumenkisten an den Fenstern.

Tante Emmas Restaurant befand sich in Harmonie mit der Umgebung und wurde von dieser unterstützt. Charles' Restaurant war nicht in Harmonie mit ihr und sein Kampf nahm kein Ende. Wenn die Elemente anders kombiniert werden, als es dem Zyklus entspricht, kann das zu seltsamen Ergebnissen führen; so kombiniert etwa ein hohes Holzhaus ganz oben auf einem Berg Holz mit Erde – zwei Elemente, die nicht aufeinander folgen. Das Haus sieht merkwürdig aus, ist unpraktisch und unsicher. Für diese Umgebung wäre ein Haus aus Beton oder Backsteinen, einer Kombination von Erde mit Erde, passender. Noch günstiger wäre ein Haus aus Metall, denn Erde und Metall folgen in der Reihe aufeinander. Erde nährt oder führt zu Metall, und deshalb befinden sie sich in Harmonie miteinander. New York City, eine von Wasser umgebene Insel, ist weitgehend aus Stahl (Metall) und Glas (Wasser) erbaut. Metall und Wasser folgen aufeinander. So erbaute Wolkenkratzer sind gewöhnlich günstig. Im Gegensatz dazu sind Erde und Wasser nicht in Harmonie, da sie nicht nebeneinander liegen. Nur ein Dummkopf würde ein 60stöckiges Gebäude aus Backsteinen und Glas erbauen.

Probleme können auch dann entstehen, wenn das vorherrschende Element eines Gebäudes einen anderen Eindruck erweckt, als eigentlich beabsichtigt war. Eine Bank in einem quadratischen Backsteinbau wird erfolgreich sein, weil sie solide und dauerhaft wirkt; Backsteine sind ein Erd-Element, das Sicherheit bedeutet. Eine Bank in einem Gebäude mit unregelmässigen Formen wird weniger Erfolg haben, denn diese Form gehört im Feng Shui zum Wasser-Element. Wasser vermittelt einen Eindruck von Bewegung oder Fluss und damit die Vorstellung, dass morgen schon weg sein wird, was heute noch hier ist. Wenn das Element der Gebäudes zum Geschäft passt, sind die Erfolgschancen höher.

Es ist einfach zu sehen, warum die Elemente im Feng Shui eine so wichtige Rolle spielen. Die Kenntnis der fünf Elemente hilft uns:

- ein Gebäude mit seiner Umgebung zu vergleichen, um festzustellen, ob zwischen ihm und der Welt Harmonie oder Uneinigkeit herrschen;
- eine Umgebungen auszuwählen, die unsere Arbeit und unseren Lebensstil unterstützt;
- Mutter Naturs Rezepte für das Leben in jedem Raum nachzuahmen, in dem wir uns aufhalten, denn die Natur zeigt uns, wie sie alle fünf Elemente richtig anordnet;
- passende Accessoires in bezug auf Farben, Formen und Materialien zu wählen, um ein Ungleichgewicht aufgrund sich bekämpfender Elemente auszugleichen.

Die Elemente tragen viel zur Magie des Feng Shui bei. Ihre Essenz und ihre Beziehung untereinander zu verstehen ist unerlässlich, um Harmonie und Ausgewogenheit zu schaffen.

## Die Richtungen

Wir alle haben schon vom «geheimnisvollen Osten» oder dem «wilden Westen» gehört. Wir haben vielleicht das Glück gehabt, die Gesellschaft eines höflichen «Südstaatlers» zu geniessen oder mit «Nordmännern» Elche zu jagen. Himmelsrichtungen haben charakteristische Eigenschaften und bewirken Assoziationen, die denjenigen der fünf Elemente entsprechen. Im Feng Shui sind Elemente und Richtungen synonym. Wenn man die Symbolik der fünf Elemente versteht, kennt man auch die Symbolik der Hauptrichtungen.

Himmelsrichtungen sind etwas Grundlegendes. Unser Bewusstsein stellt sich auf Richtungen ein – ob uns das bewusst ist oder nicht. Richtungen werden von der täglichen Bewegung der Sonne über den Himmel abgeleitet. Durch die Beobachtung der Sonnenbahn wurden die Richtungen definiert. Instinktiv blicken wir morgens nach Osten, in Richtung Sonnenaufgang. Daher wird der Osten mit Anfängen assoziiert. Während des Tages spendet die Sonne Wärme und Licht und erreicht in der südlichen Himmelsregion ihren Zenith. Daher wird der Süden mit Erfolg und dem Streben nach Wärme und Erfolg in der Welt assoziiert. Aus diesen beiden Grundrichtungen, die von der Sonne vorgegeben sind, werden dann die anderen abgeleitet. Der Norden ist ein Ort der Dunkelheit, weit entfernt vom Weg der Sonne; er wird mit einem Leben in Dunkelheit in Verbindung gebracht. Der Westen ist der Ort der Sterbenden und der Toten, denn dort geht die Sonne jeden Tag unter. Entsprechend diesem Sonnenzyklus werden den Himmelsrichtungen Eigenschaften zugeordnet.

Im Feng Shui ist man davon überzeugt, dass durch die Orientierung eines Menschen und seiner Umgebung an einer bestimmten Himmelsrichtung die Energien dieser Richtung aktiviert oder stimuliert werden. Will man z. B. etwas Neues beginnen, sollte man sich selbst an den Ort der aufsteigenden Sonne stellen, also in den Osten. Will man eine Familie gründen, sollte man das an einem Ort tun, wo man die untergehende Sonne sehen kann, die Familie und Kinder symbolisiert (weil sie weiterleben werden, wenn man selbst gegangen ist). Um Erfolg und guten Ruf zu festigen, sollte man sich an den Platz der Mittagssonne stellen, den Süden also, den Ort des Ruhms. Will man ein Geschäft eröffnen, sollte man sich selbst aus der Sonne entfernen und in den Norden stellen, den Ort des Geschäftes.

Elemente und Richtungen sind synonym, und Probleme können entstehen, wenn das Richtungselement des Eingangs mit dem Hauptelement der Umgebung in Konflikt liegt.

Mary Jane und Susan lebten einander gegenüber, in der Nähe des Strandes, abseits von der Strasse. Nach Alter und Herkunft unterschieden sie sich kaum, aber umso mehr im gesellschaftlichen Leben. Mary Jane hatte viele Freunde und eine gute, solide Beziehung. Susan lag sich immer mit jemandem in den Haaren. Mary Janes Haus blickte nach Norden, der Richtung, die zum Element Wasser gehört. Ihr Wasser-Haus vertrug sich gut mit der Wasser-Umgebung und war immer voll freundlicher Nachbarn, die auf einen Schwatz vorbeischauten. Susans Haus auf der anderen Strassenseite war nach Süden orientiert, der Richtung des Feuers. Feuer und Wasser zusammen ergeben Dampf. Susan wollte beliebt sein, aber ihre kritische Natur schien alle Besucher zu reizen. Sie schaffte es, die anderen «vor Wut kochen» zu lassen. War es Susan oder die Lage ihres Hauses?

Die Richtung, in die die Eingangstür weist, prägt die Interaktion zwischen den Bewohnern und der Welt. Wenn die Richtung der Türe sich mit den Elementen der Umgebung verträgt, sind Bewohner und Welt in Harmonie. Wenn hingegen die Ausrichtung des Hauses nicht zum Element der Umgebung passt, kämpfen seine Bewohner um Ansehen in der Welt und haben Probleme mit den Nachbarn.

Wie können Richtungen sich nicht vertragen? Richtungen werden den Elementen zugeordnet, und genau wie die Elemente eine schöpferische oder kontrollierende Beziehung miteinander haben, gilt dies auch für die Richtungen. Ein Haus, das nach Osten ausgerichtet ist, gilt als Holz-Haus, denn Osten entspricht dem Element Holz. Ein solches Haus befindet sich in einem Wald, einer Holz-Umgebung, in Harmonie mit der Umwelt. Ein nach Osten orientiertes Haus in der Nähe des Strandes kombiniert Holz mit Wasser – ebenfalls eine harmonische Verbindung.

Ein Ost-Haus in der Nähe einer Autobahn oder einer Metallbrücke verbindet jedoch Holz mit Metall. Metall schneidet Holz, weshalb bei dieser Kombination die Umgebung mit der Zeit Gesundheit und Wohlergehen der Bewohner des Holz-Hauses angreift. Auch ein Holz-Haus in einer Erde-Umgebung ist nicht harmonisch. Holz nimmt alle Nahrung aus der Erde; die Bewohner werden mit der Zeit die in der Umgebung vorhandenen Ressourcen ausgeschöpft haben – z. B. alle Bäume fällen, um damit das Haus zu bauen.

In Mehrfamilienhäusern kann der Eingang zu einem Gebäude in eine Richtung blicken, der Wohnungseingang aber in eine andere. Wenn die Richtungen mieinander vereinbar sind, befinden sich Hausbesitzer und Bewohner in Harmonie. Wenn die Richtung des Haupteingangs mit der Richtung des Wohnungseingangs in Konflikt liegt, kann es ständig zu Problemen zwischen Hausbesitzer und Bewohnern kommen. Mike wohnte in einem wunderschönen Haus mit einem nach Osten (Holz) gerichteten Eingang. Seine Wohnung war im zweiten Stock, ausgerichtet nach Westen (Metall). Osten und Westen vertragen sich nicht, und so hatte er ständig Streit mit dem Hausbesitzer.

Wenn das der Dachform entsprechende Element mit dem der Richtung des Haupteingangs in Konflikt steht, gibt es Probleme. Gordon lebte in einem Chalet in den Bergen, das ein spitzes Feuer-Dach hatte. Seine Eingangstür wies nach Norden (Wasser). Kurz nach ihrem Einzug überlegte seine Braut es sich anders und verliess ihn.

Wenn Dach und Eingang zu nicht harmonierenden Elementen gehören, wirkt sich der Konflikt auf die im Haus lebenden Menschen aus. Vater und Sohn streiten sich, Eheleute lassen sich scheiden, und Singles erleben innere Spannungen und haben viele ungelöste Probleme. Dieses Problem kann ganz einfach behoben werden: Man kann die Tür in einer Farbe anstreichen, die zum Element der Daches passt, oder man kann Gegenstände neben den Eingang stellen, die die Elemente harmonisieren.

Im Haus oder im Büro kann die Richtung, in der Räume liegen, zu Problemen führen. Sammys Zimmer lag im Norden das Hauses. Er beklagte sich immer, dass es kalt und dunkel sei. Er verbrachte viel Zeit im Bett und hatte kaum Ehrgeiz oder Antrieb. Seine Schwester hatte ihr Zimmer im Süden des Hauses. Es war immer hell und sonnig, und sie zeigte in der Schule gute Leistungen.

Die Ausrichtung von Möbeln, insbesondere von Betten und Schreibtischen, kann auch zu Erfolg oder Misserfolg beitragen. Marys Bett stand im Westen, der Richtung von Niedergang und Verlangsamung. Sie war mit ihrer Arbeit immer im Rückstand und konnte ihn nie ganz aufholen. Als sie ihr Bett an die gegenüberliegende Wand rückte, konnte sie die Verantwortung für ihr Leben übernehmen und stellte eine Sekretärin ein, die ihr half.

Wenn dasselbe Zimmer zwei Personen dient, kann es zu Konflikten kommen, wenn die eine zum Schlafen eine Richtung vorzieht und die zweite eine andere. Viele Ehepaare haben nur deshalb Probleme, weil sie sich nicht auf die Stellung des Bettes einigen können. Ist man sich eines solchen Problems einmal bewusst, ist es sehr einfach, dem durch Umstellen der Möbel oder durch Korrekturen entsprechend den Elementen abzuhelfen, um wieder Harmonie und Ausgewogenheit zu schaffen.

Julie und John waren glücklich verheiratet, bis sie in eine neue Wohnung zogen. Aus irgendeinem Grund begann John, auf der Couch im Wohnzimmer zu schlafen. Er sagte, er fühle sich dort wohler. Julie, überzeugt, dass eine Scheidung unmittelbar bevorstehe, wenn das so weiterginge, rückte das Bett an eine andere Stelle. Von da an ging es in der Ehe wieder besser.

Richtungen sind im Feng Shui wichtig. Man benützt sie, um Folgendes zu bestimmen:

- die Beziehung zwischen einem Gebäude und der Welt – je nach der Ausrichtung des Eingangs im Vergleich mit der Umgebung;
- die Beziehung zwischen der Ausrichtung des Eingangs und der Form des Daches (es gibt fünf Grundformen für Dächer);
- günstige Standorte für den Menschen und sein Leben;
- die Lage von Räumen innerhalb eines Gebäudes;
- die Stellung von Möbeln, Accessoires, Spiegeln und Pflanzen.

Beachten Sie also: Die Himmelsrichtungen entsprechen den Elementen und den Lebensbereichen. Wenn man an Gesundheit denkt, sollte man an Holz und Osten denken. Wenn es ums Geschäft geht, sind Wasser und Norden wichtig. Geht es um die Familie, zählen Metall und Westen, und geht es um Erfolg, sind Feuer und Süden gefragt. Möchte man eine bestimmte Qualität ins eigene Leben bringen, kann man irgendein Accessoire mit dem entsprechenden Element benützen, um das anzuziehen, was man will – fast schon Zauberei. Es können Farben, Formen, Materialien oder das Element selbst eingesetzt werden.

Die Richtungen tragen wie die Elemente viel zur Magie von Feng Shui bei. Ihre Beziehung zueinander und ihre Interaktionen sind für die von der Plazierung ausgehende Kraft wichtig.

## Das *Ba Gua*

Um den Einfluss der Richtungen zu bestimmen, benutzt man im Feng Shui eine achteckige Figur, die *ba gua* genannt wird. Jede der acht Seiten symbolisiert einen Lebensbereich: Familie, Gesundheit, Kinder, Liebe, Freundschaft, Reisen, Geschäft und Geld; gleichzeitig entspricht jede Seite einer Himmelsrichtung. Ob man nun ein ganzes Einkaufszentrum ananlysiert, ein Grundstück mit einem Gebäude darauf oder einen einzelnen Raum in einem Gebäude – immer gilt, dass man sich in jedem Raum acht verschiedene Abschnitte vorstellen muss, von denen jeder sein eigenes Energiefeld hat, das einen Teil des Lebens repräsentiert:

| | | |
|---|---|---|
| Osten | Gesundheit | Holz |
| Südosten | Geld | Holz |
| Süden | Ruhm | Feuer |
| Südwesten | Liebe | Erde |
| Westen | Familie | Metall |
| Nordwesten | Reisen | Metall |
| Norden | Geschäft | Wasser |
| Nordosten | Wissen | Erde |

Die Praxis bzw. Philosophie des *ba gua* stützt sich auf die Vorstellung, dass ein Raum mit einer regelmässigen Form alle acht Seiten des *ba gua* enthält und seine Bewohner die Möglichkeit haben, an allen acht Lebensbereichen teilzuhaben. Wenn der Raum nicht genau quadratisch oder rechteckig ist (was auf die meisten Räume zutrifft), können gewisse Teile des *ba gua* völlig fehlen, während andere Teile des Gebäudes oder Raums über die *ba gua*-Form hinausragen.

Im Haus der Schmids war alles in Ordnung, bis sie ein Zimmer für die ganze Familie einrichteten. Das Haus war quadratisch, aber jenes Zimmer ragte auf einer Seite aus diesem Quadrat hinaus. Kurz nachdem das Zimmer angebaut worden war, liessen sich die Eltern scheiden, ein Kind lief weg und das andere trat in eine religiöse Sekte ein.

Die Schmids hatten ds neue Zimmer ausserhalb des quadratischen Hauses angebaut – kein Wunder, dass die Harmonie in der Familie plötzlich gestört war. Die Familie musste erleben, was passiert, wenn Teile des Lebens nach dem *ba gua* fehlen oder darüber hinausragen. Wenn in einem Haus eine Funktion fehlt, wird eine andere meist überbetont: Herr Schmid verbrachte so viel Zeit mit seiner Arbeit, dass das Familienleben darunter litt, Frau Schmid war ständig auf Reisen, und die Kinder verbrachten viel Zeit mit ausserfamiliären Aktivitäten.

Wenn man sich selbst und seine Umgebung in einer bestimmten Richtung orientiert, stimuliert und/oder aktiviert man die entsprechende Energie. Wenn Teile des Raumes nicht vom *ba gua* erfasst werden, kann man die Situation mit Hilfe von Spiegeln, Dekorationsartikeln und Möbeln korrigieren.

Wenn man die Möbel nicht in einer bestimmten Richtung aufstellen kann, kann man das fehlende Element mit Hilfe entsprechender Formen, Farben oder Materialien aktivieren. Der Norden wird beispielsweise geschäftlichen Tätigkeiten zugeordnet. Um die Geschäfte zu verbessern, sollte man den Schreibtisch nach Norden ausrichten. Ist das nicht möglich, können dem Norden entsprechende Accessoires verwendet werden – schwarze Stoffe oder Möbel, unregelmässige Formen, Glas oder Wasser –, wo immer das Pult auch steht.

Mehr Informationen über das *ba gua* sind im Anhang zu finden. Alles, was man wissen muss, ist, dass regelmässige Formen (Quadrate und Rechtecke) alle Teile des *ba gua* und somit alle Lebensbereiche enthalten und dass unregelmässige Formen eine achteckige Figur nicht umschliessen können und deshalb gewisse Anteile des Lebens brachliegen, während andere überbetont sind.

# Kapitel 2

# *Die Kraft des* Chi

## Die Energie von Yang und Yin

Wir liebten es, unsere Grossmutter zu besuchen. In ihrem Haus roch es immer nach goldbraunen, knusprigen, ofenfrischen Brötchen, und eine Glyzinie bildete ein grün-lila Dach über dem Patio, wo wir zu sitzen pflegten, Limonade tranken und über das Haus des alten Johnson nebenan klatschten. Das war ein Anblick! Über und über zugewachsen mit Büschen und Ranken, kaputte Maschinen im Garten, die wie aus dem Grab gestiegene Skelette aussahen, der Wind in den Blättern raschelnd, die das Licht abhielten und ein unheimliches Geräusch machten, das unsere jungen Herzen erschreckte.

Wir alle können gute von schlechter Energie unterscheiden. Man muss sich nur umsehen: Was sieht man? Und viel wichtiger: Was fühlt man dabei? Gute Energie ist hell und energetisiert, schwer oder dicht. Bei guter Energie fühlt man sich ruhig, wach und für das Leben bereit.

Energie, *chi*, kann man überall sehen. Wo ein Veilchen einen Fels durchbricht oder ein verborgener Garten üppiges Grün hervorbringt, ist *chi* an der Oberfläche, zugänglich und anzapfbar. Orte, die mit Beton zugepflastert sind oder zu wenig Wasser haben, sind nicht so glücklich. Wo das Land steril, dürr, ausgetrocknet und aufgesprungen ist, wo keine Pflanzen wachsen und Kriechtiere sich tief in die Erde eingraben müssen, um Futter und Wasser zu finden, ist das *chi* tief und fern.

*Chi* – Atem, der die Lungen füllt, Kraft, die das Herz schlagen lässt – kann jede Form annehmen. Eine leichte Brise, strömender Regen, wirbelnde Tornados, Schneeflocken, Tautropfen, Sonnenlicht und Mondschein bringen das *chi* zur Erde. Dieses *chi* vermengt sich mit dem sprudelnden *chi* natürlicher Quellen und Geisire, das endlos mit unzähligen Flüssen fliesst, aus Vulkanen strömt und wie ein mythischer, die Dämpfe sammelnder Drache aufsteigt, um die Erdkruste zu erschüttern und aufzubrechen.

Haben Sie je Kopfschmerzen bekommen, weil Sie schlechten Gerüchen, gleissendem Licht oder lautem, irritierendem Lärm ausgesetzt waren? Haben Sie nach dem Einkaufen in einem überfüllten Kaufhaus oft das Bedürfnis nach einem Bad? Das kommt von schlechter Energie. Versuchen Sie wahrzunehmen, wie anders Sie sich in einem gut temperierten Raum mit bequemen Möbeln und voller Licht, Luft und Platz fühlen. Es ist, als könnte man tief durchatmen, erleichtert seufzen, vielleicht sogar die Schuhe ausziehen und sich entspannen. So fühlt sich gute Energie an.

In jeder Umgebung bewegt sich die Energie. Gegensätzliche Qualitäten rivalisieren um den Raum, aber zu viel oder zu wenig von etwas stört das Gleichgewicht. Man muss sich bloss vorstellen, es wäre immer hell oder immer dunkel. Das Gleichgewicht hält das Leben im Eben-

*Eine totale Sonnenfinsternis (Java, 1983) ist die dramatischste Darstellung der Ehe zwischen Yin und Yang, die sich im diamantenen Lichtring vollzieht.*

mass. Viele Menschen leiden, weil ihr Heim oder ihr Büro zu heiss, zu kalt oder der prallen Sonne ausgesetzt ist, weil sie zuwenig Licht zum Lesen haben oder weil die Luft feucht oder abgestanden ist. Gegensätzliche Qualitäten auszugleichen ist der einfachste Weg, den Raum in Einklang mit der Natur zu bringen. Denken Sie daran, dass zu viel von irgend etwas alles andere reduziert.

Im Feng Shui nennt man die gegensätzlichen Kräfte Yin und Yang. Yang-Energie ist hell, hoch, aktiv, lebhaft, nach vorne gerichtet und positiv. Grosse Räume mit gutem Licht, guter Durchlüftung und grossen Möbeln, Gemüsegärten, reif für die Ernte, oder lebhafte Fussballspiele an kühlen Herbsttagen sind Beispiele von guter Yang-Energie. Auf der anderen Seite sind ein verrauchtes, heisses, lautes, überfülltes Restaurant, das unaufhörliche Summen um ein Nest aufgeregter Hornissen oder mit Menschen vollgestopfte U-Bahnen und Fahrstühle Beispiele für zu starke Yang-Energie.

Yin-Energie, das Gegenteil von Yang, ist dunkel, tief, gedämpft, inaktiv, ruhig, reflektiv, nach hinten gerichtet und negativ. Mondlicht, das sich in der ruhigen Oberfläche eines Sees spiegelt, von Göttinnen gesungene Liebeslieder, singende Mönche oder Kerzenlichtdiners sind Beispiele guter Yin-Energie. Zu viel Yin drückt sich in anzüglichen Blicken und abfälligen Bemerkungen hinter dem Rücken aus, im ominösen Tropfen eines undichten Hahns, in verbranntem Toast, durchgebrannten Glühbirnen in einem Schönheitssalon, einem Loch im Gehsteig, das Ihren Absatz abbricht, in unebenen Böden und Sträussen welkender Rosen.

## Yang-Überschuss

Susan lebte im obersten Stockwerk eines wunderschönen Wolkenkratzers aus Stahl und Glas im Herzen von New York. Der Verwalter hatte sie überzeugt, dass Wohnen hoch über dem Erdboden ihrem «Leben Auftrieb geben» würde. Aber warum war sie dann so deprimiert?

Eine spektakuläre Aussicht kann manchmal ein Problem sein. Wenn die Aussicht einen Winkel von 180° oder mehr umfasst, überflutet zu viel Yang-Energie den Raum. Durch den Blick auf die Stadt weit unten fühlte sich Susan überwältigt, bestürzt und verwirrt, was ihre Ziele und Beziehungen anbelangte. Die grossartige Aussicht bot mehr, als sie verkraften konnte.

Hohe Berge und hohe Gebäude sind den Elementen oft stark ausgesetzt. Heftige Winde fallen über die Spitze her und fegen Geld, Liebe oder Glück hinweg. Wenn man hoch über dem Boden wohnt, sollte man sich genügend vor den Elementen schützen, was durch Wandschirme, grosse Bäume und Baldachins erreicht werden kann.

John wohnte am Ufer des blauen Pazifiks mit herrlichen Sicht auf die Brandung. Aber er war so verängstigt, dass er praktisch handlungsunfähig geworden war. Er zitterte jedesmal, wenn die Wellen unter dem Haus an den Strand donnerten, überzeugt, dass sie ihn jeden Moment fortspülen würden.

Zu nahe an den ungezähmten Elementen der Natur zu wohnen kann exzessives *chi* erzeugen. Wind, Donner, Blitz, Hagel, Schnee und Regen wüten wie gefährliche Ungeheuer in der Landschaft und füllen die Umgebung mit Energie. Ohne Schutz ist man diesen Elementen ausgeliefert. Die tosende Brandung des Ozeans, ein rauschender Fluss oder ein donnernder Wasserfall können besonders problematisch sein. An solchen Orten ist die Atmosphäre mit negativen Ionen geladen, die das elektromagnetische Feld des Körpers stören können. Wenn man an einem solchen Ort lebt, sollte man zwischen sich und der Natur mit Holz oder Erd-Materialien wie Keramik, Marmor oder Steinen Barrieren errichten. Glas und Kristall verstärken den Effekt des Wassers, aber transparente Vorhänge über Fenstern helfen, alles etwas zu dämpfen.

Wenn man zu nahe an einer Autobahn oder einer stark befahrenen Strasse, einem grösseren Einkaufszentrum, einer Polizei- oder Feuerwache, einer Sehenswürdigkeit, einem öffentlichen Gebäude oder auch einer Grundschule wohnt, können die Menschenmengen oder die vielen Autos zu einem *chi*-Überschuss führen. Man kann aussen durch einen Zaun, durch Bäume, Büsche oder Pflanzen zwischen sich und der Quelle des *chi* Barrikaden schaffen.

Im Innern eines Raumes oder eines Gebäudes sind zu viele Besitztümer, Menschen, Haustiere, Möbel, Haushaltsgeräte oder Bücher Symptome für exzessives Yang. In der Küche drückt sich zu viel Yang in von Flaschen, Dosen und Geschirr überquellenden Möbeln an, und im Wohnzimmer sind es Beistelltische, auf denen sich Magazine und Zeitungen stapeln. Ein solcher Raum zieht mehr *chi* an, als er nach aussen abgeben kann.

Um festzustellen, ob es in Ihrem Raum zu viel Energie gibt, können Sie sich die folgenden Fragen stellen: Ist der Raum vor den Elementen geschützt? (Unkontrolliertes Ausgesetztsein schädigt die gute Energie eines jeden Raums.) Ist der Raum zu hell – sei es durch Neonlicht oder die Sonne? Ist die Atmosphäre laut, pulsierend, heiss oder lärmig? Drängen sich die Menschen darin wie die Sardinen? Können Sie Hunde, Katzen, Vögel oder andere Tiere riechen? Ist der Garten überwuchert? Wenn Sie auf eine oder mehrere dieser Fragen mit «ja» geantwortet haben, könnte es bei Ihnen zu viel Yang-Energie geben.

Mit den folgenden einfachen Mitteln kann man wieder zu Gleichgewicht und Seelenfrieden finden:

- schliessen Sie die Vorhänge, löschen Sie das Licht, benutzen Sie Spotlampen, um besondere Objekte in verdunkelten Räumen zu betonen; benutzen Sie indirektes Licht aus unsichtbaren Lichtquellen;

*Dieser Garten ist dicht bewachsen und wirkt chaotisch – zu viel Yang.*

*Dieser Garten wirkt ausgeglichener, denn dort wurden leere Flächen zum Aufstellen von Wassergefässen genutzt. Das fliessende Wasser verstärkt die Energie.*

- benutzen Sie gedämpfte, ruhige, kühle, dunkle, zarte oder monochrome Farben mit statischen, ruhigen Mustern;
- bedecken Sie einige Stellen und Objekte, grenzen Sie sie ab oder schliessen Sie sie ein;
- stellen Sie die Klimaanlage an; stellen Sie einen Wandschirm vor den Kamin; löschen Sie die Kerzen; essen Sie etwas Kaltes, Weiches, Wässeriges wie Melonen, Trauben, Sorbet;
- nehmen Sie ein kaltes Bad, sammeln Sie Wasser in Schalen;
- schaffen Sie Ruhe, kühlen Sie das *chi* mit Steinen, Sand oder Moosgärten, graben Sie im Boden;
- schaffen Sie Stille, gehen Sie in Socken, halten Sie ihre Hände geschlossen, schalten Sie den Fernseher und andere Geräte aus und summen oder wispern Sie;
- geben Sie kurzen, dicken, weichen, schlaffen, liegenden, krummen und unregelmässigen Gegenständen den Vorzug;
- benutzen Sie absorbierende, weiche, grob gewobene Oberflächen und Stoffe;
- stellen Sie schwere, solide Möbel und Accessoires auf;
- benutzen Sie Muster, die horizontal zum Verkehrsfluss liegen;
- entfernen Sie alles Herumliegende; schaffen Sie freien Raum, in dem das *chi* fliessen kann; bitten Sie Besucher, zu gehen; decken Sie den Vogelkäfig zu; setzen Sie die Katze vor die Tür.

## Yin-Überschuss

Arthur arbeitete seit mehr als zehn Jahren an derselben Stelle, ohne Hoffnung auf Beförderung. Er sagte, er sei nicht daran interessiert, die «Karriereleiter hinaufzusteigen». Sein Chef meinte, ihm fehle der Ehrgeiz. Kein Wunder: Er lebte in einer dunklen Wohnung in einem Untergeschoss, und vor dem Eingang stapelten sich Kisten.

Erinnern Sie sich an des gruselige Haus des alten Johnson? Abgeschlossen von der lebenspendenden Sonne, hatte es zu viel Yin-Energie. Der Ort erschien unheimlich, bedrohlich und einsam. Zu viel Yin-Energie ist wie der Tod oder das Sterben.

In Sams Haus war es nicht besonders warm, und so hielt er die Läden immer geschlossen, weil das die Wärme beisammen hielt. Er liebte es, darüber zu reden, wie man schnell zu Geld komme, aber er tappte völlig darüber «im Dunkeln», warum seine Pläne nie zu etwas führten.

Überschüssige Yin-Energie ist kalt und dunkel. Hier findet man einen eisigen Windhauch, der die Finger erstarren lässt, Wolken, die die Sonne verhüllen, undurchdringliche Gärten, kranke und deprimierte Menschen, deren Leben abwesend, inaktiv oder verschlafen verläuft. Die Umgebung ist nicht einladend, nicht einmal zum Schlafen. Im Innern häuft sich das Yin in Schränken und Vorratsräumen an, in Räumen mit nur einer Tür und ohne Fenster. In solchen Räumen kann das *chi* nicht frei zirkulieren oder hinausfliessen, sodass es alt und schal wird und das Leben nicht mehr unterstützen kann.

Arlene, eine Schriftstellerin, hatte eine grosse Vorratskammer in einen Arbeitsraum umgewandelt. Es gab kein Fenster, aber sie konnte die Türe schliessen und den Ansprüchen der Kinder entfliehen. Sie hatte lange von diesem Raum geträumt; warum hielt sie es dann nicht einmal eine Stunde dort aus?

Wenn es zu viel Yin gibt, mangelt es an Yang und an Lebensenergie. Gesundheit, Geschäft, Liebe und jeder andere Lebensbereich werden verringert. Es ist keine gute Idee, an einem Ort zu leben, wo das *chi* schwach oder schwer zugänglich ist. Es ist auch schwierig, teuer und fragwürdig, an einem solchen Ort zu bauen.

Um festzustellen, ob es in Ihrem Raum zu viel Yin gibt, sollten Sie sich fragen: Ist der Raum so leer, dass Sie das Echo Ihrer Stimme oder Ihren Herzschlag hören können? Ist er kalt oder feucht? Sehen Sie Schimmelflecken, Wasserflecken oder verrrottetes Holz? Ist die Luft abgestanden und übelriechend, weil es an Durchlüftung mangelt? Ist es dunkel und düster? Falls es ein Fenster gibt: Ist es so schmutzig, dass kein Licht hereinkommt? Ist der Fussboden uneben oder beschädigt? Liegt Ihr Raum tiefer als die Strasse? Ist er verborgen oder liegt er in einer Ecke? Wenn Sie eine oder mehrere dieser Fragen mit «ja» beantworten müssen, könnte der Raum zu viel Yin enthalten. Und dies können Sie sofort dagegen tun:

- Öffnen Sie die Vorhänge, lassen Sie die Sonne herein, oder schalten Sie das Licht ein.
- Benutzen Sie warme, starke, helle, kontrastierende Grundfarben in dynamischen, offenen Mustern voller Bewegung.
- Enthüllen, öffnen oder betonen Sie Stellen oder Objekte mit hellen oder beweglichen Lichtern.
- Drehen Sie die Heizung an, zünden Sie ein Feuer oder Kerzen an, benutzen Sie den Ofen.
- Nehmen Sie eine heisse Dusche; lassen Sie das Wasser laufen, spritzen und sprudeln.
- Essen Sie etwas Warmes oder Scharfes, z. B. eine Suppe, Chili oder rote Tomaten.

*Arbeiter reinigen ein menschenleeres, ödes Stadion. Sie befinden sich in einem stark yin-betonten Umfeld mit zu viel leerem Raum und zu viel Erde und Metall.*

*Menschen auf einem belebten Marktplatz erfahren eine extrem yang-betonte Umgebung mit zu wenig leerem Raum, zu viel Feuer und zu viel Holz.*

- Machen Sie Lärm. Klatschen Sie in die Hände, stampfen Sie auf den Boden, drehen Sie das Radio an, singen Sie, schreien Sie, spielen Sie Klavier, schlagen Sie Trommeln.
- Erzeugen Sie Bewegung. Stellen Sie elektrische Geräte an, fächeln Sie sich mit gefaltetem Papier, hängen Sie Windspiele oder Stoffstücke auf, wo ein Luftzug sie erfassen kann, lassen Sie Ihr Haar im Wind wehen.
- Benutzen Sie reflektierende Oberflächen und glänzende, glatte Stoffe, die das Licht verstärken.
- Benutzen Sie Muster, die parallel zur Laufrichtung liegen.
- Bevorzugen Sie hohe, dünne, helle, klare, feste, feine oder regelmässige Formen, etwa gerade Stühle und Tische mit offenen Beinen.
- Füllen Sie den Raum mit lebendigen Formen. Laden Sie Freunde ein, decken Sie den Vogelkäfig ab, lassen Sie die Katze herein, stellen Sie Pflanzen oder Schnittblumen auf.

## Negatives *Chi (Sha)*

Negatives *chi* nennt man *sha*. *Sha* wird durch geographische Gräben und Risse in der Erde auf natürliche Weise erzeugt. Während eines Erdbebens kommt es an die Oberfläche und erschüttert und spaltet die Erde. Solche Linien gibt es rund um den Globus. Kein Ort ist dagegen immun, und in der Nähe solcher Linien zu wohnen, sei das nun in Kalifornien, Missouri oder in

Japan, kann leicht entsprechende Muster im menschlichen Verhalten erzeugen. Für New Yorker sind z. B. gehässige Antworten und ein spannungsgeladenes Leben etwas ganz Normales, da sie in der Nähe einer grösseren Verwerfung leben. Südkalifornier, die in der Nähe der San Andreas-Verwerfung wohnen, sind schwankenden Standards unterworfen; die Reichen und Berühmten kommen und gehen so schnell, wie Fast Food kalt wird. San Francisco, das auch in dieser Gegend liegt, besitzt eine gewisse dynamische Spannung, die sich etwa im Goldrausch im 19. Jahrhundert oder heute im Kampf für die Rechte der Schwulen ausdrückt.

Japan, China, Indien, Pakistan, Mexiko, Zentralamerika und Australien – all diese Länder haben solche Verwerfungen. Dank der rasanten Informationsübermittlung wissen wir immer sofort, wenn es irgendwo auf der Erde eine Katastrophe gegeben hat. Ist es da ein Wunder, dass wir so angespannt sind? *Sha* wird aber nicht nur durch Erdbeben erzeugt.

*Sha* trägt auch ungünstige Züge, die uns alle betreffen. *Sha* tropft und schleicht sich durch Ritzen, Löcher und zerbrochene Fenster. Es häuft sich an und stagniert in toten Ecken und spitzen Winkeln. Es gewinnt an Geschwindigkeit, wenn es in gerade Linien gezwungen wird. Es findet sich an Orten, die mit Menschen, Tieren oder Dingen vollgestopft sind – z. B. auf einem Bauernhof, in Insektennestern, Rattenlöchern, übervölkerten Fahrstühlen, Zügen, Flugzeugen und Räumen. Es wird verstärkt durch schlechte Gerüche, grelle Lichter und störenden Lärm. Es ist der kalte Wind, der am Ende der Nacht bläst, und die Aura, die tote oder sterbende Dinge umgibt. Man kann es durch Sehen, Riechen, Hören, Fühlen, Schmecken und Intuition wahrnehmen. Es ist scharf, verrottet, befleckt, verschmutzt, giftig, abstossend, schmerzhaft und gefährlich. Kein Ort ist gegen *sha* immun. Es liegt im Äusseren wie im Inneren, sichtbar oder verborgen und geheim, und es greift die körperlichen, mentalen, spirituellen und sozialen Bedingungen an.

## Geheime Pfeile

Gerry beklagte sich bei Dr. Morgan, dass sie sich nach einem Besuch in seiner Praxis immer so schlecht fühle. Die Praxis lag an einer T-Kreuzung von zwei geraden, verkehrsreichen Strassen, und der Blick aus dem Fenster fiel direkt auf die Autos, die auf einen zurollten. Stellen Sie sich nur einmal vor, wie Sie unter Schmerzen auf dem Behandlungstisch liegen und dabei immer Autos im Auge haben, die genau auf Sie zufahren.

Gute Energie ist immer in Bewegung und bahnt sich ihren Weg in sanften Kurven. Wenn sie in eine gerade Linie oder spitze Winkel gezwängt wird, statt sich sanft senken und heben zu können wie der Bauch eines schlafenden Babys, wird das *chi* zu Stacheln zusammengedrängt, spitz wie ein Pfeil, scharf wie ein Messer oder wie eine grausame, schneidende Bemerkung, die alles, auf das sie trifft, verletzt.

Ob man nun in der Stadt oder auf dem Land lebt: Es gibt viele geheime Pfeile. Die meisten Strassen, Wege und Gehsteige bilden gerade Linien. In der Stadt stehen die Häuser dicht an dicht, und ihre Dachlinien zielen aufeinander. All die Ecken, Mauern, Fernsehantennen, Reklametafeln, Tunnels, Eisenbahnmasten, Kreuze auf Kirchen und anderen geraden oder eckigen Formen, die man aus dem Fenster sehen kann, können erborgene Pfeile erzeugen, die ein Gebäude angreifen. Telefonmasten, Verkehrssignale und hohe, gerade Bäume ergeben Schattenpfeile. Gerade Linien, die auf einen Haupteingang weisen, laden sozusagen das *sha* ein.

Gerade Linien, die direkt zu einem Hauseingang bzw. fast dorthin führen und dann in einem rechten Winkel abbiegen, sind besonders gefährlich, da sie die Auswirkungen von *sha* und geheimen Pfeilen miteinander kombinieren.

Es gibt geheime Pfeile auch in Innenräumen. Die Ecke einer Wand oder eines Wandschirms, scharfe, eckige Möbel, quadratische oder rechteckige Tische, Stühle und Bänke sowie architektonische Details wie Säulen, Pfosten und Rahmen können Pfeile schaffen. Sogar Dekorationsgegenstände wie gerahmte Bilder, Masken, Trophäen oder Preise, Zimmerpflanzen, künstliche Pflanzen, gesprungene Spiegel oder zerbrochene Dinge können geheime Pfeile erzeugen. Vergewissern Sie sich, dass keine geraden Linien, spitzen Winkel oder Spitzen auf Sie gerichtet sind, wenn Sie am Schreibtisch sitzen, Ihr Essen einnehmen, schlafen oder fernsehen. Wenn Sie sich zu Hause oder bei der Arbeit angespannt fühlen, sehen Sie sich um, und versuchen Sie, den Pfeil zu finden.

Der Chef von Jane, einer hart arbeitenden Frau, war ungerecht und kritisierte sie ständig. Ihr Schreibtisch stand neben einer quadratischen Säule, deren Ecken geheime Pfeile auf ihren Tisch schossen. Als sie von einem Mitarbeiter eine Postkarte mit dem Papst erhielt, legte sie diese achtlos in das Fach für ein- und ausgehende Post auf ihrem Tisch, der Säule gerade gegenüber. Da lag er nun, der weissgewandete Papst mit ausgestreckten Armen, und nahm symbolisch die geheimen Pfeile auf. Am nächsten Tag kam Jane zehn Minuten zu spät vom Mittagessen zurück, und ihr Chef sagte kein Wort.

Es gibt einiges, was man tun kann, um sich vor Pfeilen zu schützen. Versuchen Sie als erstes, den betreffenden Gegenstand zu entfernen. Ist das nicht möglich, so bedecken Sie die Spitze mit einem Korb, einem Stück Stoff – was immer Ihnen zur Verfügung steht. Wenn das unpraktisch ist, so schaffen Sie eine subtile symbolische Wand zwischen sich und dem geheimen Pfeil. Benutzen Sie dazu Pflanzen, Gegenstände, Kisten, Ablageschränke, Bilder in kleinen Rahmen oder auch eine Postkarte, wie Jane es tat. Eine weitere Lösung wäre, einen kleinen Spiegel so anzubringen, dass er den Pfeil zu seinem Ursprung zurückschickt.

Madison hatte vergeblich versucht, ein Haus zu verkaufen. Sie gab der Rezession die Schuld. Eine grosse Eiche vor dem Haus, gerade vor der Eingangstür, verstellte die Sicht von der Strasse auf den Eingang. Natürlich lässt sich ein Baum nicht verrücken, aber Madison wollte ihn auch nicht fällen. Was konnte sie also tun? Eine kleine spiegelnde Platte oder ein Spiegel, auf Augenhöhe an einem Pfosten oder Baum angebracht, schafft ein imaginäres Loch, durch das die Energie fliessen kann. Madison tat dies, und innerhalb einer Woche wurde sie vom Nachbarn gefragt, ob das Haus zum Verkauf stünde.

Wenn ein Pfeil vom Schatten eines hohen Baumes oder Pfostens ausgeht, kann man den geraden Schatten brechen, indem man runde oder flauschige Gegenstände in den Weg des Schattens legt. Wenn alles andere fehlschlägt, sollte man wenigstens sich selbst aus dem Weg des Schattens fernhalten.

## Balken

Familie Schmid stritt sich ständig, und Frau Schmid litt an Verdauungsstörungen. Der Esstisch stand unter einem grossen Holzbalken. Balken sind wie horizontale Pfeile. Stellen Sie sich vor, wie Sie sich fühlen würden, wenn der Balken auf Sie herunterstürzte. Symbolisch kann er denselben Schaden anrichten – alles, was sich darunter befindet, spalten, schneiden, zerschmettern und trennen. Der Balken entzweite die Familie Schmid; Frau Schmid, die genau unter dem Balken sass, fühlte den Druck im Magen. Wenn man unter einem Balken sitzen oder schlafen muss, sollte man versuchen, die Möbel so anzuordnen, dass sie parallel zum Balken stehen. Kristalle, Windspiele, Lichter oder luftige Objekte können am Balken aufgehängt werden, um die starke Energie symbolisch zu zerstreuen. Kleine Stücke glänzenden Metalls oder Spiegel können symbolische Löcher im Balken erzeugen, durch die die Energie hindurchfliessen und die problematischen Auswirkungen mildern kann.

Theresa, die immer vor Gesundheit strotzte, begann sich krank und müde zu fühlen. Eine Reklametafel vor ihrem Haus war kürzlich ausgewechselt worden, und nun stand darauf: «Fühlen Sie sich krank und müde? Das Memorial-Krankenhaus erwartet Sie.» Auch die Botschaften auf Reklametafeln können wie geheime Pfeile wirken, die sogar einen bewusst lebenden Menschen sabotieren. Jedes Mal, wenn die Reklame ausgewechselt wurde, verändert sich Theresas Leben. – Wenn Sie in einer Stadt wohnen, sollten Sie die Graffitis und die Zeichen von Gruppen oder Banden beachten. Sie haben am Schicksal der jungen Menschen in ihrem Viertel teil und ebenso am Schicksal Ihres Bürgermeisters, des Ministerpräsidenten Ihres Landes und des Regierungschefs.

## DAS *CHI* ZUM FLIESSEN BRINGEN

*Chi* kann schneller fliessen, als ein Hase läuft, aber auch so langsam, wie sich ein Igel fortbewegt, der bekanntlich «das Rennen gewann». Das *chi* steigt und fällt, windet sich herein und hinaus, steigt auf wie Rauch, hängt wie Staub an einem Spiegel, steigt zum Himmel empor und sinkt in die Hölle nieder. Es zerstreut sich im Wind, pulsiert durch elektrische Leitungen, dringt durch Wände und tropft als Harz aus Bäumen.

Gutes *chi* ist immer in Bewegung, aber es kann nicht dort hinaus, wo es hereingekommen ist. Wenn es einen Raum nicht verlassen kann oder wenn seine Bewegung gebremst wird, wird das *chi* schnell abgestanden und schal – saures *sha*. Findet es auf seinem Weg Hindernisse und wird es gebremst, blockiert oder eingefangen, verliert es seine Lebendigkeit und Kraft. Es sammelt sich in Vertiefungen, lässt sich in Ecken nieder, lauert hinter Türen, schlüpft unter Möbel und schleicht in kleine, verborgene Räume hinter schweren Geräten. *Chi* dehnt einen Ballon aus und füllt ihn. Das *chi* einer Nadel bringt den Ballon jedoch zum Platzen; übrig bleibt ein Stück farbigen Gummis, dem jede Magie fehlt.

Hassen Sie es nicht auch, bei einem Ballspiel oder in einem Konzert hinter einer Säule zu sitzen? Mögen Sie Ihren Anblick in einem verbogenen oder verzerrten Spiegel? Auf dem Gehsteig in eine Spalte zu treten bricht niemandem das Rückgrat, aber diese Art und andere Arten blockierter, abnormaler und unausgewogener Empfindungen können Ihr Nervensystem destabilisieren und allerlei Probleme hervorrufen. Auch wenn die Verzerrung nicht unmittelbar sichtbar ist, wie z. B. bei einem zerbrochenen Tablar in einem Schrank, kann das *chi* aus dem Gleichgewicht geraten. Alle Materie, ob vom Wind hereingeweht, mit dem Bus angekommen oder von der Katze hereingeschleppt, verändert das *chi* schnell und drastisch, verleiht ihm andere Eigenschaften und Absichten. Das *chi* kann beeinflusst oder verändert werden von:

- allen Formen, Farben, Mustern,Geweben;
- Bildern, Postkarten, Zeichen, Symbolen und Masken;
- Amuletten, Ikonen, Graphiken und Statuen;
- Objekten, die den Wind einfangen, wie Fahnen, Segel, Windspiele, Mobiles und von fliessendem oder aktiven Wasser;
- Objekten, die den Wind aufhalten, wie Zäunen, Pfosten, Bäumen, Büschen, Gebäuden, Bergen;
- Tönen, Hitze, Elektrizität, natürlichem und künstlichem Licht;
- Spiegelungen und Schatten;
- Gerüchen: guten, schlechten, vertrauten, unangenehmen, angenehmen;
- dem Wetter: Temperatur, Feuchtigkeit, Regen, Schnee, Hagel, Tau, Nebel, Frost.

Jeder Raum – sei es nun eine Wohnung, ein Büro, eine Dachkammer, eine Schreinerwerkstatt im Untergeschoss, eine Fabrik, ein Theater, ein Restaurant, ein Gymnastikraum, ein Nachtclub oder ein Zoo – hat seine eigene Energie, seinen eigenen Charakter. Wer sich in diesem Raum aufhält, tritt mit ihm in Interaktion, genau wie man auch mit Verwandten, Mitarbeitern oder Freunden interagiert. Aber im Gegensatz zu den meisten Menschen, die sich im Lauf der Zeit langsam verändern, verändert sich ein «gesunder» Raum schnell und ständig.

Die Energie eines Raums ist jeden Tag und jede Stunde wieder anders geartet. Warum? Weil Menschen, Haustiere und die Elemente ihre Prägung hinterlassen – selbst der geschickteste Dieb, wie klein oder unscheinbar seine Spur auch sein mag. Auch ein Raum, den Sie stets makellos in Ordnung halten, wird sich verändern – ob es Ihnen passt oder nicht. Wir leben in einer sich ständig verändernden Welt. Daran sollte man sich gewöhnen. Betrachten Sie einen Raum und nehmen Sie die nötigen Anpassungen vor, bevor Sie ihn benutzen. Und dann sollten Sie sich nicht damit verrückt machen, dass er immer genau gleich aussehen muss. Damit widersetzen Sie sich vielleicht einer natürlichen Veränderung.

Nachdem Sie Yin und Yang ausgeglichen haben, sollten Sie sicherstellen, dass das *chi* frei durch den Raum fliessen kann und jedes Zimmer berührt, ohne behindert zu werden, bevor es durch eine Öffnung (Tür oder Fenster), durch die es nicht hereingekommen ist und die sich möglichst weit weg vom Eingang befindet, wieder geht.

Um den Fluss des *chi* zu analysieren und zu erkennen, wie es sich durch den Raum bewegt, sollte man langsam von der Zufahrt oder dem Weg zur Eingangstür gehen. Gibt es auf der Veranda oder auf dem Absatz vor der Tür genügend Platz für Sie, wenn Sie die Tür öffnen? Geht die Tür auf? Ist die Türe einmal geöffnet, so gehen Sie hinein und blicken Sie sich um. Gehen Sie durch den Raum, betreten Sie in jedes Zimmer, gehen Sie nach oben und nach unten, und schliesslich durch den Ausgang wieder hinaus. Zweistöckige Häuser sollten einen Ausgang im Erdgeschoss sowie ein Fenster oder eine Tür im oberen Stockwerk haben, wo das *chi* hinaus kann. Während dieses Rundgangs sollten Sie auf Ihre Füsse blicken und sie den Weg bestimmen lassen. Wenn Sie auf Augenhöhe geradeaus nach vorne blicken, während Sie gehen, wird sich Ihr Körper automatisch anpassen und sich um Hindernisse herumbewegen, was Ihnen ein falsches Bild des Flusses gibt. Wenn Sie die Augen auf den Boden richten und Ihren Füssen folgen, werden sie automatisch anhalten und nicht um Hindernisse herumgehen können, die dem *chi* bei seiner Bewegung durch den Raum begegnen.

Das *chi* wird vermutlich dem Muster folgen, das Sie vor Beginn Ihres Tests im Auge hatten, aber Sie könnten auch überrascht sein: Oft lenkt die Art, wie die Möbel in einem Raum stehen, das *chi* in einen Schrank, auf eine Wand oder in eine geschlossene Ecke.

Carla lebte im Haus ihrer Eltern in Honolulu. Sie wollte ausziehen, aber aus irgendeinem Grund hatte sie nie genug Geld oder genug Energie, um es zu tun. Bevor das *chi* in ihr Schlafzimmer kommen konnte, wurde es von einer freistehenden weissen Wand mit einem rotgoldenen Bild in der Mitte, das wie ein Bullauge aussah, gestoppt. Es hielt also in seiner Bewegung inne, bevor es in Carlas Zimmer gelangen konnte.

Behindertes oder wirr fliessendes *chi* ist vermutlich das vordringlichste Problem, das es mit Feng Shui zu lösen gilt. Da man sich schnell an seine Umgebung gewöhnt und manche Zimmer als unwichtig betrachtet, nimmt man es oft in Kauf, über Kisten zu steigen, Kleider herumliegen zu lassen, den Abfall nicht hinauszutragen usw. und tröstet sich mit dem Entschluss, es später zu erledigen. Dies sind alltägliche Situationen: Etwas hindert oder blockiert den Fluss des *chi*. Die Art, wie etwas aufgestellt ist, verwirrt oder desorientiert das *chi* oder richtet es auf einen Ort, an den es nicht will – etwa auf eine gerade Linie –, oder dreht es herum, schickt es zurück oder nach unten. Vielleicht wird es direkt aus der Tür hinaus, in eine Ecke oder gegen eine Wand geleitet, wo es festsitzt oder eingeengt wird. Vielleicht gibt es Löcher im Fluss des *chi*, die von den «Pfeilen» spitzblättriger Pflanzen oder einer Tischecke herrühren. Es könnte von einem Balken zerschnitten, von Farben und Mustern an den Wänden oder der Form der Möbel gebremst oder auch agitiert werden. Vielleicht wird der Fluss des *chi* von einer Wand, einem geteilten Weg oder einer Treppe gespalten. All dies kann das *chi* frustrieren, verärgern oder sogar in Wut bringen; dann fühlen sich auch die Bewohner der Räumlichkeiten so. Spannungen, schlechte Gesundheit und Unglück sind die Folge.

Es gibt viele Möglichkeiten, das *chi* zu blockieren, zu behindern oder zu beschädigen. Sehen Sie sich einfach um. Entfernen Sie dann alle Hindernisse aus dem Lauf des *chi*. Bedecken, blockieren, zerschlagen, zerstreuen, brechen oder entfernen Sie geheime Pfeile, die von inneren und äusseren Faktoren gebildet werden, oder lenken Sie sie ab. Schaffen Sie ein Laufmuster, das dem *chi* entspricht, eines, das steigt, Kurven bildet und sich sanft vorwärts bewegt – von Norden nach Süden, von Osten nach Westen, vom Eingang zum Ausgang. Leiten Sie das *chi* dorthin, wo Sie es haben wollen.

### *Zugang zum Chi*

Wenn man keinen Zugang zum *chi* hat, etwa weil es tief unter der Erde, hoch in der Luft, weit weg oder verwirrt ist oder nicht dahin kommen kann, wo man sich selbst befindet, dann muss man es dorthin einladen, es an diesem Ort willkommen heissen und zum Bleiben ermutigen.

Licht zieht das *chi* an und kann benutzt werden, um es um Ecken herum in andere Abschnitte eines Raums zu lenken. Das *chi* sucht lebende Dinge und auch alles, was ins Auge sticht – etwa Pflanzen oder farbige Bilder. Es wird von Reflexen in Spiegeln angezogen, von Glas oder glänzenden Gegenständen, die Lichtstrahlen auf kleine, dunkle oder tote Stellen in Ecken werfen, wo das *chi* oft festsitzt. In einem Raum, in dem Sie mit dem Rücken zur Türe sitzen, können Spiegel das *chi* einlassen wie auch den Blick auf die Türe und die Eintretenden ermöglichen. Wo der Boden vertieft ist, können am tiefsten Punkt angebrachte Spiegel das *chi* heben. Spiegel können auch dazu benutzt werden, um einen Raum grösser oder höher erscheinen zu lassen.

### *Das Chi herbeirufen, leiten, stimulieren und zum Bleiben auffordern*

Manchmal wird man das *chi* mit kräftigen Farben und angenehmen Tönen, etwa von Glocken, Flöten oder elektrischen Geräten, rufen müssen. *Chi* reagiert auf Wasser in jeder Form, sei es aktiv oder ruhig. Pflanzen, Blumen, hübsche Gegenstände und alles, was Ihre Aufmerksamkeit erregt, wird auch das *chi* anziehen.

Stellen Sie sich vor, wie Sie jemandem den Weg zu Ihrem Raum beschreiben und dabei Dinge erwähnen, die als Orientierungshilfen dienen («beim Strassenschild gehst du nach rechts, beim roten Zaun biegst du links ein, geh über die Brücke, um die Eiche herum, sieh nach dem Licht, und dort werde ich warten»). Mit dem *chi* muss man dasselbe tun. Eine laute Glocke kann die Ankunft des *chi* ankündigen und ihm einen Schubs geben, wenn es in Ihren Raum kommt. Ein helles Licht am Eingang sagt: «*Chi*, komm hierher.» Im Innern des Hauses ruft eine Pflanze neben der Wohnzimmertür das *chi* in den Raum. Eine schöne Tischlampe und ein rotes Kissen auf dem Sofa bedueten dem *chi*, dorthin zu kommen. Ein Windspiel neben dem einzigen Fenster zeigt dem *chi*, wo der Ausgang ist. Muster auf dem Boden, Farben an den Wänden und Gemälde sind kreative Mittel, das *chi* an die gewünschten Stellen zu lenken.

Bewegung stimuliert das *chi*. Elektrische Geräte, Objekte, die sich im Wind drehen oder schaukeln, fliessendes Wasser, einfach alles, was sich bewegt, kann benutzt werden, um das *chi* zu stimulieren. Manchmal, wenn es festsitzt, wird es schwer und dicht, sinkt hinab und verliert seine Dynamik. Dann muss es mit etwas Scharfem stimuliert werden, etwa mit einer spitzblättrigen Pflanze oder mit einer Lampe auf einem dünnen, hohen Fuss; damit wird das *chi* angestachelt und leichter gemacht, und es kann wieder fliessen. Dieses Mittel sollte man aber in einem leeren Raum nicht anwenden. Eine spitzblättrige Pflanze in der Mitte eines leeren Raumes beschädigt das *chi*, noch bevor es den Raum bereichern oder sich zu einem anderen Raum weiterbewegen kann. Die Spitzen wirken wie geheime Pfeile, die alle in ihrem Bereich Sitzenden oder Vorbeigehenden attackieren.

Wenn man sich zu einem Raum hingezogen und darin wohl fühlt, wird sich dort auch das *chi* wohlfühlen und bleiben wollen. *Chi* liebt Pflanzen, Wasser, Leben, Licht, Wärme, Farbe, Spiegelungen, Bewegung und gebogene Räume, wo es zirkulieren und wieder hinausgehen kann, wann immer es will. Vergessen Sie nicht, dass das *chi* im Feng Shui das wichtigste Element ist. Frei strömendes *chi* ist ein Fluss, der die Geschenke eines langen Lebens, von Wohlergehen und Gesundheit mit sich trägt. Stellen Sie sicher, dass es in Ihrem Raum genügend *chi* gibt und dass es frei darin fliessen kann – nur so kann es Ihnen die Schätze bringen, die Sie verdienen.

# Teil 2

## *Feng Shui und das Heim*

# Kapitel 3

# *Das Feng Shui von Gegenden, Städten und Quartieren*

## Der Einfluss von Orten

Wir werden von einigen Orten stärker angezogen als von anderen. Dafür gibt es viele Gründe – der wesentlichste ist aber wohl, dass das innere, unbewusste Selbst, bestehend aus Instinkt und Intuition, besser als das äussere, bewusste Selbst weiss, warum wir bestimmte Erfahrungen brauchen und ausgerechnet an einem bestimmten Ort leben. Dieses innere Wissen führt uns an den Ort, wo wir unser Schicksal am besten erfüllen können. Einige Menschen können nur in den Bergen leben, umgeben von Bäumen. Andere benötigen die Lichter einer Stadt. Manchmal scheint es, dass wir keine Wahl haben und die Umstände uns dazu zwingen, zu einer bestimmten Zeit an einem bestimmten Ort zu leben – wir können daran nichts ändern.

Wenn Sie den Luxus der Wahl haben und sich überlegen, in welchem Land, welcher Stadt oder welchem Quartier Sie leben wollen, dann kann Feng Shui helfen; denn jeder Standort, ob gross oder klein, hat seine eigene Energie. Wenn Sie sich auf diese Energie und die Gefühle, die sie in Ihnen weckt, einstellen können, werden Sie intuitiv wissen, wann Sie den richtigen Ort zum Leben gefunden haben.

Um wahrzunehmen, wie das *chi* in, durch und aus einem bestimmten geographischen Ort oder Quartier fliesst, sollte man nach vorne und zur Seite, nach oben und unten, nach innen und aussen blicken. Man muss alle seine Sinne benutzen, um über die sichtbaren Dimensionen zu den subtilen Realitäten vorzudringen, zu den Formen, Mustern, Gerüchen und Tönen. Seien Sie wie Meister Po in der TV-Serie Kung Fu, der Kwai Chang Cane fragt, ob er den Grashüpfer zu seinen Füssen höre. Cane sagt: «Wie kann man das hören?» Meister Po antwortet: «Wie kann man das nicht hören!» Horchen Sie auf den Grashüpfer zu Ihren Füssen, den Wind, der durch die Bäume weht, das Singen der Vögel und das Zirpen der Grillen. Verkehrslärm, Sirenen, Maschinen und sogar bellende Hunde können stören. Viele schöne Umgebungen werden durch den Lärm von Rasenmähern und Laubsaugern ruiniert. Kratzende, aufdringliche Geräusche können zu unterschwelliger Angst und Nervosität führen. Schnuppern Sie: Was riechen Sie? Lilien, Dieselöl oder Abfälle? Verschmutzung und andere Gerüche beeinträchtigen das Wohlbefinden, und Sie wären vermutlich nicht glücklich darüber, im Dunstkreis eines Fischladens oder einer Kehrichtdeponie zu leben.

Ein idealer Ort erfüllt die Grundbedürfnisse des Augenblicks: Schutz, Privatsphäre, genügend Platz für Mensch und Tier, Bequemlichkeit und einfacher Zugang zur Aussenwelt. Wenn ein Ort diese Grundbedürfnisse erfüllt und auch zu Ihrem Lebensstil und Temperament passt, hat er ein gutes Potential. Ein Gärtner wäre in einem Wolkenkratzer unglücklich, ein Stadtmensch würde leiden, wenn er isoliert leben müsste Berücksichtigen Sie diese Grundvoraussetzungen bei der Wahl eines Ortes nicht, so verschwenden Sie vermutlich Zeit, Energie und Geld und schaffen unnötige Belastungen, was wiederum zu Problemen führt. Interessanterweise sind wir aber bereit, manche unserer Grundsätze zu opfern, wenn wir einen Ort lieben.

Die fünf Elemente beschreiben die kontrastierenden Typen natürlicher und von Menschenhand geschaffener Landschaften. Von einigen dieser Umgebungen werden Sie mehr angezogen als von anderen. Ihre Aufgabe besteht nun darin herauszufinden, welche von ihnen Sie inspiriert, beruhigt und motiviert.

### *Holz-Landschaften*

Connecticut, Nordkalifornien und seine Wälder, der pazifische Nordwesten, die Urwälder Zentralamerikas und das Amazonasgebiet sind durch alle möglichen Arten von Pflanzen und Bäumen charakterisiert; das macht diese Regionen zu Holz-Landschaften. Üppige Vegetation, Wälder und Dschungel, säulenförmige Berge, hohe, schmale, rechteckige Gebäude oder eine Ansammlung von Telefonmasten definieren eine Holz-Landschaft.

Teile von New York City sind Wasser-Regionen, weil die Stadt auf einer Insel liegt; doch wegen ihrer vielen hohen, schmalen Gebäude könnte die Stadt auch dem Holz zugeordnet werden. Eine solche Umgebung ist gut für alle, die ein kreatives, wachstumsorientiertes Leben suchen; sie passt zu Unternehmen, die andere nähren, wie Restaurants und Werbefirmen, und zur Heilkunst. Grundsätzlich sollte man sich immer dann, wenn man kreative Energie benötigt, in einer Holz-Umgebung aufhalten.

### *Feuer-Landschaften*

Feuer-Landschaften zeichnen sich durch scharfe Winkel, spitze Berge, Pyramiden, spitze Dächer oder Türme oder andere scharfwinklige architektonische Merkmale aus.

Häuser, die sich am Fuss der Alpen oder anderer spitzer Berge befinden, kommen in den Genuss der Vorteile einer Feuer-Landschaft, die zu intellektuellen, akademischen oder spirituellen Vorhaben passt. Bei manchen Meditationspraktiken wird empfohlen, in eine Flamme zu blicken. Das kommt daher, weil Feuer den Geist inspiriert. Immer, wenn man denken will, sollte man eine Feuer-Umgebung aufsuchen.

### *Erd-Landschaften*

Wenn man durch Texas oder Oklahoma fährt, ist das Panorama weit, die Erde flach, und die Berge sind quadratisch oder blockförmig – eine typische Erd-Landschaft. Von Canyons geformte Plateaus, wie der Grand Canyon in Arizona, charakterisieren ebenfalls eine Erd-Landschaft. Erd-Landschaften erscheinen zwar leblos, verbergen aber oft wahre Schätze. In solchen Gegenden wurde viel Öl gefunden, und Öl ist eine Substanz des Elements Metall, die tief in der Erde vorkommt. Ist sie einmal angezapft, bringt sie Überfluss in eine treibstoffhungrige Welt. Das Erd-Element ist besonders geeignet, wenn man eine dauerhafte, stabile Umgebung sucht.

### *Metall-Landschaften*

Landschaften mit sanft gerundeten Hügeln, wie die Toscana in Italien oder die Rolling Hill Estates in Kalifornien, sind typisch für eine Metall-Landschaft, ebenso die Metallbögen von Brücken oder Autobahnstützen. Metall-Umgebungen passen zu Menschen, die an der Welt der Finanzen, an der Regierung oder an staatsbürgerlichen Belangen interessiert sind oder damit zu tun haben. Diese Art der Umgebung eignet sich für konzentriertes oder besonders sorgfältiges Arbeiten. Nur der Aufenthalt in einer Metall-Umgebung kann das Gefühl von Effizienz und messerscharfem Verstand auslösen.

Da Metall den Prozess des Loslassens unterstützt, sollte man eine Metall-Umgebung aufsuchen, wenn man die Vergangenheit loslassen möchte.

### *Wasser-Landschaften*

Meere, Seen, Flüsse und Kanäle wie auch alle Ufer-, Fluss- und Seegemeinden werden als Wasser-Umgebung betrachtet. Orte oder Städte auf Inseln, wie New York, Hongkong, Victoria, Honolulu, Sydney und Melbourne, sind wie alle anderen Wasser-Landschaften besonders für die Kommunikation und für die Weitergabe von Ideen geeignet – etwa für Literatur, Kunst, Musik, Medien, Werbung und verlegerische Tätigkeiten.

Wenn man sich gesellig, entspannt oder einfach in Frieden mit der Welt fühlen will, sollte man eine Wasser-Umgebung wählen. An einem Fluss sitzend und das vorüberziehende Wasser betrachtend, kann man Antworten auf alle komplexen Fragen finden.

## Dominante Einflüsse

Wenn man sich den idealen Ort zum Leben aussucht, sollte man nicht nur auf die fünf Elemente – Holz, Feuer, Erde, Metall und Wasser – achten, sondern auch auf die dominierenden von Menschen gemachten oder geographischen Züge. All dies hat einen entscheidenden Einfluss darauf, wie das *chi* in, durch und aus einer Gegend oder Stadt fliesst.

Im Folgenden wird dargelegt, wie etwa Berge, Flüsse, Wolkenkratzer und Strassen das Feng Shui beeinflussen können.

### *Berge, Wolkenkratzer und Drachen*

Berge und Wasser haben im Feng Shui einen wichtigen Platz. Sie sind voneinander abhängig und schaffen vollkommene Vehikel, um gutes *chi* durch die Venen der Erde zu pumpen. Die Erde braucht Wasser, um Früchte hervorzubringen; wir benötigen es zum Überleben. Die Erde braucht Hügel, um nicht überflutet zu werden; wir brauchen Hügel, um vor dem Wind und vor Feinden geschützt zu sein.

Vor der Entdeckung des Teleskops benutzte man Berge als Fixpunkte zur Beobachtung der Bewegungen von Sonne, Mond und Sternen. Berge symbolisieren die Treppe zwischen Himmel und Erde, den Weg, den die Götter und die Geister der Toten gehen.

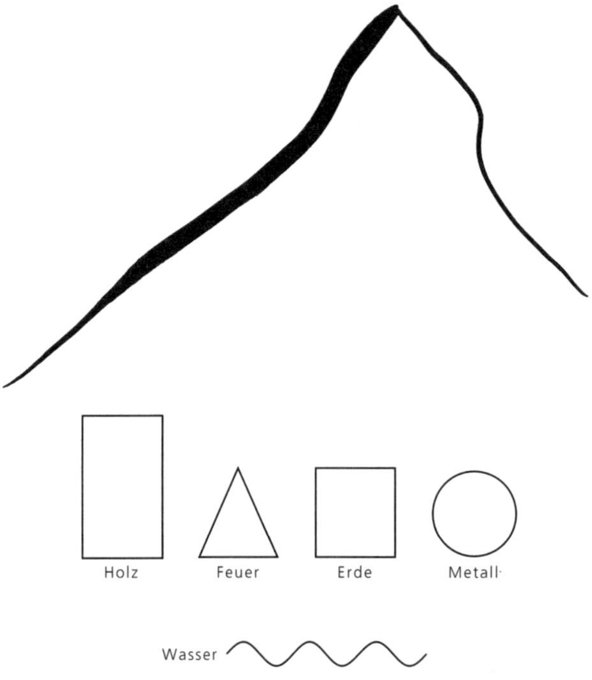


*Formen von Bergen*

Alle Berge wurden von den Menschen, die in ihren Schatten lebten, angebetet: der Olymp, 2918 m über der Ägäis, war die Heimat der griechischen Götter und Göttinnen; der Fujiama war für die Japaner eine in der Kunst und mit Liedern hochverehrte Göttin; der Berg Sinai wurde als der Ort verehrt, auf dem Jahwe Moses die Tafeln mit den zehn Geboten übergab.

Die Bedeutung der Berge leitet sich auch aus einer der fünf Elementformen ab. Ein hoher, schmaler Berg, z. B. eine Holz-Form, bringt den umliegenden Gemeinden viel Wachstum und Nahrung. In der Nähe eines spitzen, feuerförmigen Berges zu leben unterstützt das Denken, denn Feuer wird auch mit Intelligenz assoziiert. Die Gipfel von Bürgenstock, Glärnisch, Tödi und viele andere spitze Alpengipfel kann man vom Eingang der am Seeufer gelegenen Kongresshalle in Luzern aus sehen. In der Kongresshalle finden viele hochintellektuelle Anlässe statt.

Sanft gerundete Berge ahmen die Form des Metall-Elements nach, das mit Geld in Verbindung steht. Gemeinden im Schatten runder Berge sind oft wohlhabend. Plateaus und flache Berge entsprechen dem dauerhaften Erd-Element, ebenso die Pueblos der Indianer in den Südweststaaten Amerikas, während wasser-artige (unregelmässige) Berge grosse gesellschaftliche Aktivität versprechen.

Unabhängig von seiner Form beeinflusst ein Berg alle, die ihn sehen. Mount Rainier, einer der höchsten Berge Nordamerikas, schlägt die Bevölkerung von Seattle in seinen magischen Bann, die sich dank der Schönheit der Natur, ihrer spirituellen Ziele und ihrer Musik in «höheren Gefilden» bewegt.

Bei Los Angeles dehnt sich die Sierra über Hunderte von Meilen nach Nordosten aus, und trotz der Erdbeben, Krawalle und Feuersbrünste geniessen die Bewohner der Stadt die Sicherheit eines Lebens in Sichtweite einer grossen Bergkette, die das fruchtbare Tal Kaliforniens vor der rauhen Wüste von Nevada schützt.

Es ist günstig, im Schutze eines Berges zu leben, der den Rücken vor kalten Nordwinden behütet. Im Schatten eines hohen Hauses zu leben führt hingegen nicht unbedingt zu einem Gefühl des Beschütztseins, sondern wirkt vielmehr überwältigend und niederdrückend. Auf einem Berggipfel oder sehr hoch oben in einem Gebäude zu leben ist auch gefährlich, denn starke Winde attackieren solche exponierten Lagen. In einer Wohnung im Untergeschoss oder im Erdgeschoss eines hohen Hauses zu wohnen ist wie das Leben am Fusse eines Berges; die Bewohner neigen dazu, die Probleme der oberen Etagen zu übernehmen. (Wenn man natürlich in einem heilenden oder helfenden Beruf tätig ist, kann gerade dies von Vorteil sein.) Das Gefühl der Sicherheit und Gemütlichkeit in einer Wohnung im Untergeschoss könnte sich für einige Menschen bald zu einem des Niedergedrücktseins ändern. Weil man gewöhnlich eine Treppe hochsteigen muss, um das Haus zu verlassen, kann sich nämlich der Eindruck einstellen, der Aufstieg im Leben sei ein Kampf und man selbst sei nicht erfolgreich.

Im Schatten eines Berges oder eines Wolkenkratzers zu wohnen kann einem Menschen Angst vor dem Leben einflössen oder ihm das Gefühl geben, er sei im Vergleich zu anderen unbedeutend oder ungenügend. Dann sollte man alles tun, was man kann, um den eigenen Hauseingang zur Geltung zu bringen und das eigene Umfeld hervorzuheben. Man kann einen Spiegel mit der spiegelnden Seite nach oben auf dem Dach anbringen, so dass der grössere Körper auf sich selbst zurückgeworfen wird. Ein Wassergefäss kann dieselbe Funktion übernehmen.

Drachen kommen in chinesischen Legenden oft vor und sind das am häufigsten benutzte Symbol für Berge, insbesondere in der Schule der Formen, der ältesten bekannten Art des Feng Shui. Die verschiedene Teile eines Berges verkörpern unterschiedliche Aspekte eines Drachen: Eine Linie von zum Gipfel führenden Bergkämmen sind seine Rippen, Kammlinien auf beiden Seiten sind seine Arme und Beine; Bergbäche und unterirdische Quellen sind seine Venen und Arterien, die den «Atem des Drachen» abgeben und *chi* aus dem tiefen Innern der Erde an die Oberfläche pumpen. Die höchste Erhebung im Osten gilt als Drache; der Tiger ist im Westen. Beide sind immer zusammen und können ohne einander nicht existieren.

Der ideale Ort oder das ideale Gebäude ist von Drache und Tiger umgeben und stört beide in keiner Weise. Das bedeutet vor allem, dass der günstigste Standort für Gebäude ein Tal mit Bergen auf beiden Seiten ist. Der Fortschritt und die Entwicklung der Städte hat Tunnels durch Berge gesprengt, Bergspitzen abgetragen und ganz allgemein ihre Formen angepasst, damit Strassen und Fortschritt Raum bekommen. Das bedeutet, dass viele Berge gestört, dem Drachen die Adern durchtrennt und dem Tiger der Schwanz abgeschnitten wurden. Den Erbauern und Bewohnern solcher Orte dürfte es schlecht ergehen. Wenn man Berge mit abgetragenen Gipfeln und Strassen, die durch Tunnels führen, sieht, weiss man, dass die Landschaft verändert wurde und dass man doppelt so hart daran arbeiten muss, in den eigenen Räumen natürliche Verhältnisse zu schaffen.

Vergessen Sie nicht, dass jeder Ort zu etwas gut ist. Es hängt von Ihrer Wahrnehmung der Vor- und Nachteile ab, wie gut Sie eine harmonische Umgebung schaffen können.

Wasser ist Leben. Und alle Menschen, vom Nomaden in der Wüste bis zum Grossstadtbewohner, müssen leben. Die Ufer der grossen Ströme – Euphrat, Tigris, Nil, Huang, Amazonas, Mississippi – beherbergten alle grosse Zivilisationen. Wenn es in der Nähe keine Ströme gab, nährten Flüsse, Seen, Meere, natürliche Quellen oder Oasen die Gemeinschaft. Quellen spendeten Wasser für die Menschen und wurden auch als heilige Stätten betrachtet, als Quelle spiritueller Nahrung, wo Orakel aus den unteren Welt gedeutet werden konnten.

Man denke nur an das, was die Seine für Paris, die Themse für London, der Charles River für Boston sind. Flüsse sind das Blut der Erde. Wie bei den Bergen wurde jedoch auch der natürliche Lauf vieler Flüsse geändert, damit sie in die Pläne der Städtebauer passten oder den Feldern zugute kamen. Los Angeles hatte z. B. einmal einen Fluss, der jetzt nur noch ein Rinnsal in einem Betonbett ist. Die Everglades in Florida, einst ein üppiges Wasser-Ökosystem, sind nun bedroht, da sehr viel Wasser für die Felder und als Trinkwasser für die aus den Nähten platzende Metropole Miami abgeleitet wird.

Im Feng Shui entspricht das Wasser dem Geld. Gutes, sauberes Wasser bedeutet gutes Geld oder die Fähigkeit, Geld und Ressourcen anzapfen zu können. Umgebungen mit Wasser übertreffen solche ohne Wasser. Die besten Standorte sind solche mit Blick auf Wasser; deshalb sind Grundstücke am Strand in der ganzen Welt, von Malibu bis Malibar, teuer und begehrt. In den meisten Städten befindet sich der Finanzdistrikt in der Nähe von Wasser. Der Finanzbezirk von Los Angeles, der sich im Landesinneren befindet, liegt an der Spring Street (Quellenstrasse). Natürliche Seen, Teiche, Flüsse, Ströme, Wasserfälle und Meere sind glückbringend. Künstliche Wasserwege wie Kanäle, Schleusen, Leitungen, Reservoirs und Dämme können guten oder schlechten Einfluss nehmen. Aquarien, Wassergefässe, Brunnen und Vogelbäder können eingesetzt werden, um die Qualität einer Umgebung zu verbessern.

Wasser kann auch eine destruktive Kraft sein. Gezeiten, Hurrikane, Überschwemmungen oder Flutwellen können ganze Gemeinden zerstören, Fundamente unterspülen und Erde in die See schwemmen. Zu schnell oder zu gerade fliessendes Wasser schafft das, was die Chinesen «tödliches *chi*» nennen, das Eigentum und Leben zerstören kann. Wenn das Wasser zu ruhig ist, wird es abgestanden und verschmutzt, und dann kommen Probleme auf.

Wüsten wurde nie als besonders günstige Orte betrachtet, aber in Verbindung mit Wasser kann dort das Leben blühen: Las Vegas, Palm Springs, Santa Fé und sogar Death Valley (Tal des Todes) wurden aus diesem Grund zu Attraktionen für Touristen. Frei fliessendes Wasser bringt alle Reichtümer der Erde mit sich.

Ein junger Mann aus San Francisco klagte über mangelnden sexuellen Antrieb. Die Pflanzen rund um sein Bett waren krank und am Absterben, und trockene Blätter und altes Wasser hatte sich in den Untersetzern angesammelt. Er räumte die toten Blätter weg und ersetzte die kranken Pflanzen – und sein Liebesleben verbesserte sich schlagartig. Stehendes Wasser, sei es im nahen Fluss oder im Untersetzer einer Zimmerpflanze, kann alle Arten von Problemen hervorrufen. Abwasserrohre und Jauchegruben sollten mit Steinen oder Pflanzen bedeckt oder verborgen, Dachrinnen sauber gehalten und alles stehende Wasser entfernt werden.

Noch heute nehmen die Chinesen vieles auf sich, um Sicht aufs Wasser zu haben. Das Regent Hotel in Hong Kong lief nicht gut. Durch seinen Standort blockierte es den Blick von den

*Das Ritz-Carlton-Hotel in Marina del Rey, Kalifornien, macht gute Geschäfte – zum Teil wohl dank des sprudelnden Springbrunnens vor dem Haupteingang.*

neun Drachen, den umgebenden Hügeln, auf den Hafen. Auf Rat eines Feng-Shui-Meisters wurden in der Lobby Glasfenster eingesetzt, wodurch die Drachen wieder Zugang zu ihrem Lieblingsbadeplatz bekamen. – Man muss nicht an einer Strasse am Strand wohnen, um Wasser in sein Leben zu bringen. Wenn es in der Nähe der Wohnung kein Wasser gibt, kann ein Teich, ein Wasserfall, ein Brunnen, ein Vogelbad, ein Swimmingpool, ein Bad oder ein Gefäss mit sauberem Wasser den nötigen Ausgleich bringen.

Die Verschmutzung von Meeren und Buchten, die Regulierung von Flussläufen und die Zerstörung der Regenwälder tragen viel zur negativen Energie des Planeten Erde und der Menschheit bei. Gutes, sauberes Wasser, auch wenn es nur ein Bild von Wasser ist, verbessert das Feng Shui einer jeden Umgebung.

### *Strassen und Alleen*

Wenn es keine Berge gibt, keine Monumente, grossen Gebäude, Flüsse oder natürlichen Wasserwege, wird die grösste Strasse zum wichtigsten Leiter für das *chi*. Leicht kurvige Strassen sind am besten, und die ideale Strasse hat verschiedene Steigungen, wie sanfte Erhebungen, Täler und wellenförmige Hügel. Eine Vielzahl von Dimensionen schafft eine lebendige und aktive Landschaft, während eine eindimensionale Landschaft langweilig und deprimierend ist.

## Das Feng Shui einer Stadt bestimmen

Die während der Jing-Dynastie errichtete und von den Ming-Kaisern neu aufgebaute Kaiserstadt ist ein vollendetes Beispiel für die Prinzipien des Feng Shui und ein Abbild von Perfektion. Auf symmetrischen Linien, die die Form eines menschlichen Körpers nachahmen, errichtet, hatte der Palast eine Nord-Süd-Ausrichtung mit dem Haupttor gegen Süden. Die südliche Ausrichtung gewährte der Stadt tagsüber goldenes Sonnenlicht, während im Norden ein Hügel aufgeschüttet wurde, um die kalten Winde aus der Mongolei abzuhalten. Noch heute wird diese Tradition fortgesetzt, und viele Häuser in Beijing haben keine Fenster oder anderen Öffnungen nach Norden. Das Tor der Verbotenen Stadt in der Mitte der Kaiserstadt lag vor dem Goldenen Strom. Fliessendes Wasser am Eingang symbolisiert Wohlstand, und die Stadt war von wohlstandsförderndem Wasser in einem Graben umgeben. Die Hauptgebäude lagen an den Stellen der wichtigsten Körperorgane; der Kaiser residierte im Herzen. Der gesamte Palastkomplex war mit glückbringenden Farben und Motiven geschmückt.

So wie die Untertanen des Kaisers von China vom Feng Shui der Kaiserstadt beeinflusst wurden, sind auch wir vom Feng Shui der Stadt beeinflusst, in der wir leben. Alle Bewohner sind davon betroffen, im Guten wie im Schlechten. Auch Besucher können bis zu einem gewissen Grad davon beeinflusst werden: Die Menschen drängen nach New Orleans zum Mardi Gras, Las Vegas zieht Spieler an, und die meisten Menschen gehen ins Theater, wenn sie in London sind.

Die Form eines Ortes kann sein Schicksal bestimmen. Sizilien z. B., wo einst Könige residierten, hat die Form eines Balls, der gerade von der Spitze des stiefelförmigen italienischen Festlandes weggekickt wird. Man kann einen Ball viele Male treten, bis ihm die Luft entweicht. Sizilien war lange eine wichtige Drehscheibe für die Mittelmeerschifffahrt, befindet sich aber schon seit Jahrhunderten im wirtschaftlichen Niedergang. Dieses Beispiel ist offensichtlich, andere sind vielleicht etwas subtiler.

Betrachten wir die Stadt Cuzco in Peru. Cuzco war einst das Zentrum des Inka-Reiches und galt als Mittelpunkt der Welt; heute ist es eine kleine Stadt, die Reisenden als Ausgangspunkt für Ausflüge auf die steilen Berge von Machu Picchu dient, dem heiligen Ort der Inkas. Cuzco war in der Form eines Pumas angelegt, mit der Festung von Sacsahuamán als Kopf und den Gebäuden und Strassen in der Stadt darunter als Körper, Beine und Schwanz. Während der Eroberung durch die Spanier und späterer Unruhen wurden grosse Teile der Stadt zerstört, doch was von den Inka-Bauten übrig blieb, genügt, um zu erahnen, wie die Stadt früher einmal war.

Das Schicksal der Menschen folgt dem der Stadt. Längs dem Highway 49 in Kalifornien sind die Überbleibsel der einst florierenden Städte aus der Zeit des Goldrauschs nur noch Schatten ihrer selbst. Als es kein Gold mehr gab, begannen die Städte zu zerfallen. New Orleans genoss früher einen guten Ruf, zuerst als geschäftiger Seehafen, dann wegen seines weltberühmten französischen Quartiers. Bereits unter dem Meeresspiegel gelegen, sinkt New Orleans jedes Jahr etwas tiefer ab. Und mit jedem Jahr sinkt auch die politische, soziale und wirtschaftliche Situation der Stadt. Verbrechen, Verschmutzung und Korruption beschleunigen den Niedergang. Durch die fortschreitende Verschmutzung des Mississippi, der sich in New Orleans in den Golf von Mexiko ergiesst, werden dem überlasteten Hafen auch die Probleme des mittleren Westen aufgebürdet, die der Strom auf seinem Weg nach Süden sammelt.

Eine erfolgreiche Stadt schliesst alle fünf Elemente ein – Wasser, Feuer, Erde, Holz und Metall. New York ist ein gutes Beispiel einer Stadt, die von allen fünf Elementen profitiert. Sie befindet sich in einer Wasser-Umgebung, denn sie ist von Wasser umspült. Die Wolkenkratzer, deren Hauptmaterialien Metall und Glas sind, fügen die hohe, rechteckige Form des Holz-Elements hinzu. Central Park, nahe der Mitte der Insel von Manhattan und der Stelle, wo sich das ursprüngliche *chi* befindet, pumpt Lebensenergie durch die Adern der Stadt. Ihre Strassen, die aus Beton bestehen, fügen das Erd-Element hinzu. Da New York an Wasser grenzt, das nahe am Meer liegt, könnten die Ressourcen der Stadt leicht in das Meer hinaus abfliessen, aber sie werden von der Freiheitsstatue im Hafen von New York zurückgehalten. Lady Liberty, ein Geschenk Frankreichs, hält eine Lichtfackel hoch und heisst die Einwanderer und Importgüter aus dem Ausland mit der Wärme des Feuer-Elements willkommen.

## Das Feng Shui eines Quartiers bestimmen

Hat man einmal die hervorstechenden geographischen Merkmale einer bestimmten Region oder Stadt betrachtet, folgt als nächster Schritt die Auswahl eines passenden Quartiers.

Einer der ersten Schritte besteht darin herauszufinden, wer die künftigen Nachbarn sind. Wahrzeichen, Vergnügungsparks, öffentliche Strände, berühmte Leute oder skandalöse Ereignisse ziehen Touristen und Aktivität an. In der Nähe von Fabriken, Bahnhöfen, Polizei- oder Feuerwachen oder einer anderen lärmigen Umgebung zu leben, die nicht zum Wohnen dient, könnte gutes Feng Shui abschrecken. Wer in der Nähe einer Sporthalle wohnt, was für einen sportlichen Menschen anziehend sein könnte, setzt sich zusätzlichem Verkehr und vielen Leuten aus. Einen Ort in der Nähe einer Abfalldeponie, von Starkstrommasten, Atomkraftwerken oder anderen Verschmutzungsquellen auszusuchen heisst, das Schicksal herauszufordern.

Einige Orte haben einen Überschuss eines Elements, wodurch sie extrem und unbewohnbar werden, sofern das nicht durch zusätzliches Wasser oder Holz gedämpft wird. Ein Feuer-Überschuss charakterisiert das Death Valley in Kalifornien, dem bereits viele Reisende zum Opfer gefallen sind. Antelope Valley, im Nordosten von Los Angeles, ist zwar auch durch das viele Feuer brutal (heisse, trockene Winde, die aus der Mojave-Wüste hereinwehen), aber es ist ein guter Ort, um Kakteen und andere Wüstenpflanzen zu züchten.

## Orte, die spezieller Aufmerksamkeit bedürfen

In alten Zeiten betrachtete Feng Shui gewisse Orte unwillkürlich als ungünstig, etwa Sümpfe oder Friedhöfe. Auf den folgenden Seiten werden wir solche Umgebungen detaillierter betrachten.

Sollten Sie an einem traditionell «ungünstigen» Ort wohnen, so regen Sie sich nicht auf. Ihre Haltung diesem Ort gegenüber kann einen stärkeren Einfluss auf Sie haben als der Ort selbst.

### *Friedhöfe*

Neben einem Friedhof oder einer Leichenhalle zu wohnen ist nicht empfehlenswert, denn die Energie um diese Orte ist traurig – unabhängig von der landschaftlichen Schönheit. Viele Menschen wohnen jedoch in solchen Gegenden, und es geht ihnen gut. London ist praktisch auf einem Gräberfeld erbaut.

Eine junge Frau heiratete in einer Kapelle, die für Eheschliessungen wie auch für Trauerfeiern benutzt wurde. Ihr Mann starb 18 Monate später, mit nur 33 Jahren, an einem Herzanfall. Vermutlich bringt es kein Glück, bei einem Friedhof zu heiraten oder die Gäste dort zu empfangen, wo sich Tote befinden. Sehen Sie sich den Film «Poltergeister» an: Das ist die Hollywood-Version des Feng Shui von Friedhöfen.

### *Spitäler*

Ist man nicht selber in einem Spital oder in einem heilenden Beruf tätig, fühlt man sich in der Nähe eines Krankenhauses – wenn man etwa Sicht auf den Eingang oder die Einfahrt zur Notaufnahme hat – wahrscheinlich nicht sehr glücklich. Das Kommen und Gehen kranker Menschen könnte einen subtilen Einfluss ausüben, oder man fühlt sich durch die Sirenen der Krankenwagen gestört. Spitäler sind Orte des Todes – aber sie sind auch Orte, wo Wunder der Heilung geschehen. Man sollte einfach bedenken, dass man von den Vorgängen im Spital beeinflusst werden kann, und seinem eigenen Urteilsvermögen vertrauen.

### *Kirchen*

Auch bei einer Kirche zu wohnen, kann einen guten oder schlechten Einfluss haben. In Kirchen finden Abdankungen statt, weshalb sie die Menschen der Traurigkeit und dem Tod aussetzen könnten. Viele Kirchen tragen Kreuze, die potentielle geheime Pfeile negativen *chis* sind. Ein Kreuz bedeutet zudem konstante Erinnerung an Leid und Sünde. Andererseits sind Kirchen aber auch Orte der Hoffnung, wo Glaube erneuert oder wiederhergestellt wird und wo Hochzeiten und Taufen abgehalten werden, freudige Zeremonien also. Ist man sich all dieser Einflüsse bewusst und nimmt man eine geeignete Haltung ein, können die negativen Einflüsse leichter abgewendet werden.

### *Leerstehende Häuser*

In der Nähe eines leerstehenden Hauses zu wohnen bringt verschiedene Probleme. Wenn das Haus schon lange leersteht, ist der Garten vermutlich überwuchert und unordentlich und das Haus eine Beleidigung fürs Auge. Jedes Mal, wenn man es sieht, wird man an Ruin und Zerfall erinnert. Wenn es zwar leersteht, aber nicht verlassen ist, könnte der Garten zu einem Lagerplatz für alte, verrostete Autos und Waschmaschinen werden. Oft werden verlassene Häuser zu Treffpunkten für Obdachlose oder Jugendbanden, so dass man nicht nur einem unangenehmen Anblick ausgesetzt ist, sondern auch der Gefahr, die von schlechten Charakteren ausgeht, die in solchen Häusern Feuer anzünden könnten, um sich warm zu halten. Das Haus könnte abbrennen, und das Feuer könnte sich auf Ihr Haus ausdehnen.

### *Bucht*

Eine Bucht hält das Wasser nahe am Strand. Deshalb kann ein Haus an einer Bucht von dem Wohlstand, den das nahe Wasser bringt, profitieren und ihn behalten. Denken Sie nur an Genua in Italien. Es ist seit Jahrhunderten eine blühende Stadt, denn es liegt an einer Bucht, die zusammen mit dem schützenden Appennin im Rücken für einen idealen, geschützten, sicheren Hafen sorgt. Nicht nur Christoph Columbus, sondern auch viele andere reiche Händler setzten ihre Segel in Genua. Palastähnliche Häuser, zum Teil über 600 Jahre alt, werden immer noch von den erfolgreichsten Händlern der Stadt bewohnt – ein Beispiel für den Nutzen, den das Leben an einer Bucht bringen kann.

*Ein Haus in einer Bucht kann den Wohlstand seiner Bewohner halten.*

*Ein Haus an der Spitze einer Halbinsel kann den vom Wasser gebotenen Wohlstand nicht halten.*

### *Halbinseln*

Das Wasser fliesst auf beiden Seiten an der Spitze einer Halbinsel vorbei. So wie das Wasser an der Spitze vorbeifliesst, so zerfliessen auch Geld und Glück. Um das zu kompensieren, sollte man nahe beim Eingang Wasser plazieren.

### *Stehendes oder schmutziges Wasser*

Wenn sich Wasser hinter umgestürzten Bäumen an den Ufern von Flüssen, in Sümpfen oder sumpfigen Pfützen ansammelt, hört es auf zu fliessen und wird brackig.

Stehendes Wasser ist zwar ein grossartiger Ort für Schlangen und Mückenlarven, aber menschliches Leben nährt es nicht. Wenn Sie in der Nähe von stehendem Wasser leben, hat möglicherweise die Energie in Ihrem Leben aufgehört zu fliessen. Es könnten Blockaden bestehen, die Geschäfte und Gesundheit angreifen. Wenn Sie je unter Verstopfung gelitten haben, verstehen Sie dieses Prinzip.

Wenn sich in der Nähe Ihres Grundstückes stehendes Wasser befindet, sollten Sie zwischen sich und dem schlechten Wasser eine Barriere aus Pflanzen, Zäunen oder Statuen errichten.

Befindet sich das stehende Wasser auf Ihrem Grundstück, so könnten Sie darin Lotus oder andere Wassergewächse anpflanzen. Diese Pflanzen lieben Schlamm und werden gedeihen. Auf diese Weise entsteht ein Garten voll farbiger Wasserblumen.

Wenn Sie Regenwasser in Regentraufen sammeln, sollten Sie diese regelmässig reinigen, damit kein schlechtes *chi* erzeugt wird.

### *Zu schnell fliessendes Wasser*

Wenn das Wasser zu schnell vorbeifliesst, kann es die lebenden Dinge an seinen Ufern nicht nähren. Geld und Ressourcen werden mit ihm davonfliessen. Benutzen Sie dann grössere Steine, Statuen, Pflanzen oder Steinzäune mit Lampen auf den Pfosten, um zwischen sich und dem schnellen Wasser eine Barriere zu schaffen. Spiegel in der Nähe des Gebäudes werden das Wasser anziehen und es ermutigen, auf Ihrem Grundstück zu verweilen.

### *Zu nahe gelegenes Wasser*

Wenn Wasser einem Grundstück zu nahe kommt, kann die Gefahr der Überflutung oder Versumpfung bestehen. An der Seite eines Gebäudes vorbeifliessendes Wasser fördert dessen Feng Shui nicht. Wasser, das an der Haupttüre vorbeifliesst, ist zwar günstiger, sollte aber sanft und langsam fliessen. Ein Beispiel ist ein Wassergraben um ein Schloss, der den Wohlstand der Bewohner schützt.

### *Zu weit entferntes Wasser*

Wenn sich das Wasser weit weg befindet, Sie es aber sehen können, können Sie es mit Hilfe von Spiegeln ins Gebäude bringen. Wenn das Wasser nicht sichtbar ist, kann man stilles oder aktives Wasser etwa in Form einer Wellenmaschine, eines Aquariums oder auch von Bildern mit Wasser als Teil der Dekoration hinzufügen. Kristalle im Fenster verstärken die negativen Ionen, die das entfernte Wasser aussendet. Benutzen Sie Glasgegenstände wie Gefässe oder Teller, um Ihr Heim zu schmücken.

### *Teich im Westen*

Beifinden sich auf dem Grundstück Teiche, sollte man ihren Standort beachten. Ein Teich auf der Westseite eines Grundstücks ist nicht so günstig wie in einer anderen Richtung, denn der Westen symbolisiert Abschlüsse und kann das vom Wasser versprochene Glück absorbieren. Eine spiegelnde Gartenkugel (in viktorianischen Zeiten besonders verbreitet) oder irgendeine andere glänzende Oberfläche im Osten kann den Teich im Westen reflektieren und ihn an die günstigere Stelle «rücken». Wenn das Wasser im Teich ruhig ist, kann man seine Oberfläche mit Wasserpflanzen bedecken, damit er eher wie ein Garten als wie ein Teich aussieht.

### *An einem Kanal*

Eine Geschäftsfrau in leitender Stellung lebt am Ufer eines Kanals in Naples, Kalifornien. Das Wasser steigt und fällt nicht nur mit den Gezeiten, sondern auch ganz nach den Launen der lokalen Regierungsbeamten. Das Glück der Frau steigt und fällt mit dem Wasser im Kanal. Wenn es sich nicht bewegt, bekommt sie keine Chancen. Wenn es fliesst, hat sie mehr als genug Möglichkeiten. Ein mit den Gezeiten wechselndes Leben ist nicht so stabil oder erfreulich wie ein Leben an einem tiefen, ruhigen, sauberen See oder an einem sanft fliessenden Fluss. Den-

*Solange das Wasser in diesen Kanälen nicht zum Stehen oder Überfliessen gebracht wird, profitiert das Haus von dem fliessenden Wasser vor seinem Vordereingang.*

noch ist es günstig. Man muss nur seine Erwartungen und Energien an die Gezeiten anpassen und darf den Glauben nicht verlieren. Auf jede Ebbe folgt schliesslich eine Flut.

### *In der Nähe eines Trockentals*

Trockentäler schaffen Spalten und Risse in der Erdoberfläche, und diese können zu geheimen Pfeilen werden. Da Wasser mit Leben assoziiert wird, kann der Ausblick auf ein ausgetrocknetes Tal mit Unfruchtbarkeit in Körper oder Geist zusammenfallen. Der amerikanische Südwesten ist voll solcher Trockentäler; aber viele Menschen schaffen es, dort zu leben und trotzdem ein glückliches, künstlerisch kreatives und erfolgreiches Leben zu führen, insbesondere wenn sich das Gebäude in Harmonie mit der Umgebung befindet. Niedrige, flache Gebäude aus Erd-Materialien, Stein und Lehmziegeln und mit aktivem und stillem Wasser fördern und beleben eine trockene Umgebung. Innen können Tischbrunnen oder einfach mit Wasser gefüllte Gefässe als Brunnen dienen. Windspiele oder Licht, luftige Dinge, die im Wind flattern, stimulieren das *chi*. Ein Vogelhaus ermutigt Lebewesen, auf das Grundstück zu kommen, was wiederum Leben und Energie in die Umgebung trägt.

### *Rinnen oder ausgetrocknete Flussbetten*

In natürlichen Rinnen oder ausgetrockneten Flussbetten, die gerade Linien bilden, findet sich *sha chi*. Hier liegt die Gefahr in Zeiten starken Regens darin, dass solche Formationen sich füllen, überfliessen und die ganze Umgebung überfluten. Schaffen Sie eine Barriere, indem Sie die Landschaft formen oder Zäune errichten, damit die von den geraden Linien am Boden ausgehenden Pfeile blockiert werden und Ihr Grundstück vor Überflutungen geschützt ist.

### *Sümpfe*

In der Nähe eines Sumpfes zu leben bringt einige Probleme, etwa schwüles Wetter, Alligatoren, Riesenmoskitos, schwachen Boden und Treibsand. Klingt das schrecklich? Nicht für Menschen, die in New Orleans, Key West, Florida oder im Amazonasbecken in Brasilien leben. Üppiges Leben gedeiht im fruchtbaren, reichen, dampfenden Sumpfboden.

### *Sandiger und feuchter Boden*

Gegenden mit sandigem und feuchtem Boden sollte man tunlichst meiden, denn es ist schwierig, dort ein starkes Fundament zu legen – und das ist zum Bauen unerlässlich. Doch mitunter lässt sich das Bauen in solchen Regionen nicht vermeiden. Im brasilianischen Amazonasbekken etwa wird bevorzugt auf Pfählen gebaut, was gut zu einem Fluss passt, dessen Pegel während der Regenzeit um bis zu sieben Meter ansteigt. Auch Gebäude auf schwimmenden Flössen, die sich mit dem Fluss heben, passen in solch eine Gegend.

Häuser, die auf dem sandigen Boden am Meer oder an einem See erbaut wurden, haben oft relativ kleine Fundamente, und das zweite Stockwerk wird von Stahlstreben auf Holzpfosten gestützt. (Solch eine Konstruktion erinnert zwar an ein Pfahlbau-Fundament, sieht aber anders aus.) Wenn Sie unter solchen Bedingungen leben, sollten Sie das Gebäude dem Boden anpassen; so befinden Sie sich im Einklang mit der Natur und haben gute Räumlichkeiten.

### *Auf verbranntem Land*

Auf verbranntem Boden wächst nichts, und der Boden wird leicht weggewaschen. Verbranntes Land sollte für sieben Jahre unberührt bleiben. Wenn Sie aber auf verbranntem Boden wiederaufbauen müssen, sollten Sie auf dem gesamten Grundstück mindestens einen Meter Erde abtragen und mit frischer Erde ersetzen, bevor Sie mit dem Bau beginnen.

### *Auf hartem, felsigem Boden*

Im Westen haben wir einen so starken Willen, dass wir darauf bestehen, auf hartem, felsigem Boden zu bauen – auch wenn das schwierig, teuer und oft nur unter Einsatz von Dynamit möglich ist. Sprengungen stören aber die natürliche Kraft des mythischen Drachen, der dort wohnt. Wenn Sie an einem solchen Ort leben, sollten Sie dem beschädigten Berg mit einer kleinen Geste Ehre erweisen und die Wunden mit Ranken und Pflanzen bedecken.

### *Auf abgesunkenem Boden*

Es wird als ungünstig betrachtet, an einem Ort zu leben, wo der umgebende Boden höher liegt als der Standort des Hauses, denn es besteht die Gefahr, von Wasser überflutet oder von Feuer eingeschlossen zu werden. Spirituell günstige Orte der Besinnung sind jedoch auf solchen Grundstücken erbaut worden, weil sie Einsamkeit und Abgeschiedenheit bieten.

### *Berge*

Ein Berg vor einem Gebäude kann die Energie vom betreffenden Haus abhalten. Wenn sich der Berg aber hinter einem Haus befindet, schützt er es vor den Elementen – Wind, Regen und

Schnee. Liegt der Berg jedoch zu nahe an der Rückseite des Hauses, besteht die Gefahr von Erdrutschen, Lawinen und Feuersbrünsten.

Wenn es keine Berge gibt, wird das grösste Gebäude oder Monument in der Umgebung als Berg interpretiert. Ein seltsam geformter Berg kann Unglück bringen. Eine in China geborene Freundin gab die Schuld an ihrer Hasenscharte ihren Vorfahren. Sie sagte, ihre Gräber blickten auf eine Spalte in einem Hügel, und deshalb käme in jeder Generation ein Kind mit einer Hasenscharte zur Welt.

### *Im Schatten eines Berges oder eines grossen Gebäudes*

In der Nähe eines Berges zu leben gilt im allgemeinen als günstig, hängt aber vom Standort des Gebäudes in Bezug auf den Berg ab. Manche Menschen fühlen sich beschützt und sicher, wenn sie ganz nahe an einem Berg oder grossen Gebäude wohnen; andere fühlen sich eher erdrückt. In der Nähe eines Berges zu leben gibt uns die Möglichkeit, den Berg als Sinnbild dafür zu nehmen, dass man das Grosse nachahmen und für das Kleine Mitgefühl hegen soll. Welches Gefühl ein Berg in Ihnen auch auslöst – denken Sie daran, dass wir alle unser eigenes Schicksal haben und dass das, was für andere passend sein kann, für uns selbst nicht das Beste sein muss.

In einem kleinen Gebäude im Schatten eines grossen zu leben entspricht dem Leben zu nahe an einem Berg. Man kann das Dach symbolisch erhöhen, indem man auf ihm einen Spiegel (mit der spiegelnden Seite nach oben) anbringt, wodurch die grössere Struktur auf sich selbst zurückgeworfen wird. Auch ein Gefäss mit Wasser auf dem Dach oder im Garten kann diesen Zweck erfüllen.

### *Von Bergen oder Gebäuden eingeschlossen*

Viele Gebäude stehen zu nahe an einem Hügel oder Berg und gelten als ungünstig – es sei denn, sie seien wirklich in den Berg hineingebaut und hätten den Eingang woanders –, denn auf ihren Eingang fällt kein Sonnenlicht und die Energie wird blockiert. In Regenzeiten besteht zudem die Gefahr von Erdrutschen.

Ein Dach über dem Eingang oder eine deckende Pergola helfen, das *chi* zu konzentrieren. Lichter können die Stelle der Sonne einnehmen, und Wasser am Eingang lässt das *chi* zirkulieren. Es ist sehr wichtig, den Eingangsbereich von Steinen, Abfall, Kisten usw. freizuhalten.

Ganz nahe an einem grösseren Haus zu wohnen, beschert Ihnen eine Wand als Aussicht. Bedecken Sie die Fenster mit Vorhängen oder Wandschirmen. Wenn es natürliches Licht gibt, können Sie hohe, buschige Ranken oder lange hängende Pflanzen vor dem Fenster anwenden, um den unschönen Ausblick zu verdecken. Wenn möglich, sollten Sie vor dem Fenster einen Blumentrog anlegen und hohe Pflanzen, Kräuter oder Tomaten darin ziehen.

### *Zwischen zwei grösseren Gebäuden eingeklemmt*

Wenn Ihr Haus zwischen zwei grösseren Gebäuden eingeklemmt ist, sollten Sie Elemente der Form, Farbe oder Oberflächenstruktur dieser Gebäude in Ihren Gesamtplan miteinbeziehen,

*Das Haus in der Bildmitte ist auf beiden Seiten von grösseren Häusern und dazu von einem riesigen Baum überschattet. Es fällt auf, wie klein und dunkel das Haus wirkt. Eine Lösung wäre, den Baum zu entfernen und/ oder spiegelndes Material auf dem Dach anzubringen, damit die Energie der grösseren Häuser vom kleineren Haus abgewendet wird.*

damit Ihr Haus den benachbarten Häusern so stark wie möglich gleicht. Wenn z. B. die angrenzenden Häuser grau gestrichen sind, sollten Sie Ihr Haus auch grau streichen; wenn dort Zypressen wachsen, sollten Sie auch einige pflanzen.

### *Unter und am Rand einer Klippe*

Unter einer Klippe zu leben kann ein Gefühl von Behütetsein oder aber ein niederdrückendes Gefühl erzeugen, je nach Standpunkt. Man sollte sich versichern, dass Dach und Balken stark sind und aus Metall oder Beton bestehen, nicht aus Holz. Man kann elektrisches Licht benutzen, um das Sonnenlicht zu ersetzen, und sollte nicht aus dem Gefühl heraus, das Gewicht der ganzen Welt tragen zu müssen, eine gebeugte Haltung entwickeln.

Am Rand einer Klippe zu leben ist zwar genau das Richtige für Abenteurer, aber für zurückhaltende Menschen ist es eher nervenzerreissend. Vergewissern Sie sich, dass die Zäune stark sind, sehen Sie täglich nach, ob keine Erosion stattfindet, und überlegen Sie sich, warum Sie ausgerechnet den Rand einer Klippe als Bleibe ausgesucht haben.

### *In der Nähe eines Lifts, Treppenhauses, Ausgangs, Bahnhofs, einer Bushaltestelle, U-Bahn-Station, Schule, Feuer- oder Polizeiwache*

Wenn Sie in der Nähe eines stark frequentierten Ausgangs leben, werden Sie häufig Menschen sehen, die das Gebäude verlassen. Das könnte Ihnen das Gefühl geben, immerzu irgendwohin gehen zu müssen, und vielleicht fällt es Ihnen schwer, sich niederzulassen und länger zu Hause zu bleiben.

Eine Klientin hatte Schwierigkeiten damit, ihre Haushaltshilfen zu halten. Das Mädchenzimmer befand sich neben dem Ausgang. Die Mädchen kamen und gingen, bis die Klientin ihnen ein anderes Zimmer zuwies, das weiter vom Ausgang entfernt lag. Nun kann sie das Mädchen nicht dazu bringen, auch nur einen Tag freizunehmen.

Dieses Haus scheint ohne Berücksichtigung des Berges oder der Gesetze der Schwerkraft erbaut worden zu sein. Das ist kein Ort für ängstliche Menschen.

Wenn sich Ihre Wohnung neben einem Fahrstuhl befindet, ist dort ein ständiges Kommen und Gehen, was eine ähnliche Auswirkung haben kann wie das Wohnen beim Ausgang. Die auf den Fahrstuhl wartenden Leute und die mechanischen Einflüsse könnten Ihre Ruhe stören. Eine Wohnung in der Nähe eines Ausgangs oder Lifts kann wiederum für schnelles Weitergehen nützlich sein, was manchmal von Vorteil ist.

Wenn Sie in einer Wohnung neben oder gegenüber einer Kehrichtverbrennungsanlage oder in der Nähe von Abfall und Feuer leben, könnten Sie erleben, dass sich einige ihrer Pläne und Träume in Rauch auflösen.

Eine Klientin lebt in einer Alterssiedlung in Laguna Hills, Kalifornien, in einem Mehrfamilienhaus gegenüber von einem einstöckigen Gebäude und neben einer Treppe, die zu einem unterirdischen Parkhaus führt. Sie ist in den Achtzigern, führt ein ausgefülltes gesellschaftliches Leben, macht Freiwilligenarbeit, wurde mehrmals für ihren Einsatz für die Gemeinschaft ausgezeichnet und ist bei recht guter Gesundheit.

Hinter ihrem Haus befindet sich ein zweites gleiches Gebäude, das nicht in der Linie des *chi* vom Eingang neben der Treppe liegt. Alle, die in dieses Haus einziehen, ziehen sich zurück und sterben, weil alle Energie von der Strasse in das vordere Gebäude oder aber die Treppe hinunter geht. Das hintere Haus ist zwar ruhiger und wirkt daher erstrebenswerter, aber es erhält nicht genug lebensspendendes *chi.*

### *Neben spiegelndem Glas*

Neben einem Gebäude zu leben, das ganz mit spiegelndem Glas verkleidet ist, ist wie das Leben neben einem riesigen Spiegel. Es kann zu viel Licht oder Hitze geben, weil Sonnenlicht plus Spiegel gleissendes Licht ergibt, das dann von anderen Gebäuden wieder zurückspringt und sowohl für Passanten als auch für die Bewohner der angrenzenden Gebäude eine Gefahr darstellt. Hat man vom Hausinnern aus einen Rundblick, kann sich der Bewohner von den vielen Dingen, die es zu sehen gibt, überwältigt fühlen. Wird die Sicht von einem anderen Gebäude blockiert, so hat man eine kahle Wand als Ausblick, was nicht gerade inspirierend ist. Menschen, die in spiegelnden oder gläsernen Häusern leben, laufen auch Gefahr, dass fliegende Objekte durchs Fenster kommen. Um sich etwas Privatsphäre zu sichern, müssen die Fenster bedeckt werden.

Glas als Hauptbausubstanz ist kein gutes Isolationsmaterial. Im Winter kann die Wärme nicht zurückbehalten werden. Im Sommer geht die Luftkühlung verloren. Doch vergessen Sie nicht: Jeder Ort ist zu etwas gut. Sich der Vorzüge und Nachteile bewusst zu sein, kann die Fähigkeit fördern, eine harmonische Umgebung zu schaffen. Glaswände können z. B. wie riesige Fenster wirken, durch die man entspannt die vorüberziehenden Wolken betrachten kann.

### *Auf einem Berg*

Frank Lloyd Wright baute gerne Häuser auf Bergen, aber er wählte nie den Gipfel als Standort. Er sagte, er wolle kein Gebäude wie einen Hut auf einen Berg setzen. Er zog Standorte etwa 20 Prozent unterhalb des Gipfels vor, was er als «Augenbraue» des Bergs bezeichnete.

Wenn Sie in einem Mehrfamilienhaus wohnen, ist das wie das Leben an einem Berg. Ihre Stellung innerhalb des Gebäudes und Ihre Beziehung zu den darüber, darunter, daneben und gegenüber liegenden Einheiten beeinflusst auch das Feng Shui Ihrer Wohnung.

### *Ganz oben auf einem Berg oder in einem Gebäude*

Ganz oben auf einem Berg oder im obersten Stockwerk eines Gebäudes zu wohnen hat den Vorteil einer herrlichen Aussicht. Das Leben in der Höhe ist aber etwas gefährlich, denn die Winde dort können sehr stark sein. Errichten Sie daher Schranken zwischen sich und den vorherrschenden Winden, damit Sie nicht «vom Berg geweht» werden.

# Kapitel 4

# *Das Feng Shui der Umgebung eines Hauses*

Ob Sie ein neues Heim suchen oder einfach aus dem vorhandenen das Beste machen wollen – Feng Shui kann Ihnen dabei helfen, es harmonisch in die Umgebung zu integrieren und das *chi* darin gut und gesund fliessen zu lassen.

## Name, Richtung und Zustand einer Strasse

### *Was bedeutet ein Name?*

Der Name einer Strasse ist wichtig, denn er bestimmt die Schwingung für das Haus. Jedes Mal, wenn Sie Ihre Adresse nennen oder schreiben, setzen Sie diese Schwingung in Bewegung.

Eine sehr erfolgreiche Frau lebt am Royal Oak Drive (Königseichen-Strasse). Sie wird von allen, die sie kennen und mögen, liebevoll «Zarina» genannt.

Ein Schriftsteller lebte in der Neptun-Strasse, einer Strasse mit sanften Kurven längs des Meeres, die leider in einer Sackgasse endete. An dieser Strasse lebten viele alkoholkranke Witwen. Der Schriftsteller war zwar kein Witwer, aber während er dort wohnte, wurde sein geliebtes Haustier von einem Auto überfahren, was ihn gewissermassen in den Stand eines Witwers versetzte. Er machte an diesem Ort aber nicht nur schlechte Erfahrungen, denn er erlebte dort eine äusserst kreative Zeit in Bezug auf seine Arbeit und schrieb ein wundervolles Musical.

### *Wissen, wo man herkommt*

Die Richtung, aus der man auf sein Haus zugeht, kann das tägliche Grundgefühl beeinflussen. Das kommt daher, dass unterschiedliche Richtungen auch unterschiedliche Gefühle hervorrufen.

Wenn man nach Osten geht, neigt man zu Enthusiasmus, Aufgewecktheit und Begierigkeit, denn der Osten ist die Himmelsichtung, in der die Sonne aufgeht. Wenn man sich seinem Haus von Osten her nähert, ist das Zuhause ein Ort grosser Aktivität und Energie, ein sehr belebter Ort.

Wenn man von Westen, aus der Richtung der untergehenden Sonne, auf sein Haus zugeht, ist das Zuhause ein Ort der Unterhaltung, des Rückzugs und der Ruhe oder vielleicht der Kinder, denn der Westen wird den «Kindern der Sonne» zugeordnet. Sich dem Haus von Westen her zu nähern macht es zu einem sehr entspannenden Ort.

Geht man von Norden her auf sein Haus zu, beschäftigen Geschäft, Geld, Karriere und soziale Stellung die Gedanken. Vielleicht verbringt man dann viel Zeit damit, «mit den Meiers nebenan» gleichzuziehen, selber wie die Meiers zu sein, die die Standards für andere setzen. Geht man vom Norden her auf sein Haus zu, könnte man sich effizient, wohl organisiert und erfolgreich fühlen – alles Attribute des Nordens. Nähert man sich dem Haus von Süden her, wird man einen mehr philosophischen und lockeren Standpunkt haben und nicht so geschäftsorientiert sein. Fassen wir die Richtungen zusammen:

| | |
|---|---|
| *Osten:* | *lebhafte, dynamische, ehrgeizige Energie* |
| *Westen:* | *Rückzug, Ruhe, Kinder und Familie* |
| *Norden:* | *Effizienz und Ausrichtung auf das Geschäft* |
| *Süden:* | *entspannt und philosophisch* |

Und wenn man nun die Richtung nicht mag, aus der man auf sein Heim, sein Büro, seine Bank oder seinen Supermarkt zugeht? Ganz einfach! Bevor man dort ankommt, kann man einmal um den Block gehen und die letzten Schritte aus der gewünschten Richtung machen. Das mag etwas verrückt und nach Zeitverschwendung klingen, aber es macht Spass, damit zu experimentieren. Legen Sie einen Kompass in Ihr Auto und stellen Sie fest, in welche Richtung Sie fahren, wie Sie sich dabei fühlen und was geschieht, wenn Sie ankommen. Führen Sie darüber Buch und bald werden Sie entdecken, welche Richtungen für Sie die besten sind.

### *Das letzte Strassenstück*

Wenn man auf ein Grundstück zugeht, sollte man den Fluss des *chi* analysieren, indem man den Zustand und die Konfiguration der Strassen, Zufahrten und Fusswege betrachtet, die dorthin führen. Wie das letzte Stück der Zufahrtsstrasse unterhalten und angelegt ist, wirkt sich auf alle aus, die dort leben und arbeiten. Eine breite, dreispurige, leicht gekurvte Strasse in gutem Zustand führt sicher zu einem erfolgreichen Heim. Wenn immer möglich, sollten Sie leicht gekurvte, gut unterhaltene Strassen benutzen, um sich dem Grundstück oder Haus zu nähern.

Strassen, die reparaturbedürftig sind oder schmal, steil, voller Ecken und scharfer Kurven, blockiert, schmutzig, unordentlich, versperrt, stinkend, verstopft, schlecht beleuchtet, nicht klar markiert oder in denen es zu viele Autos und Menschen gibt, können Probleme hervorrufen. An Strassen zu leben, die in T-Kreuzungen oder Sackgassen enden, oder nur durch sie zu fahren oder zu gehen kann uns alle Hoffnung und Energie entziehen; wir scheinen unfähig, irgend etwas ganz durchzuziehen. An der Spitze einer Halbinsel, an einer Kreuzung oder einer Y-Weggabelung, neben einer Eisenbahnlinie, neben Brücken, Tunnels oder Überführungen zu leben, kann zu Spannungen, Unruhe und Stress führen. Lärm und Schwingungen, die in diesen verkehrsreichen Situationen entstehen, können ein konstantes Gefühl des bevorstehenden Zusammenbruchs hervorrufen.

Wenn schlecht angelegte oder beschädigte Strassen das *chi* behindern oder ganz davon abhalten, in die Häuser zu dringen, wird man seine gastgeberischen Talente einsetzen müssen, um es einzuladen, zu lenken, im eigenen Raum willkommen zu heissen und zum Bleiben zu ermutigen, indem man sanfte Kurven schafft und die Natur imitiert, wo immer man kann.

## Problemstrassen

### *Zu schmale Strassen*

Eine Fahrt oder ein Gang entlang einer verstopften oder schmalen Strasse lässt an den Weg zu einem engen Leben denken, dessen Potential oder Ressourcen beschränkt sind. Wenn Ihr Heim oder Büro sich an einer solchen Strasse befindet und es keinen anderen Weg dorthin gibt, müssen Sie eine Haltung entwickeln, die «eng» eher als «gebündelt» interpretiert, statt sich über etwas zu beklagen, das Sie nicht ändern können. Wenn Sie in einem Mehrfamilienhaus mit engen Korridoren wohnen (das sind Ihre «Zufahrtsstrassen»), können Sie Spiegel einsetzen, helle Farben und gute Beleuchtung, um sie grösser erscheinen zu lassen. Entfernen Sie immer allen Abfall oder andere Gegenstände, die sich in den Korridoren angesammelt haben.

### *Langweilige, gesichtslose Strassen*

Eine langweilige, gesichtslose Strasse ruft ein Gefühl von Verlassenheit und Tod hervor. Auf einer solchen Strasse zur Arbeit zu fahren könnte ein dumpfes Gefühl hinterlassen; auf einer solchen Strasse heimzugehen könnte deprimierende Eindrücke mit sich bringen. Wenn Sie sich auf einer solchen Strasse befinden, sollten Sie sich nicht auf Details konzentrieren, sondern so weit in die Ferne blicken, wie Sie können, über Strasse, Verkehr und Gebäude hinweg. Blicken Sie zum Himmel oder ins Freie, und denken Sie an das Gesamtbild. Dann sollten Sie dafür sorgen, dass Gartengestaltung und äussere Merkmale Ihres Hauses einen angenehmen Anblick bieten.

### *Reparaturbedürftige Strassen*

Eine defekte Strasse (oder abgenutzte Teppiche oder Bodenbeläge in einem Mehrfamilienhaus) bedeutet gebrochene Versprechen und zerbrochene Leben. Unglücklicherweise sind solche Bedingungen das Problem der Stadt- oder Hausverwaltung. Alles, was wir tun können, ist, beim Gehen aufzupassen, versuchen, nicht in Schlaglöcher zu fahren und um Reparatur nachzusuchen. Wir können sicherstellen, dass unser eigener Weg oder unsere Zufahrt sich in gutem Zustand befindet.

### *Strassen mit scharfen Kurven*

Eine Strasse mit scharfen Kurven kann zu Rückschlägen und schnellen Veränderungen in einem unruhigen Leben führen. Eine sich windende Strasse kann ein kompliziertes Leben voller Veränderungen und Überraschungen fördern. In einem Mehrfamilienhaus kann eine Halle, die zu zahlreichen Korridoren führt, das *chi* und somit auch die Bewohner verwirren. Wenn Sie mit scharfen Kehren leben müssen, sollten Sie Flexibilität und die Fähigkeit, sich sofort anzupassen, entwickeln. Fallen Sie nicht einem verwinkelten Denken mit geheimen Zeitplänen zum Opfer. Seien Sie ehrlich, denken Sie geradlinig, und behalten Sie Ihre Ziele immer im Auge.

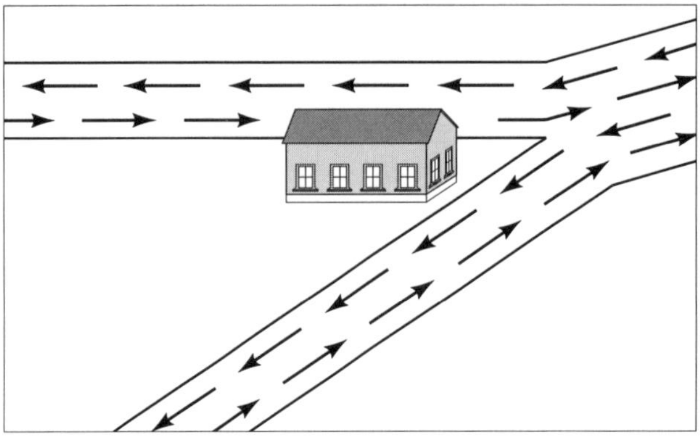

*Ein Haus an einer Strassengabelung empfängt Energie aus allen vier Richtungen und befindet sich mitten im Fluss des* chi.

### *Strassengabelung*

Wenn sich Ihr Haus an einer Strassengabelung befindet, kann es von der Energie beider Strassen profitieren. Es kann jedoch zu inneren Konflikten kommen, wenn ein Familienmitglied in eine Richtung gehen will und ein anderes in die andere. Wenn es im Eingangsweg eine Gabelung gibt, kann es zwischen den Bewohnern des Hauses zu Auseinandersetzungen kommen. Versuchen Sie, die Gabelung zu überbrücken, indem Sie rote Markierungen zwischen die Stücke malen. Sie können auch rote Steine benutzen, Backsteine, Farbe, Kalk oder sogar Nagellack, um die Verbindungen zu machen. Die Grösse der Markierungen ist nebensächlich.

### *Strassen mit T-Kreuzungen*

Wenn Ihr Haus sich an einer Strassenkreuzung befindet oder an einem Ort, wo die Strasse ein T bildet, wird die Energie extrem gestaut und verworren. Autos kommen aus drei oder vier Richtungen an dieser Kreuzung zusammen. Wenn Sie nahe der T-Kreuzung leben, könnten Sie Probleme damit haben, Entscheidungen zu treffen; Ihr Leben könnte sich immer an einer Kreuzung befinden und Ihre Bewegung durch andere blockiert erscheinen, die dasselbe tun wollen wie Sie. Entwickeln Sie Geduld. Lassen Sie anderen den Vortritt. Vertrauen Sie in Ihr Schicksal und Ihre Persönlichkeit, die Sie schon dahin bringen werden, wo Sie hin wollen.

Wenn Sie an einer Kreuzung oder T-Kreuzung leben, müssen Sie das *chi* rufen und lenken. Vergewissern Sie sich, dass Ihr Eingang gut beleuchtet ist. Legen Sie eine halbkreisförmige Matte vor Ihre Tür. Streichen Sie die Tür in einer anderen Farbe als die Fensterrahmen. Stellen Sie runde Pflanzenkübel auf beide Seiten des Eingangs.

### *Zu gerade Strassen*

Gerade Strassen sind besonders trügerisch, denn ihre Form ähnelt einem vom Bogen abgeschossenen Pfeil. Der Pfeil zielt direkt auf alles, was an seinem Ende liegt. Die Energie fliesst von Natur aus in einem sanften Bogen. Wird sie in eine gerade Linie gezwungen, neigt sie dazu, so schnell zu werden wie eine abgeschossene Kugel.

*An der Basis einer T-Kreuzung kann der Energiestrom so komplex und gestaut sein, dass keine Energie bis zur Tür vordringt.*

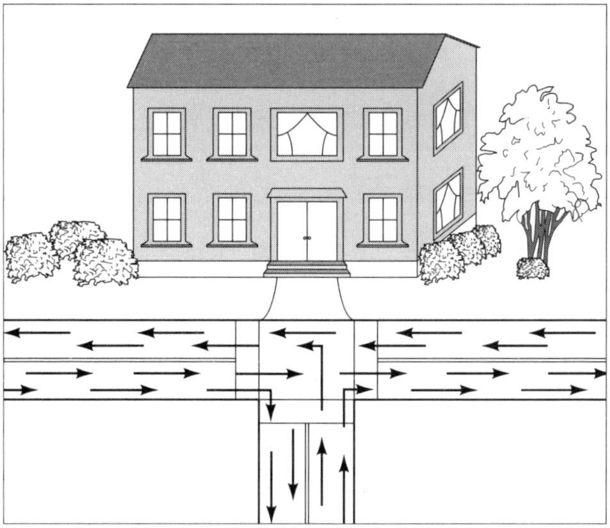

Wenn sich Ihr Haus am Ende einer geraden Strasse befindet, errichten Sie eine Schranke in Form von Bäumen oder einem Zaun zwischen dem Haus und der Strasse oder installieren Sie einen Springbrunnen vor dem Eingang. Das sprudelnde Wasser kann für die Energie, die auf das Haus zukommt, als Filter wirken – eine Art Geschwindigkeitsdämpfer. Oder hängen Sie einen Spiegel neben den Eingang, mit der spiegelnden Seite gegen die Strasse, um die Energie von der geraden Linie weg auf Ihre Eingangstür zu lenken. Hängen Sie aber keinen Spiegel direkt an der Eingangstür oder im Eingang auf, denn dies hält gutes *chi* davon ab, ins Haus zu kommen.

In Mehrfamilienhäusern ist der Eingang zu einer Wohnung gewöhnlich an einem langen, geraden und engen Korridor. Wohnungen am Ende des Korridors sind der Energie ausgesetzt, die schnell auf sie zukommt. Auf der Innenseite der Eingangstür ein Bild aufzuhängen wird das Innere vor den Schwingungen des Hausgangs schützen. Eine Klientin, die in New York lebt, hängte Bilder von Wachhunden an die Innenseite der Tür, und sie sagt, dass sie sich immer sicher fühlt.

### *Sackgassen*

In einer Sackgasse zu leben kann problematisch sein, denn die Energie der gesamten Strasse neigt dazu, sich im letzten Haus in der Mitte der Sackgasse anzusammeln. Dadurch könnte das Haus zum Brennpunkt des gesamten Viertels werden – ein Ort, wo sich Freunde für Grillparties und Vergnügen versammeln. Das Haus könnte aber auch alle Probleme der Nachbarn akkumulieren und ein Sammelpunkt negativer Energie werden. Daher ist es besser, in einem der Häuser auf den Seiten zu wohnen und nicht genau am Ende einer Sackgasse.

In einer Sackgasse zu wohnen ist sehr sicher, insbesondere für kleine Kinder, die gerne auf der Strasse spielen. Die Energie, die die Strasse hinunterkommt, wird jedoch vom Ende der

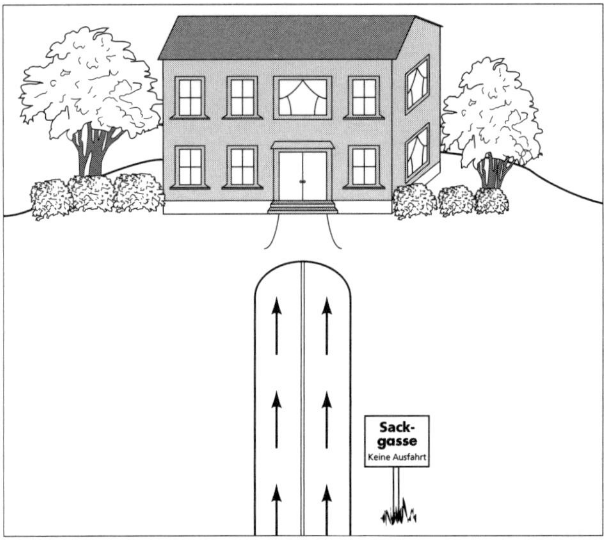


*Ein Haus am Ende einer Sackgasse nimmt alles entlang der Strasse angesammelte* chi *auf.*

Strasse angehalten, so dass sich in den Häuser an dieser Stelle leicht allerhand anhäuft – so als würde sich alle Energie der Strasse in diesem Haus ansammeln. Zu viel *chi* kann zu einem nicht mehr organisierbaren Leben führen, das mit so vielen Verantwortungen oder Verpflichtungen angefüllt ist, dass für die eigene Entwicklung keine Zeit mehr bleibt. Da eine Sackgasse die Energie anhält, kommen auch Projekte, Karrieren und Beziehungen nicht über ihre Anfänge hinaus. Das Leben kann als Sackgasse erscheinen. In einer Sackgasse gibt es auch nur einen Weg herein und hinaus, was bei Feuern oder Überflutungen gefährlich ist.

Wenn Sie am Ende einer Sackgasse wohnen, müssen Sie sich der Probleme bewusst sein, die durch das Anhalten der Energie entstehen können. Wenn Sie stilles Wasser in Form eines Teiches oder eines Vogelbads gegenüber der Strasse vor das Haus stellen, ermutigt das die Energie, den Teich zu füllen und das Haus zu nähren. Laufendes, aktives Wasser, sei es ein Wasserfall oder ein Springbrunnen, wird sicherstellen, dass die Energie wieder zirkuliert, wodurch die Umgebung gesünder wird. Stellen Sie eine Fahne, eine Windmühle, Windspiele oder andere sich im Wind bewegenden Objekte in den Hintergarten, damit die Energie zirkuliert und nicht schal wird.

### *Haus zwischen Strassen oder Korridoren*

In einem Haus zwischen zwei Strassen ist es möglicherweise schwierig, Ressourcen zu behalten, da sie so schnell wieder verschwinden können, wie sie hereingekommen sind. Auch könnte es an einem solchen Ort schwierig sein, die Sicherheit aufrechtzuerhalten, wodurch die Bewohner Einbrechern oder anderen Eindringlingen ausgesetzt sind. Versuchen Sie, Ihr Grundstück mit Bäumen und entsprechender Gartengestaltung oder aber mit Zäunen, die die maximal erlaubte Höhe erreichen, von der Strasse zu trennen. Lassen Sie nur eine Öffnung in diesen Barrieren und halten Sie den eigentlichen Eingang so weit wie möglich von der Strasse entfernt. Wenn es noch andere Ein- oder Ausgänge gibt, lassen Sie sie verschlossen oder legen Sie sie als grosse Fenster an.

#### *Häuser an Strassenecken*

Die Energie kommt von beiden Seiten, und ein Eingang, der beide Seiten aufnimmt, hat den Vorteil, grössere Mengen *chi* anzuziehen. Denken Sie an erfolgreiche Hotels, deren Eingänge eine ganze Häuserecke umfassen. Eckhäuser, Eckwohnungen und Eckbüros werden geschätzt, weil sie gute Ressourcen anziehen. Der Laden eines äusserst erfolgreichen Mechanikers liegt so, dass er die Energie der Hauptstrasse aufnimmt und davon profitiert. Der Mechaniker ist als «Prinz der Mechaniker» bekannt – vielleicht weil sein Laden als Kanal für positives *chi* wirkt. Autos kommen und gehen, und Ihre Besitzer lassen Mengen reichlich Geld zurück.

### Zufahrt und Weg zum Haupteingang

Zufahrtsstrasse und Weg zum Eingang sind die wichtigsten Bahnen, die *chi* ins Haus leiten. In alten Zeiten gingen immer junge Mädchen vor dem König her und bestreuten den Weg mit Blumen. Heute wird bei Hochzeiten der Kirchenboden mit Rosenblättern bestreut, um der Braut einen süssen und duftenden Einzug zu sichern. Der rote Teppich wird für VIPs immer noch ausgelegt. Blumen und rote Teppiche auf dem Weg beschützen den Gehenden vor dem Schmutz des gewöhnlichen Lebens und vermitteln die Vorstellung, dass diejenigen, die darauf gehen, etwas Besonderes sind. Gebäude werden imposanter, wenn sie mit einem grossen und eindrücklichen Weg und Eingang versehen sind. Man denke nur an den Vatikan in Rom mit seinen vielen Säulen und Verzierungen. In der römisch-katholischen Welt gibt es keinen wichtigeren Menschen als den Papst, und der Weg zu seinem Haus verkündet das deutlich.

Wenn er auch nicht mit Rosenblättern oder roten Teppichen bedeckt sein kann, so ist ein gut unterhaltener, sauberer Pfad einem schmutzigen, unkrautbedeckten vorzuziehen. Erinnern Sie sich daran, dass das *chi*, die Lebensenergie, in Bögen fliesst. Ein gebogener Weg, der

*Dieser Lebensmittelladen ist seit 25 Jahren erfolgreich. Er hat seinen Eingang an der Ecke und profitiert dadurch vom* chi *beider Strassen und von dem, das exakt von vorn kommt. Der Briefkasten (Metall) gibt einen hübschen Brennpunkt, der Geld für den Laden anzieht.*

*Hier führt eine auffällige Zufahrt zu einem Brunnen, aber nicht zum Eingang, der sich auf der Seite des Hauses und ausserhalb des Blickfeldes befindet. Das lebenspendende* chi *geht zum Brunnen, wird dann aber am Zaun aufgehalten und prallt zurück in die Zufahrt, ohne je zum Hauseingang zu gelangen.*

gegen das Haus zu breiter wird, lässt genügend *chi* ins Haus kommen. Wenn ein schmaler Weg oder eine schmale Zufahrt abrupt auf einen breiten Vordereingang stossen, sind Proportionen und Fluss dahin. Wie bei einer kleinen Leitung, die einen grossen Pool füllen soll, kann nicht genug *chi* zum Eingang gelangen.

Die Zufahrtsstrasse leitet – ebenso wie der Weg zur Vordertür – das *chi* von der Strasse ins Haus. Wenn sie glatt ist, neigt auch das Leben dazu, glatt zu verlaufen. Wenn sie eben ist, bestehen gute Chancen, dass die Bewohner des Hauses die Extreme des Lebens vermeiden, ausgewogen sind und ein ruhiges, gleichmässig voranschreitendes Leben haben. Ein ebener Weg gleicht einer Wohnung im Erdgeschoss. Auch wenn Bewohner des Erdgeschosses dazu neigen, mit den Problemen und Sorgen der Menschen aus den oberen Stockwerken belastet zu werden, weil der Zugang zur Wohnung gewöhnlich auf der gleichen Ebene liegt wie die Strasse, erleben sie über die Jahre meist einen beständigen, gleichmässigen Fortschritt. Wenn man an einem solchen Ort wohnt, kann man leicht einen ausgewogenen Standpunkt entwickeln.

### *Erhöhter Eingang*

Ein Haus, dessen Eingang über der Ebene der Strasse liegt, wird als Yang-Haus betrachtet – und erhält unwillkürlich Auftrieb, der den Bewohnern helfen kann, aufzusteigen und Erfolg und Bekanntheit zu erreichen. Wenn man das Haus verlässt, geht man hinunter, wodurch es leicht wird hinauszugehen – was zu einem leichten Leben führen kann.

Die Schwierigkeit liegt darin, dass das Leben auch ins (Ab-)Rutschen geraten kann, alle Anstrengungen «den Bach hinunter» gehen können und das Glück sich ins Gegenteil verkehrt. Die Energie könnte es schwer haben, ins Haus hineinzufliessen, während Ressourcen, Glück und Gesundheit vom Haus weg und hinunter fliessen könnten. Um diesem negativen Verlauf entgegenzuwirken, sollte man auf beiden Seiten des Weges bei der Strasse Büsche anpflanzen, Pflanzentröge aufstellen oder auf der Seite des Hauses, die der Strasse am nächsten liegt, am Boden Lichter installieren. Eine andere Lösung wäre, auf beiden Seiten des Weges oder der Zufahrt unten am Hügel Backsteinpfosten zu errichten. Dies kann ein Abfliessen der Energie verhindern.

Eine Wohnung oben an der Treppe ist wie ein Haus auf einem Hügel. Man könnte einen «Königs»-Komplex bekommen und eine verächtliche oder arrogante Einstellung gegenüber den Menschen aus den unteren Stockwerken entwickeln. Wenn das Ihr Problem ist, sollten Sie die Einheit aller lebenden Kreaturen bedenken und Ihre Gaben zählen. In einem solchen Raum zu leben, könnte auch den gegenteiligen Effekt haben und Ängstlichkeit und Druck auslösen. Ehrgeiz und Selbstachtung können sehr tief sein, wodurch man sich isoliert und allein fühlt – als ob man ausser dem Treppensteigen nichts mehr schaffen könnte. Wenn Sie in einer solchen Wohnung leben, sollten Sie dafür sorgen, dass das Licht über dem Eingang hell ist und auch tagsüber brennt. Wenn Sie die Türe streichen können, sollten Sie helle Farben benutzen. Ein warmer, einladender Türvorleger ermutigt das *chi* auch, in diese Art Wohnung hineinzukommen.

### *Eingang unter dem Strassenniveau*

Wenn die Zufahrt oder der Zugangsweg abwärts führen, könnte es schwierig sein, das Gleichgewicht zu halten; das Leben könnte dauernd auf und ab gehen und ständigen Krisen unterworfen sein. Ein Haus, das unter dem Strassenniveau liegt, gilt als Yin-Haus; es kann seine Bewohner empfänglicher, kreativer, mitfühlender und sensibler machen.

Wenn Sie das Haus verlassen, müssen Sie jedoch nach oben gehen und können das Gefühl bekommen, das Leben sei ein Kampf oder eine zu grosse Herausforderung. Wenn der Eingang tiefer liegt als die Strasse, könnte man auch dazu neigen, das eigene Vermögen in erfolglosen Unternehmungen «zu versenken» oder unethische Aktivitäten in Betracht zu ziehen. Etwas in Ihrem Leben könnte im Verborgenen liegen oder aber verborgen werden müssen, denn Häuser unter dem Strassenniveau stehen oft im Schatten von Bäumen, die das Licht und die täglichen Aktivitäten abhalten. Solche Orte sind ausgezeichnet für Erholung und Ruhe, für tiefe innere, psychologische oder spirituelle Arbeit. Das Esalen Institut in Big Sur, Kalifornien, ist auf abgesunkenem Grund erbaut und hat den Haupteingang weit unterhalb des Strassenniveaus. Es ist seit vielen Jahren ein erfolgreiches metaphysisches, psychologisches und spirituelles Zentrum. Wenn der Eingang zur Ihrem Haus tiefer liegt als das Strassenniveau, sollten Sie hinter dem Haus einen hohen Pfosten aufstellen, damit er die Energie nach oben bringt. Eine andere Lösung wäre, das *chi* mit einem Windspiel an der Dachrinne nach oben zu rufen.

Wer in einem Haus an einem Abhang lebt, könnte Schwierigkeiten haben, die Ressourcen zusammenzuhalten, denn das *chi* und Geld fliessen weg. Wenn sich Ihr Haus auf abfallendem Grund befindet, sollten Sie sich vergewissern, dass die tragende Plattform oder das Fundament eben ist. Am Fusse eines Hügels zu leben entspricht dem Wohnen im Untergeschoss. Die Probleme der höher oben wohnenden Nachbarn fliessen nach unten. Zuunterst zu leben kann bedrückend sein und das Gefühl vermitteln, dass die Welt einstürzt. Bewohner solcher Ort könnten sich selbst am Boden eines Fasses sehen, im ständigen Kampf, es im Leben zu etwas zu bringen.

Das Leben in einer Kellerwohnung gleicht dem Leben in einem Haus, dessen Eingangstür sich unter dem Strassenniveau befindet. Hier könnte man sich bedrückt und belastet fühlen. Andererseits vermitteln solch gemütliche Orte auch Wärme und Sicherheit. Untergeschosse können recht dunkel sein, so dass künstliches Licht sehr wichtig wird.

Ein Paar lebte in Chelsea, England, in einer Wohnung im Untergeschoss. Es gab nur zwei Fenster nach vorne, die den Blick auf die Füsse der vorbeigehenden Menschen freigaben. Die Frau war sehr kreativ und arbeitete in einem heilenden Beruf. Sie schaffte es, in ihrem kleinen Raum mit Hilfe künstlicher Beleuchtung wundervolle Pflanzen zu züchten. Sie lebte mehr als 30 Jahre am selben Ort und war dabei glücklich und erfolgreich. – Grundsätzlich ist jeder Ort zu etwas gut. Man muss sich nur darüber im klaren sein, dass der Standort grosse Auswirkungen auf das Wohlbefinden haben kann. Wenn man am Rande einer Klippe lebt, sollte man die dadurch entstehende Anspannung für etwas Positiveres nutzen, indem man die Aussicht bewundert, im Garten arbeitet oder das Haus putzt. Lebt man neben einer Autobahn, sollte man sich vorstellen, der Lärm der Autos sei das Brausen des Meeres. Nehmen Sie Ihren Raum auf, wo immer er auch liegt. Feng Shui kann einen guten Raum zu etwas Sensationellem und einen schlechten zu etwas Gesundem machen. Vieles hängt von Ihrem Bewusstsein ab.

### *Wege und Zufahrten*

Die beste Art Weg oder Zufahrt hat überall die gleiche Breite, um sich dann kurz vor der Tür zu verbreitern. Die Energie fliesst in Kurven, weshalb Zufahrten mit Kurven und Kreisen besonders günstig und schön sind. Ist die Zufahrt eckig und wird sie von zwei geraden Linien gebildet, wird daraus ein geheimer Pfeil, der negatives *chi* anlocken kann. Ein eckiger Weg kann es auch schwierig machen, Ankommende zu sehen. Wenn möglich, sollte man runde Gegenstände über oder neben den Ecken aufstellen, wodurch die gerade Linie eine Kurve bekommt, oder aber einen Spiegel installieren, um das Blickfeld zu vergrössern.

Treppen zum Eingang sollten breit und nicht zu steil sein. Steile, enge oder defekte Treppen kündigen Katastrophen im Innern an. Ein Mann lebte oberhalb einer solchen Treppe; er war schon einige Zeit bei schlechter Gesundheit und deshalb viel zu Hause. Er investierte Geld und Zeit, um die Treppe zu reparieren, und seine Gesundheit besserte sich beträchtlich. Wenn die Treppen an oder in einem Haus in schlechtem Zustand sind, sollte man alles tun, um sie instand zu setzen. Bringen Sie zur Sicherheit Geländer oder Handläufe an; streichen Sie die Treppen weiss oder in einer hellen Farbe. In Treppenhäusern kann man Spiegel oder anderes spiegelndes Material benutzen, um eine Illusion von Weite zu erzeugen. Sorgen Sie für gute Beleuchtung. Wenn es dem Eingang gegenüber Treppen gibt, könnten Ressourcen und Glück die Treppen hinunterrollen. Stellen Sie unten an der Treppe einen Korb auf, damit er diesen Fluss auffangen kann.

## Die Bedeutung der Hausnummern

Die Hausnummer eines Gebäudes und die Nummer einer Einheit in einem grösseren Gebäude sind ebenso bedeutungsvoll wie der Name einer Strasse. Im Feng Shui bedeuten die Zahlen mehr als ihr Gebrauch bei Addition, Subtraktion und Multiplikation. Sie sind Symbole mit esoterischer Bedeutung. Die verschiedenen Systeme und Techniken zur Interpretation von Zahlen sind vielfältig, aber da Feng Shui aus China stammt, scheint es logisch, die Bedeutung bestimmter Hausnummern mit Hilfe der chinesischen Numerologie zu ermitteln.

| | |
|---|---|
| *Eins:* | Im Chinesischen klingt das Wort für «Eins» wie das Wort für «Ehre». Eins gilt als gute Zahl. Sie steht für das Element Wasser und für den Norden. |
| *Zwei:* | Sie klingt wie das Wort für «sicher». Zwei steht für «verdoppeln» (wie in «verdoppeln Sie Ihr Glück») und für Symmetrie und gilt als gute Zahl. Sie entspricht dem Element Feuer und dem Süden. |
| *Drei:* | Im Kantonesischen klingt das Wort für «drei» wie das für «Wachstum» oder «lebendig» und gilt als glückbringend. Es stellt das Element Holz und den Westen dar. Die Chinesen betrachten ein dreiseitiges Haus als ungünstig, weil ein dreiseitiges Objekt instabil ist. Drei Fische gelten als glückbringend oder als Darstellung üppigen Wachstums. |
| *Vier:* | Sie klingt wie das Wort für «Tod» und gilt als äusserst ungünstig, es sei denn, «vier» wäre mit einer glückbringenden Zahl, etwa 45, kombiniert. Vier stellt den Westen und das Element Metall dar. |
| *Fünf:* | Im Kantonesischen klingt «fünf» wie «nichts», ist aber wegen der fünf Elemente eine beliebte Zahl. Sie stellt die Mitte dar und bedeutet Ausgewogenheit. Kombiniert mit zwei, vier, sechs oder acht wird sie eine ausgesprochen glückbringende Zahl, denn diese Zahlenpaare sind ausgewogen. |
| *Sechs:* | Sie klingt ähnlich wie das Wort für «Wohlstand», was sie zu einer äusserst beliebten Zahl macht. Sie klingt auch wie das Wort für «Hirsch», weshalb der Hirsch ein glückbringendes Symbol ist. «Sechs» stellt das Element Wasser und den Norden dar. |
| *Sieben:* | Sie klingt wie das kantonesische Wort für «sicher» und gilt als äusserst glückbringende Zahl. Die Sieben stellt das Element Feuer und den Süden dar. |
| *Acht:* | Sie klingt wie das Wort für «multiplizieren» und stellt Glück dar. Sie gilt als fruchtbare Zahl. Wenn man sich viele Söhne wünscht, sollte man in einem Haus mit einer Acht in der Adresse wohnen. Diese Zahl repräsentiert das Element Holz und den Osten. |
| *Neun:* | Sie gilt als eine der glückbringendsten Zahlen, denn sie klingt wie das Wort für «langes Leben». Sie stellt das Element Metall und den Westen dar. |
| *Zehn:* | Als letzte der Dezimalskala bedeutet sie Vollkommenheit. Als Yin-Zahl ist sie aber nicht besonders günstig. Sie gehört keinem Element und keiner Richtung an. |
| *Hundert:* | Sie klingt wie die Wörter für «sehr viel» und «für immer». Sie ist eine sehr glückbringende Zahl und steht für Langlebigkeit. Sie wird mit dem Himmel als Richtung und dem Element Metall assoziiert. |
| *Zehntausend:* | Sie stellt Fülle dar. Der Kaiser von China wurde mit «wan sui» angesprochen (10 000 Jahre alt), was sich auf eine lange Regentschaft beziehen sollte. Die Zahl ist mit dem Element Erde und der Mitte als Richtung verbunden, denn das war das Reich des Kaisers. |

Die chinesische Numerologie stützt sich auf das Prinzip der Homophonie. Viele chinesische Wörter klingen in der Aussprache gleich wie andere. Wenn eine Zahl wie etwas Gutes klingt, ist es eine gute Zahl. Klingt sie wie etwas Schlechtes, ist es eine schlechte Zahl.

In der chinesischen Numerologie können Zahlen Yin oder Yang sein. Yin-Zahlen sind gerade und Yang-Zahlen ungerade. Yang-Zahlen gelten als günstiger als Yin-Zahlen. Null stellt das Nichts dar, die Vollkommenheit, Vollständigkeit und Harmonie.

Eine günstige Adresse kombiniert Yin und Yang, wie in 183 oder 2176. Hausnummern aus lauter Yin- oder Yang-Zahlen, wie 44 oder 113, scheinen mit einem Lebensstil zusammenzufallen, der stark die eine oder andere Seite betont: nur Arbeit und kein Spiel; nur Spiel und keine Arbeit; stammesähnliche Situation mit Exfrauen und vielen Kindern; allein leben usw. Eine gemischte Hausnummer bietet bessere Aussichten auf ein ausgewogenes Leben, da sie Yin und Yang enthält.

In der chinesischen Numerologie stützt sich die Bedeutung gewisser Zahlenkombinationen auf die Ähnlichkeit zwischen dem Klang der Zahlen und dem Klang anderer Wörter.

| | |
|---|---|
| 1 + 2: | sehr leicht (auf Kantonesisch), eine beliebte Zahl |
| 1 + 2 + 8: | leichter Erfolg |
| 1 + 4: | wird sicher sterben (vermeiden Sie diese Kombination, es sei denn, es liesse sich eine dritte Zahl hinzufügen) |
| 1 + 4 + 8: | Gewissheit, bis zum Ende zu gedeihen |
| 2 + 3: | verdoppelt das Wachstum |
| 2 + 4: | einfaches Sterben oder einfaches Ende |
| 2 + 6: | doppelter Wohlstand oder Verdoppelung des Geldes |
| 3 + 6: | grosser Reichtum oder viel Gold |
| 3 + 1: | viel Ehre |
| 4 + 8: | Erfolg bis zum Ende |
| 5 + 4: | stirbt nicht |
| 5 + 6: | nichts anderes als Wohlstand |
| 6 + 1: | Wohlstand mit Ehre |
| 6 + 8: | Wohlstand vermehrt sich |
| 7 + 5: | Gewissheit, nichts zu bekommen |
| 7 + 3: | sicheres Wachstum, mehr Söhne bekommen |
| 8 + 100: | vervielfacht für immer |
| 9 + 100: | langes Leben |
| 100 + 3: | für immer wohlhabend |

## Die Geschichte eines Anwesens

Geld allein ergibt kein gutes Feng Shui. Es ist aber sehr leicht zu verstehen, warum die Reichen reicher und die Armen ärmer werden. Die Reichen können wundervolle Häuser mit einladenden Eingängen, Pools und Springbrunnen bauen, umgeben von Natur – dies alles fördert das *chi*. Diese Anwesen sehen nach Reichtum aus, und das Leben der Bewohner zeigt dies auch.

Wenn Sie sich Ihrem Heim, Ihrem Büro oder einem anderen Gebäude nähern, fühlen Sie seine Präsenz. Beeindruckt es Sie mit seiner Grossartigkeit oder laufen Ihnen Schauder über den Rücken? Erinnert es Sie an Grossmutters Haus oder das Bates-Motel (aus Hitchcocks Film «Psycho»)? Der Standort sollte geschützt anmuten, genügend Abstand zwischen Haus und der Strasse lassen, damit die Bewohner ihre Privatsphäre und Abstand von der Aussenwelt haben.

Jedes Anwesen hat eine Geschichte, und die Geschichte bleibt noch lange, nachdem die Bewohner ausgezogen sind, in dem Raum. Fragen Sie, wann ein Haus erbaut wurde, weil Ihnen das eine Vorstellung vom Zustand des Hauses und der Haltung des Erbauers geben wird. Wurden irgendwelche Teile angebaut, und wenn ja, wieviel wurde am Haus verändert und wann? Wenn das Dach ersetzt oder die Dachlinie nachträglich verändert wird, verändert sich das ganze Haus. Wenn das Haus z. B. 1929 erbaut wurde, im Jahr des Börsenzusammenbruchs, könnte der ursprüngliche Besitzer etwas Ähnliches erlebt haben. Wenn es 1980 umgebaut wurde, zu Beginn des Immobilienbooms, könnten dem Haus wertvolle Neuerungen angediehen sein. Wenn mehr als das halbe Haus neu gebaut oder das ganze Dach ersetzt wurde, sollten Sie das Haus als Neubau betrachten. Das bedeutet, dass das Schicksal von 1929 auf die Standards von 1980 gebracht wurde. Wer lebte zuvor darin? Waren die Leute erfolgreich oder nicht? Es ist allgemein verbreitet, Häuser aus Konkursmassen zu kaufen, weil sie dann extrem billig angeboten werden. Wenn Sie so etwas planen, sollten Sie sich das gut überlegen. Die vorigen Besitzer konnten sich das Haus nicht mehr leisten. Wollen Sie wirklich die Erinnerung an Versagen in Ihrem Haus herumhängen haben?

Vergessen Sie nicht, nach dem Schicksal der bisherigen Bewohner zu fragen. Wenn Sie etwas zu einem reduzierten Preis kaufen, liegt das meist daran, dass es zum regulären Preis niemand haben will, weil damit etwas nicht stimmt und weil der Besitzer selbst sich die Änderung nicht leisten kann, was bedeutet, dass der Besitz nicht besonders glückbringend ist. Wenn der vorherige Besitzer an einem Gehirntumor starb, geschieden wurde oder bankrott ging, sollte man es sich wirklich gut überlegen, ob man in einen solchen Raum einziehen will. Vergessen Sie nicht: Das Karma der vorherigen Bewohner bleibt hängen.

Fragen Sie nach den Nachbarn und deren Haustieren. Nichts stört den Frieden und die Ruhe am Abend mehr als ein bellender Hund oder laute Partymusik. Störende Nachbarn und Hunde können abgewendet werden, indem man einen Spiegel mit der spiegelnden Seite gegen die Störung aufhängt. Pflanzen, Büsche, Bäume und Zäune können ebenfalls effektive Schranken sein. Gesunder Menschenverstand muss jedoch vorherrschen.

Wenn Sie ein Haus neben einem Atomkraftwerk kaufen, sind Schwierigkeiten vorprogrammiert. Aber die Menschen passen sich an alle Umgebungen an. Studenten schreiben sich immer noch in Cal State Dominguez Hills, Kalifornien, ein, obwohl es überall nach Schwefel stinkt. Menschen in der Nähe des JFK-Flughafens haben gelernt, ihre Gespräche zu unterbrechen, wenn die Jets abheben, genau wie die Schauspieler in San Diegos Open-Air-Theatern gelernt haben, während der Starts und Landungen auf dem nahegelegenen Flughafen ihr Spiel zu unterbrechen.

Wir passen uns an. Aber sollten wir das? Ist es wirklich nötig, neben einer Brand- oder Polizeiwache mit schellenden Glocken und ständig brummenden Motoren zu wohnen? Es ist besser, ein Haus mit gutem Feng Shui zu wählen, als zu versuchen, an einem schlechten alles zu verbessern.

Wenn man in einem Gebäude lebt, auf dem der Name des Besitzers gross aufgemalt ist, wie beim Trump Tower, wird das Schicksal des Besitzers auf Sie abfärben, sei es im Guten oder im Schlechten.

Manchmal kann negative Energie aber auch «geheilt» werden. Der Swimming Pool hinter dem Haus einer Klientin war der Schauplatz eines tragischen Unfalls. Jedesmal, wenn sie ihn sah, erinnerte sie sich daran. Schliesslich füllte sie den Pool auf und bedeckte ihn mit Gras, da sie das Haus liebte. So entstand ein schöner Garten, und sie blieb im Haus wohnen. Der Tod ist etwas Natürliches, und nicht jedes Haus steht unter einem Fluch, nur weil jemand darin gestorben ist. Tod bedeutet nicht notwendigerweise schlechtes Feng Shui. Ein TV-Produzent erstand das Haus einer Filmdiva, die während 24 Jahren darin gewohnt hatte und in den Armen ihres langjährigen Liebhabers gestorben war. Das Haus ist bezaubernd und romantisch, und allen, die nach ihrem Tod darin lebten, ging es sehr gut.

Hier greife ich etwas vor, denn das Feng Shui im Inneren eines Hauses ist Gegenstand eines der folgenden Kapitel; doch man sollte wissen, dass die Schwingungen jedes Raums gereinigt werden können und müssen, bevor man selbst den Raum in Besitz nehmen kann. Dies bedeutet, dass beim Einzug in einen neuen Ort, sei es das Zuhause oder ein Hotelzimmer, ein Büro oder ein Schreibtisch in einem Grossraumbüro, dieser Ort zuerst gereinigt werden muss. Wenn Ihre Beziehung auseinanderbricht und Sie am selben Ort bleiben, sollten Sie den Raum wie etwas Neues behandeln und genauso vorgehen, als seien Sie an einen neuen Ort gezogen. Dies kann Ihnen dabei helfen, in Ihrem Leben weiterzugehen. Das folgende Ritual ist einfach durchzuführen, und Sie werden bemerken, dass es sofort auf Ihre Emotionen und auf Ihr Schicksal wirkt.

1. *Reinigen Sie alles.* Schauen Sie in allen Schränken und Schubladen nach; kontrollieren Sie Regentraufen, Abläufe und andere Orte, an denen sich Wasser oder Schmutz ansammeln kann. Sie sollten ein neues Bett und neue Bettwäsche kaufen. Wenn Sie das nicht können oder wollen, beziehen Sie das Bett inklusive Kissen mit absolut sauberer Wäsche.
2. *Waschen Sie die Innenseite aller Tür- und Fensterrahmen.* Waschen Sie insbesondere die am Eingang und am Ausgang mit starkem Seifenwasser oder nehmen Sie Zitruswasser aus der Rinde von fünf verschiedenen Zitrusfrüchten (Zitrone, Orange, Mandarine, Grapefruit, Limone) auf etwa vier Liter Wasser.
3. *Vergewissern Sie sich, dass alles funktioniert.* Stellen Sie alle Apparate ein, Heizer, Kühler etc., um sicher zu sein, dass sie funktionieren. Lassen Sie sie nicht an. Kontrollieren Sie sie und schalten sie dann wieder ab. Wenn etwas nicht funktioniert, entfernen Sie es oder lassen Sie es so bald wie möglich reparieren.
4. *Benutzen Sie Weihrauch oder Zedernholz, Salbei oder süsses Gras, alles von guter Qualität, um den neuen Raum auszuräuchern.* Gehen Sie mit dem brennenden Räucherwerk um das Anwesen herum. Gehen Sie dann durch den Haupteingang und im Uhrzeigersinn durch das ganze Haus und räuchern Sie jede Ecke in jedem Zimmer gut aus. Vergessen Sie auch den Estrich und den Keller nicht. Während Sie das tun, sprechen Sie: «Dies ist mein Raum. Alle Geister, lebendig oder tot, folgen dem Rauch und verlassen diesen Raum.» Eine leere Feuerstelle sieht wie ein grosses schwarzes Loch aus. Sie saugt *chi* in den Kamin und aus dem Haus hinaus und erlaubt negativem *chi*, durch den offenen Abzug ins Haus einzu-

dringen. Kontrollieren Sie den Zustand des Kamins. Wenn er funktioniert, zünden Sie ein Feuer an und verbrennen Sie Zedernnadeln oder Salbei. Der Rauch wird alle Kamingeister mit sich tragen und die Feuerstelle reinigen. Wenn es nur eine Kamin-Attrappe ist, wenn er nicht funktioniert oder es Sommer ist und Sie kein Feuer anzünden wollen, können Sie einen kleinen Keramikteller mit Sand benutzen und etwas Weihrauch verbrennen. Wenn Sie sich dabei nicht wohl fühlen, stellen Sie eine Pflanze (echt oder künstlich) vor die Öffnung oder bedecken Sie die Öffnung mit einem Bild (manchmal kann man ein Bild so aufstellen, dass es die Öffnung bedeckt).

5. *Lassen Sie das Wasser laufen.* Drehen Sie nacheinander alle Wasserhähne im Haus auf und spülen Sie alle Toiletten. Während Sie das tun, sagen Sie: «Ich spüle die Anwesenheit aller Wesen und Dinge in diesem Raum fort.»
6. *Wählen Sie einen günstigen Moment, um den Raum in Besitz zu nehmen.* Konsultieren Sie einen Astrologen, Feng Shui-Berater oder den chinesischen oder westlichen Almanach, um ein günstiges Datum herauszufinden. Wenn Sie einen Mondkalender besitzen und wissen, wie man ihn liest, versuchen Sie eine Zeit zwischen Neumond und erstem Viertel zu finden. Dies ist zwei Wochen vor dem Vollmond, den man von überall auf der Erde sehen kann.
7. *Kündigen Sie Ihre Anwesenheit an und nehmen Sie den Raum in Besitz.* Sagen Sie mit lauter Stimme, dass Sie der oder die neue Bewohner/in sind. «Ich bin ... (sagen Sie hier laut Ihren Namen), und ich nehme diesen Raum in Besitz. Alle anderen, Mensch oder Geist, GEHT WEG. Möge dieser Raum Gesundheit und Glück aller Betroffenen unterstützen und fördern.» Wenn Sie Ihre eigenen Worte oder Gebete haben, so sprechen Sie diese nun aus.

## Proportionen und Ausrichtung

Das ideale Haus steht in der Mitte eines quadratischen oder rechteckigen Grundstücks, blickt nach Süden auf Wasser und ist hinten vor den Nordwinden durch Berge geschützt. Häuser, die diese Vorteile besitzen, gelten als erstklassige Immobilien. Ein Haus mit einer wunderschönen Aussicht oder anderen Besonderheiten in der Umgebung kann profitieren, indem es die Landschaft «ausleiht». Flüsse oder natürliche Wasserläufe im Umfeld versprechen Erfolg, Überfluss und lebenspendende Vitalität. Grüne Stellen sind «Lungen» innerhalb des Raums, was besonders in dichtbevölkerten Gegenden wichtig ist. Es sollte offene und halboffene Gärten als Kontrast zwischen Yin und Yang oder ein ausgewogenes Verhältnis zwischen bebauten und unbebauten Flächen geben. Bögen und gedeckte Wege ermöglichen eine sichere und leichte Zirkulation des *chi.*

Ein nach Süden ausgerichtetes Gebäude ist immer vorzuziehen. Die Südseite des Grundstücks empfängt das Sonnenlicht das ganze Jahr über, und das kann den Bewohnern viel positive Energie bringen, insbesondere, wenn sich auf dem Grundstück nur Hügel und Teiche befinden. Für grösste Harmonie symbolisieren langsam fliessende Flüsse und niedrige Hügel im Osten Wohlstand. Im Süden sichern Teiche und Seen Gesundheit und Wohlstand. Im Westen schützen niedrige Hügel und Strassen vor dem blendenden Licht der untergehenden Sonne. Die Ost-, West- und Nordseite des Grundstückes können umschlossen sein, damit das *chi* darin angehäuft wird.

Wenn man von aussen auf den Eingang des Hauses blickt, gilt die rechte Seite als machtvoller als die linke. Ein Haus sollte am besten so eingerichtet sein, dass die wichtigeren Räume rechts und Parkplatz oder Garten links liegen. Suchen Sie ein Gebäude mit Bögen oder anderen interessanten Details und vermeiden Sie solche mit vielen scharfen Ecken.

Es ist wichtig, die Beziehung zwischen eigenem Haus und umliegenden Häusern zu beachten. Ist es grösser oder kleiner als die Nachbarhäuser? Wenn es grösser ist, verlangt es mehr Aufmerksamkeit als die anderen. Wenn es kleiner ist, könnte es überschattet werden. Beides sind unausgewogene Zustände.

## Eine harmonische Umgebung imitiert die Natur

Mutter Natur verwendet alle fünf Elemente, wenn sie eine harmonische Umgebung schafft – Erde, Wind, Feuer, Wasser und Metall; deshalb sollten Sie am Äusseren des Hauses und auf dem umgebenden Grundstücken nach diesen Elementen Ausschau halten. Meistens dominiert ein Element, und so sollte es auch sein; aber alle Elemente sollten in einem ausgewogenen und guten Verhältnis zueinander stehen. Falsche Proportionen ergeben seltsame, hässliche, unausgeglichene Kreationen. Am Äusseren eines Hauses entsteht Ausgewogenheit, wenn die Proportionen von Grundstück, Form des Hauses und Grösse des Eingangs stimmen. Die Grösse des Hauses im Verhältnis zur Grösse des Grundstückes bestimmt die Yin-Yang-Balance. Wenn das Haus bis an die Grenzen des Grundstücks reicht, ist es zu gross (Yang), denn es ist zu wenig oder kein leerer Raum (Yin) vorhanden. Grosse Häuser mit winzigen Fenstern sind unausgewogen, ebenso kleine Häuser mit riesigen Türen oder mit Aussenmöblierung und Accessoires, die zu gross, zu massiv oder sonst irgendwie unproportioniert sind.

Wenn die Elemente unnatürlich miteinander kombiniert werden, ist das Ergebnis ein seltsamer, verrückter, chaotischer Raum. Wenn die Elemente in der richtigen Proportion miteinander kombiniert werden, wird die Natur imitiert und Harmonie stellt sich ein. Zu viel von einem Element und nicht genug von einem anderen ergibt keine förderliche Umgebung. Wenn die Proportionen stimmen, folgen daraus Ausgewogenheit und Schönheit.

Symmetrische Ausgewogenheit erscheint heiter, statisch und ewig. Bei der Struktur der Fassade ergibt dies klassische Schönheit. Symmetrische Ausgewogenheit findet man in den Gräbern und Grabkammern der alten Ägypter und in den Tempeln des alten Griechenland, die Harmonie durch den sogenannten «Goldenen Schnitt» erreichten, mit dem sie architektonische Massstäbe für die kommenden Jahrhunderte setzten. In den Werken von Renaissance-Künstlern wie Michelangelo ist die Symmetrie dynamisch, ebenso bei den alten Chinesen, die ihre Städte nach geomantischen Prinzipien erbauten, und bei Architekten auf der ganzen Welt, die nach immerwährender Schönheit streben.

Symmetrie ist erreicht, wenn beide Seiten einer Linie Spiegelbilder voneinander sind. In der Architektur ist Symmetrie einfach zu schaffen, indem gleiche Merkmale in gleichen Abständen wiederholt werden: Fenster zu beiden Seiten einer Türe, Säulen, die Überdachungen stützen, Pfosten neben einer Treppe, identische Rosenbüsche neben einem Eingangsweg etc.

Asymmetrische Ausgewogenheit ist organischer. Sie wirkt, als sei sie belebt und ändere sich stets. Sie ahmt die Natur nach, indem sie kontrastierende Elemente und Merkmale zusammen-

*Ein Beispiel für symmetrische Ausgewogenheit: Das Design des Hauses ist gut. Die Formen aller fünf Elemente wurden verwendet, um eine gefällige und interessante Struktur zu erhalten.*

*Das Design dieses Hauses erzielt keine Ausgewogenheit. Es beinhaltet nur vier der fünf Formen, die die Elemente repräsentieren (Feuer fehlt), und die rechte Seite ist viel schwerer als die linke. Das Garagentor nimmt fast die Hälfte der Vorderfront ein. (Wer ist hier wichtiger, das Auto oder der Mensch?) Die Palme direkt vor dem Eingang blockiert das* chi *und hält es vom Haus fern; ausserdem bildet sie einen geheimen Pfeil.*

fasst – verschiedene Grössen, Massen, Dichten, Formen, Höhen, Strukturen, Farben, helle oder dunkle Muster –, und sie ungleich proportional mit einer räumlichen Anordnung kombiniert, die die Form eines Dreiecks ergibt. Ausgewogenheit entsteht hier durch eine dynamische Spannung. Ein Beispiel asymmetrischer Ausgewogenheit kann man in Arrangements sehen, die sich auf die Prinzipien des Ikebana stützen, der japanischen Kunst des Blumenarrangements. Ein hoher, schmaler Grashalm im Zentrum einer flachen Schale, zusammen mit mittelgrossen Steinen und einer kleinen, aber auffälligen Blüte vereint drei verschiedene Merkmale und erreicht Ausgewogenheit durch dynamische Spannung.

Asymmetrische Ausgewogenheit ist viel schwieriger zu erreichen als symmetrische, denn sie verlangt Vorstellungskraft und Planung. Wenn man ohne Plan vorgeht, kann das Ergebnis chaotisch, wirr und geschmacklos sein. Stein-, Sand- und Wassergärten sind Beispiele asymmetrischer Ausgewogenheit in der Landschaftsgestaltung; in der Architektur sind es alle von Frank Gehry entworfenen Gebäude, einschliesslich seines neuen amerikanischen Zentrums in Paris.

Dieses Haus befindet sich nicht im Einklang mit seiner Umgebung und wäre als Geschäftshaus in einem Geschäftszentrum passender.

Dieses schwimmende Hotel am Amazonas schliesst alle fünf Elemente ein und befindet sich in Einklang mit seiner Umgebung.

Ein Gebäude mit gutem Feng Shui ist so plaziert und erbaut, dass es mit den umgebenden Gebäuden und ins Auge fallenden Besonderheiten der Natur harmoniert, indem es Flüsse, hohe Bäume oder Felsblöcke in den Gesamtplan einbezieht, statt sie zu ignorieren. Es gibt Häuser, wo es den Bäumen gestattet ist, durch sie hindurchzuwachsen, wieder andere beziehen Felsen, Flüsse und Teiche in die Gesamtgestaltung des Grundstücks ein und passen sich damit der Natur an, statt ihr die eigenen Präferenzen aufzuzwingen.

Es ist am besten, wenn die Hauptform eines Gebäudes zur Umgebung passt. Tut sie das nicht, wirkt das Gebäude deplaziert.

In den Dschungeln Mexikos herrscht das Dach aus Palmblättern vor, weil es vor der grellen südlichen Sonne und dem Regen schützt. Mit Wänden auf drei Seiten kann das Haus bei Bedarf leicht geheizt werden und ist doch offen genug, um von einer Brise gekühlt zu werden. Im Dschungel ist das ideal, aber stellen Sie sich einmal vor, wie unangebracht ein solches Haus in einem nördlichen Klima wäre. Dagegen ist ein für kühlere Gegenden ideales Backsteinhaus im Dschungel unpassend.

In der Natur wird Einheit durch das Einbeziehen vieler verschiedener Lebensformen, Grössen, Gestalten, Oberflächenstrukturen, Farben, Funktionen und Philosophien erreicht. Das ist Natur. Monochrome Landschaften, Quartiere, Häuser und Räume sind unausgewogen. Vor allem in Landwirtschaftszonen trifft man auf Einheitlichkeit: Auf riesigen Ackerflächen wird überall dasselbe angepflanzt. In solchen Gegenden ist der Boden schnell ausgelaugt und muss ständig gedüngt werden, damit er fruchtbar bleibt. Wenn etwas derart homogen ist, wurde es meist aus Gründen der Rationalität und Kostensenkung so angelegt – in der Armee z. B. ist alles olivgrün. Und Städteplaner finden es ökonomisch, Hunderte von Häusern mit demselben Design und denselben Materialien zu bauen, was bei den Wohnblöcken in Vorstädten bis ins Extreme gesteigert wird, wo dann alles dieselbe Form und dieselbe Funktion hat. Vorstädte schaffen keine Natürlichkeit, denn dort wird Homogenität der Verschiedenheit vorgezogen. Die vibrierende Atmosphäre einer Stadt fehlt in den Vorstädten, weil sich dort die verschiedenen Funktionen nicht vermischen können.

Die Natur schafft Einheit durch Verschiedenheit, und wir sollten versuchen, das gleiche in unserer Umgebung zu tun.

## Einheitliche bauliche oder architektonische Merkmale

Eine Stadt imitiert die Verschiedenheit der Natur, indem sie eine gemischte Nutzung von Gebäude erlaubt; Wohnen, Arbeiten, Einkaufen und Spielen findet innerhalb kurzer Distanzen statt. Jedes Gebäude ist einmalig, aber Einheit wird durch die Ähnlichkeit verschiedener äusserlicher oder öffentlicher Merkmale erzielt.

Es leuchtet ein, dass eine Form besser ist, wenn sie der Funktion folgt. Das Aussehen eines Hauses sollte seiner Funktion entsprechen. Eine Fabrik sollte nicht aussehen wie ein Tempel. Ein Gartenhäuschen sollte nicht aussehen wie ein Teehaus. Ein Wohnhaus sollte nicht aussehen wie eine Bank.

*Dieses Haus benutzt überall ähnliche Bilder und Formen (Geländer, Fenster, Dachlinie) und bildet eine ausgewogene und attraktive Struktur. Der Baum blockiert unglücklicherweise die Energie.*

*Dieses Haus wirkt unausgewogen, weil es zu viele verschiedene Fenster, Türen und Zäune besitzt. Aber wenigstens blockiert der Baum nicht den Eingang.*

Es ist für ein Gebäude besser, in Harmonie mit den natürlichen und künstlichen Elementen der Umgebung zu sein. Ein Gebäude, das einfach normal und den anderen in der Gegend ähnlich ist, ist unwillkürlich erfolgreicher als eines, das eine ganz individuelle Aussage macht.

Ähnliche architektonische oder bauliche Merkmale tragen dazu bei, Gebäude mit unterschiedlicher Grösse, Form, Identität und unterschiedlichem Zweck mit den umgebenden Häusern zu verschmelzen. Wenn ein Gebäude aus Backsteinen erbaut ist und horizontale Linien betont sind, sollten die später daneben erbauten Häuser dieses Design aufgreifen und Backsteinverkleidungen und horizontale Linien benutzen. Reihen von Gebäuden mit völlig uneinheitlicher Höhe, Form, Grösse, Farbe, Struktur und Umgebung sind nicht günstig.

Stellen Sie sich einen Häuserblock mit einem roten Haus vor, während alle übrigen braun sind. Das rote Haus wird deplaziert wirken und nicht in Einklang mit der Umgebung stehen. Ein Haus, bei dem jedes Fenster und jede Tür eine andere Farbe hat, sieht grotesk aus; auch das ist ungünstig. Fensterrahmen und Türen an derselben Wand sollten dieselbe Grösse und Farbe haben. Die einzige Ausnahme ist die Eingangstür, die eine andere Farbe haben sollte als Fenster und Dachrand. Den Haupteingang in einer anderen Farbe zu streichen betont ihn und macht ihn gewissermassen zu einer Zielscheibe, so dass gutes *chi* den Eingang leicht finden kann.

## Mauern und Umfriedungen

Mauern sollten eine zum Gebäude passende Höhe und ausser dem Ein- und Ausgang keine Öffnungen haben. Eine Mauer, die einen offenen Hof umgibt, ist ein gutes Merkmal. Eine Mauer um das gesamte Gebäude mit nur einem schmalen Zwischenraum zwischen Mauer und Gebäude gilt als ungünstig. Hohe Mauern mit vielen Öffnungen sind schlecht. Ein einstöckiges Haus kann eine Mauer haben, die zwei bis drei Meter hoch ist. Ein zehnstöckiges Haus darf eine bis zu 3,5 Meter hohe Mauer haben. Ein Gebäude mit mehr als zehn Stockwerken muss mittels Landschaftsgestaltung geschaffene, imaginäre «Mauern» benutzen. Wenn man ein Haus baut, errichtet man zuerst das Gebäude und dann die umgebende Mauer. Denken Sie daran, dass das Tor in seinen Proportionen zur Grösse des Hauses passen muss.

Eine Mauer oder ein Zaun um das Haus markiert Ihr Territorium. Auch hier müssen die Proportionen auf das Haus abgestimmt sein; beides darf weder zu gross noch zu klein sein. Die Umfriedung ist Ihr Schutz vor der Aussenwelt; halten Sie sie deshalb gut instand.

## Umriss und Form eines Grundstücks

Wenn eine Seite eines Grundstückes niedriger ist als die andere, kann das Gleichgewicht leicht verlorengehen – eine Aktivität im Lebensmuster ist über- und die anderen unterbetont. Bewohner eines solchen Ortes können starke familiäre Bindungen haben (wenn die Westseite erhöht ist), aber mit finanziellen Schwierigkeit kämpfen müssen (wenn die Ostseite tiefer liegt). Um ein solches Problem zu lösen, kann man der tieferliegenden Seite entlang Spiegel mit der reflektierenden Seite nach oben aufstellen oder Lampen anbringen.

Lebende Pflanzen sind eines der besten Gegenmittel gegen schlechte Räume. Bäume, Büsche und Blumen sind immer gut und können viel zur Belebung eines Gebietes beitragen. Zuviele Pflanzen jedoch blockieren das Sonnenlicht, wachsen über Wege oder überladen die Umgebung; wenn das der Fall ist, sollte man sie entfernen. Bäume und andere Pflanzen bieten zwar privaten Raum und Schutz, aber sie sollten schützen und nicht überwältigen. Schnell wachsende Bäume vermeidet man am besten, denn sie scheinen mit schnell wachsenden Problemen wie eskalierenden Telefonrechnungen oder unkontrollierbaren Krankheiten zusammenzufallen. Ein mit zu vielen Büschen überwachsenes Grundstück könnte den Bewohnern ein Gefühl von Klaustrophobie geben. Eine zu schattige Umgebung hat zu viel Yin, ist zu passiv, und die Bewohner sind womöglich nicht ehrgeizig genug oder haben zu wenig Energie, um mit den Herausforderungen des täglichen Lebens zurechtzukommen. Sie könnten auch im Dunkeln leben und es nicht einmal bemerken.

Wenn ein Grundstück zu stark mit Bäumen und Pflanzen bewachsen ist, wird das lebenspendende Sonnenlicht abgehalten und die Bewohner leiden in mancher Hinsicht. Während längerer Zeit in einem dunklen Haus zu wohnen ist äusserst ungesund. Pflanzen, Blumen, Bäume, alles Wachsende und Natürliche können viel zur Verbesserung der Umgebung beitragen – solange sie weder die Sonne abhalten noch den Raum völlig zu überwuchern.

## Das Fundament

Das Haus ruht auf seinem Fundament. Ohne gutes, solides Fundament ist das Haus unstabil, und die Grundlage Ihres Lebens könnte ebenfalls unstabil oder schwach sein. Pläne, Ziele und das Leben selbst scheinen nicht in der Realität zu gründen. Ein Haus ist wie ein Baum, der nur so widerstandsfähig ist wie der Boden, auf dem er wächst. Wenn er in Kies oder Sand gepflanzt wird, kann er leicht ausgerissen werden. Ist das Fundament eines Hauses unstabil oder schwach, werden die Bewohner leicht entwurzelt. Wenn der Boden unter dem Fundament zu kompakt ist, können die Bewohner an einem Fleck festsitzen und unfähig sein, etwas zu verändern. Ein Baum kann sich nicht bewegen, wenn seine Wurzeln in Granit stecken. Ein guter, solider Boden erlaubt es dem Baum, gerade und hoch zu wachsen, genauso wie uns ein starkes Fundament Stärke und Durchhaltevermögen gibt.

Das Fundament muss sich auf ebenem Boden befinden. Andernfalls sollte man an den Ecken der tieferen Seite Lampen auf hohen Pfosten anbringen, um das Fundament zu erhöhen, oder nach oben strahlende Bodenleuchten. Ein schwaches Fundament kann bedeuten, dass die Bewohner keine Unterstützung im Leben haben. Wenn das Fundament bröckelt oder von Termiten zerfressen wurde, sind Haus und Bewohner in ernsten Schwierigkeiten.

## Das Dach

Jedes Gebäude hat eine einzigartige Dachlinie; sie und das Material des Daches können das Schicksal eines Hauses beeinflussen. Zunächst muss der Zustand des Daches betrachtet werden. Ein leckes Dach bedeutet, dass Wasser auf Ihren Kopf tropft. Symbolisch oder nicht – das ist kein gutes Zeichen. Reparieren Sie die Löcher so schnell wie möglich. Wenn sie nicht repariert werden können, stellen Sie Pflanzen darunter, damit das Wasser wenigstens die Pflanzen giesst. Wenn das nicht möglich ist, stellen Sie Eimer unter die tropfenden Stellen. Wenn sie voll sind, benutzen Sie das Wasser für etwas Nützliches, z. B. um den Rasen zu giessen.

Ein Dach mit nach oben gerichteten Kanten gilt als günstig, denn sie fangen böse Geister, bevor sie ins Haus eindringen können. Sind sie nach unten gerichtet, können Sie Windspiele daran befestigen, um die Kanten «nach oben zu bringen», oder strahlen Sie die Dachlinie mit Lichtern an.

Unterschiedlich geformte Dächer bringen unterschiedliche Energie. Im Feng Shui wird das dem Haus zugeordnete Element anhand der Form der Dachlinie bestimmt, die man dann mit dem in der Umgebung vorherrschenden Element vergleicht. Wenn sich Haus und Umgebung in Einklang befinden, steigern sich die Aussichten auf Erfolg. Befindet sich das Element des Hauses nicht in Harmonie mit der Umgebung, kann es Probleme geben, die meist durch Hinzufügen eines anderen Elements beim Eingang behoben werden können.

Denken Sie einfach daran, dass es fünf Grundformen für Dächer gibt – eine für jedes Element:

| | |
|---|---|
| *Holz:* | rechteckiges Dach (hohes, schmales Haus) |
| *Feuer:* | spitzes Dach |
| *Metall:* | rundes Dach |
| *Wasser:* | unregelmässiges Dach |
| *Erde:* | Flachdach |

### *Geheime Pfeile*

Sorgen Sie dafür, dass keine geheimen Pfeile negative Energie auf die Eingangstür richten. Blicken Sie durch alle Fenster des Hauses und suchen Sie nach solch subtilen Angriffen – imaginäre gerade Linien, verursacht durch Schatten von hohen Bäumen, Masten oder Ecken eines

*Ein geheimer Schattenpfeil attackiert den Zugang zu diesem Haus.*

Daches, Hauses oder von Mauern, Fernsehantennen und anderen eckigen Dingen. Da das *chi* in Bögen fliesst, bekommt es die Wucht einer Gewehrkugel oder eines fliegenden Pfeiles, wenn es in gerade Linien gezwungen wird. Im Feng Shui müssen wir das Haus vor allen fliegenden Pfeilen schützen.

In das Haus einer Lehrerin wurde eines Nachts eingebrochen. Da sie schon über zwölf Jahre dort gewohnt und noch nie Probleme gehabt hatte, fragte ich sie, ob in der Umgebung etwas verändert worden sei. Sie überlegte einen Moment und blickte aus ihrem Wohnzimmerfenster; da fiel ihr Blick auf einen Baum, der kurz zuvor bei einem Sturm umgestürzt war. Der abgebrochene Teil des Baumes wies direkt auf die Tür, die aufgebrochen worden war. Die Lehrerin verbrachte nun den ganzen Tag damit, diesen Baum und seinen Stumpf zu entfernen. Sie sagte, dass sie beim Holzhacken eine Menge Frustration über den Einbruch abarbeiten konnte. Seither hat sie keine Probleme mehr gehabt.

Ein Seminarleiter wartete geduldig auf Studenten, die an einem Nachmittagsworkshop in einem Studentenheim teilnehmen sollten. Unglücklicherweise stand ein Baum genau vor dem Eingang. Keiner kam an diesen Workshop.

Wenn sich die Vordertür eines Hauses auf einen Baum zu öffnet, wird die Energie daran gehindert, in dieses Haus hinein- und herauszufliessen. Wenn der Baum entfernt werden kann, sollte man das tun. Ist das nicht möglich, kann man einen kleinen Spiegel – mit der reflektierenden Seite auf das Haus gerichtet – in der Mitte des Baums, Masts oder Pfostens aufhängen, damit darin ein symbolisches Loch entsteht.

Stammt der geheime Pfeil von einem Nachbarhaus, einem Dach oder einer Mauer, kann man den Spiegel so ans Fenster hängen, dass er den Pfeil nach aussen reflektiert. Hängen Sie keine Spiegel im Hausinnern direkt gegenüber dem Eingang auf, denn dies könnte gute Energie, die ins Haus kommt, abschrecken. Wenn es in der Nähe Pflanzen oder Bäume gibt, kann man daran Spiegel so aufhängen, dass sie den angreifenden Pfeil spiegeln. Wenn es zu viele geheime Pfeile auf den Eingang gerichtet sind und keine Möglichkeit besteht, sie mit Spiegeln, Töpfereien oder Draperien abzulenken, könnte man einen anderen Eingang zum Haupteingang machen.

## Instandhaltung des Äusseren

Wie der Panzer eines Krebses schützt das Äussere eines Hauses das weiche Innere. Ist die Schale beschädigt, wird das Innere verletzt. Wenn die Schale abgenutzt ist, ist auch das Glück brüchig. Stellen Sie den allgemeinen Zustand des Äusseren Ihres Hauses fest. Seine Farbe, Oberfläche und sein Zustand werden die ganze Geschichte erzählen. Der Zustand des Äusseren zeigt das Wohlergehen des gesamten Gebäudes an. Wenn die Farbe abblättert und die Regentraufen verstopft sind, wenn Fensterscheiben zerbrochen sind, Dachziegel fehlen, Zäune defekt und Storen zerrissen sind, können Sie sicher sein, dass es für das Gebäude und folglich auch für die Bewohner zu Problemen kommen wird.

Suchen Sie nach solchen Blockierungen, nach verstopften Regentraufen oder Abläufen, Rissen in den Wänden oder im Fundament, und achten Sie auf die Erscheinung insgesamt, wenn Sie sich dem Ort nähern. Defekte Gegenstände, Unkraut und Hundehaufen stinken nach Misserfolg. Tulpen längs des Weges, saubere Wege und frisch gestrichene Aussenwände duften nach Erfolg.

Genau wie Ihre Kleider, Gesichtsfarbe und Gesamterscheinung etwas über Ihre innere Gesundheit aussagen, zeigt auch die äussere Erscheinung eines Gebäudes an, ob Raum und Bewohner sich bei guter Gesundheit befinden und Erfolg haben.

Pflegen Sie das Äussere Ihres Hauses; sein «Leben» wie auch Ihr eigenes Erfolgspotential können davon abhängen.

# Kapitel 5

## *Das Feng Shui der Innenräume*

Ob Sie in einer Villa leben, in einer kleinen Wohnung, einem Dachgeschoss, einem Wohnwagen oder auf einem Boot – Sie wissen instinktiv, dass es nirgends wie zu Hause ist. Ob bescheiden oder grandios, unser Heim gibt uns Schutz vor der Aussenwelt, es ist unser Zufluchtsort, wo wir tun und lassen können, was wir wollen. Ihr Zuhause zeigt, für wen oder was Sie sich halten und spiegelt nicht nur die äusseren Umstände Ihres Lebens, sondern auch den Zustand Ihres Bewusstseins wider. Ein Haus ist wie ein lebendes Wesen, ein Körper mit seinem eigenen Stoffwechsel. Genau wie Sie selbst wird es ohne geeignete Nahrung sterben. Wenn das Haus gesund ist, geht es auch Ihnen gut. Wenn das Haus krank oder schwach ist, könnte es sein, dass auch Sie nicht im Vollbesitz Ihrer Gesundheit und Kräfte sind.

### Der Haupteingang

Der Haupteingang gibt für das ganze Gebäude den Ton an. Er bietet Schutz vor der äusseren Umgebung und dient als Schwelle zur Innenwelt. Wenn Sie Ihre Türe schliessen, gibt es nur noch Sie in Ihrer eigenen privaten Welt. Liegt der Haupteingang zu dicht an der Strasse, könnten Sie sich nicht ausreichend geschützt fühlen, und der Strassenlärm könnte Sie stören. Ein Zaun, Büsche, Bäume oder auch eine zusätzliche Türe oder Vorfenster können viel zur Trennung von der Strasse beitragen, aber der Fluss des *chi* sollte dadurch nicht behindert werden. Halten Sie Ausschau nach geheimen Pfeilen von geraden Linien oder Kanten in Strassen und Zufahrten, in Dachlinien, Mauern, Zäunen, Schildern, Schatten oder jedem anderen geraden Element, das auf die Eingangstür zielt. Wenn es Pfeile gibt, sollten Sie diese blockieren oder ablenken.

Besonders wichtig ist die Lage des Eingangs im Verhältnis zum Ausgang oder zur Hintertür. Wenn man vom Eingang her die Hintertür sehen kann, saust die Energie direkt durch das Haus hindurch und hinten wieder hinaus, ohne das Haus zu nähren. Ihr Ziel ist es, genügend *chi* ins Haus zu locken und es in einer sanften Wellenbewegung durch das Haus zum Hinterausgang zu leiten. Benutzen Sie Statuen, Pflanzen, Möbel, Lampen, Bilder, Teppiche oder andere Gegenstände, um einen geschwungenen Weg zwischen Vorder- und Hintertür zu bilden. Wenn die Hintertür solid ist, können Sie einen Spiegel daran aufhängen, damit das *chi* in den Raum zurück geworfen wird. Besteht die Hintertür aus Glas, sollten Sie sie mit einem Vorhang verdecken und so das *chi* davon abhalten, zu schnell wieder zu entweichen.

Der ideale Eingang ist gut beleuchtet und vor den Elementen geschützt; andernfalls bietet er keinen Schutz vor der Aussenwelt. Wenn Regen an Ihre Eingangstür prasselt, kann Ihr

*Oben: Der Haupteingang ist der wichtigste Aspekt eines Hauses. Die gerundeten Stufen und die Pflanzen geben diesem Eingang in der Ecke etwas Einladendes.*

*Eine schöne Lösung für einen problematischen Eingang. Die Wirkung des geraden Wegs wird von den Palmenblättern und der Glastür gemildert.*

Leben zu einer Übung in Krisenmanagement werden. Ein solcher Eingang heisst weder Sie noch Ihre Gäste willkommen. Ein kleines Dach oder etwas Ähnliches schützt den Eingang vor dem Wetter, während ein helles Licht aussen neben der Tür Ihr Haus warm und einladend erscheinen lässt. Wenn Ihr Eingang im Dunkeln liegt, sollten Sie auch tagsüber eine Lampe brennen lassen.

Eingänge sollten sich nach innen öffnen, damit das *chi* hereinkommen kann; Feuertüren müssen sich nach aussen öffnen, um das *chi* hinauszulassen. Wenn das Gebäude ganz geschlossen ist – z. B. ein Theater oder ein Club –, dann muss sich die Eingangstür unbedingt

*Wo ist der Eingang? Wenn Sie ihn nicht finden können, wird ihn auch das* chi *nicht finden.*

*Der Weg ist zu schmal für die Breite der Türe. Die Türen öffnen sich nach aussen, statt nach innen, was das* chi *davon abhält hineinzufliessen. Es gibt keinen Absatz, um den Eingang zu betonen oder das* chi *oder anklopfende Menschen zu tragen. Die beiden Doppeltüren nebeneinander können das* chi *verwirren und von seinem Ziel ablenken.*

nach aussen öffnen. Der ideale Eingang hat eine oder mehrere Türen, die sich nach innen öffnen. Wenn die Öffnung gross genug ist und genügend *chi* hereinlässt, bestehen gute Aussichten auf ein gesundes Haus, das seinen Bewohnern Vitalität verleiht. Grösser ist jedoch nicht unbedingt besser. Wichtiger ist, dass der Zugangsweg proportional zur Grösse des Hauses passt. Grosse Türen sollten in grosse Räume führen. Eine Eingangstür, die in den breitesten Teil des Zimmers führt, gibt den grössten Blick auf das Innere frei und vermittelt ein Gefühl von Weite und Offenheit.

Ist das *chi* einmal hereingekommen, sollte es sanft durch den Raum fliessen können, ohne von Wänden, Säulen oder anderen Hindernissen aufgehalten zu werden. Eine Wand direkt gegenüber dem Eingang wird das durch die Tür kommende *chi* aufhalten. Steht man beim Betreten des Hauses vor einer kahlen Wand, könnte man das Gefühl bekommen, die Zukunft sei leer. Hängen Sie ein schönes Bild an diese Wand, am besten eines mit einer weiten Landschaft, und schon werden Sie beim Eintreten von Schönheit und Fernsicht begrüsst. Hängen Sie aber nie einen Spiegel gegenüber dem Eingang auf, denn dies wird das *chi* jedes Mal, wenn die Tür geöffnet wird, wieder auf die Strasse hinauswerfen. Wenn Sie beim Eintreten verwirrt sind und nicht recht wissen, wohin Sie sich wenden sollen, wird es dem *chi* gleich ergehen, und Sie müssen es lenken, rufen und ermutigen, vom Eingang in einen anderen Hausteil oder ein anderes Zimmer zu fliessen. Wenn Sie sofort sehen können, wohin Sie sich nach dem Eintreten wenden müssen, wird auch das *chi* seinen Weg finden.

Nachdem das *chi* hereingekommen ist, muss es aus einer anderen Türe wieder hinausgehen können, idealerweise im Westen und an der Hinterseite des Hauses. Es kann auch eine Seitentür sein oder, wenn es das nicht gibt, ein Fenster. Fenster stellen die Augen des Hauses dar und geben gebrauchtes *chi* ab. Wenn das *chi* nicht hinausgelangen kann, wie in Räumen ohne Fenster und mit nur einer Tür, wird es schal. Diese Räume eignen sich am besten als Lager- und Vorratsräume. Wenn Sie in einem solchen Raum leben oder arbeiten müssen, sollten Sie ein Bild von einer Tür oder einem Fenster oder einen Spiegel in einem Fensterrahmen an der Westwand aufhängen, damit das *chi* einen symbolischen Ausgang erhält. Wenn in einem Comic jemand aus einem Zimmer gehen möchte, wird oft einfach eine Tür an die Wand gezeichnet. Auch im Feng Shui funktioniert Symbolik. Durch Pflanzen und sprudelndes Wasser kann auch in einem geschlossenen Raum eine einladende und gesunde Atmosphäre entstehen.

Manchmal scheint es angebracht, Möbel oder andere Dinge hinter Türen aufzustellen, doch dadurch wird der Fluss des in den Raum kommenden *chi* gebremst. Eine Schriftstellerin, die in ihrem Schlafzimmer arbeitete, hatte einen Karteikasten hinter der Tür plaziert, und deshalb konnte die Tür nicht ganz geöffnet werden. Ausserdem hatte sie ihr Geschäftstelefon auf dieses Möbel gestellt. Als sie den Ablageschrank wieder an einen anderen Ort stellte, läutete das Telefon und eine neue Arbeit wurde ihr angeboten. Eine Künstlerin beklagte sich über mangelnde Gelegenheiten und schlechte Gesundheit. Sie hatte einen schweren Holztisch so aufgestellt, dass sich die Eingangstür nicht mehr ganz öffnen liess. Sie sagte, sie könnte den Tisch nicht wegrücken, denn er habe ihrer Grossmutter gehört und dies sei der einzige Ort, an den sie ihn stellen könne. Der Tisch musste bleiben. Sie war nicht bereit für eine Veränderung, und das ist in Ordnung. Veränderung geschieht nur, wenn es Zeit dafür ist. Wenn Sie nichts verändern wollen, sind Sie vielleicht noch nicht bereit dafür.

Um Gelegenheiten anzulocken, sollten Blockaden aus Gängen und hinter den Türen entfernt werden. Wenn sich die Tür nicht ganz öffnen kann, bekommen Sie nicht den ganzen Nutzen des potentiell vorhandenen *chi*, und die Dinge hinter der Tür könnten somit Ihren Erfolg behindern.

Beobachten Sie einmal, wie Sie die Tür öffnen. Der Türgriff, die Schlösser und anderes sollte gut funktionieren und nicht klemmen oder wackeln. Eine leitende Angestellte in der Werbebranche war während über sechs Monaten arbeitslos. Man hatte die Türklinke ihrer Eingangstür entfernt und nur das Schloss zurückgelassen. So war das schon eine ganze Weile, weil sie kein Geld hatte, um es reparieren zu lassen. Ihre Mutter kaufte ihr eine neue Türklinke zum Geburtstag, und sobald sie sie installiert hatte, wurde sie zu zwei Vorstellungsgesprächen eingeladen.

Wenn man wegen einer wackelnden Türklinke nur schwer in Ihr Haus kommt, könnte es auch für die Energie schwierig sein hereinzukommen. Erfolgverheissende Eingangstüren haben gut unterhaltene und funktionierende Schlösser und Klinken, die weder quietschen noch wackeln. Wenn die Farbe abblättert, die Aussentür rostig oder defekt und die Türklinke lose ist, könnten Sie das Gefühl bekommen, dass Ihr Heim etwas Geringeres ist als Ihre Burg. Um Gelegenheiten hereinzubitten müssen Sie sicherstellen, dass alle Beschläge an Ihrer Tür rostfrei, sauber und in gutem Zustand sind.

Der Eingang ist der wichtigste Teil Ihres Hauses und spricht von der Gesundheit und dem Wohlstand der Bewohner. Dramatisieren Sie den Eingang, so gut Sie nur können. Spricht er lautstark von Erfolg, wird sich das auf Sie übertragen. Wenn er murmelt, stottert und spuckt, wird es Ihnen genauso ergehen. Geben Sie dem Eingang das Gewicht, das ihm zusteht. Ein guter Eingang entspricht gewöhnlich einem gesunden Inneren.

### *Eingänge zu Mehrfamilien- und Bürohäusern*

Um ein solches grosses Gebäude betreten zu können, muss man einen Eingang finden. Wenn der Parkplatz zu weit entfernt oder der Eingang nicht klar erkennbar ist, könnte man nie zu Ende bringen, was einen hergeführt hat. Eine Studentin hörte auf, zur Universität zu gehen, weil sie dort nie einen Parkplatz finden konnte. Einige Gebäude haben unterirdische Garagen. In diesem Fall sollten die Fahrstühle so plaziert sein, dass sie gut sichtbar sind und der Weg zum Eingang frei ist.

Beim Betreten des Gebäudes sollte man der Eingangshalle besondere Aufmerksamkeit schenken. Deren Zustand und das Gefühl, das sie hervorruft, vermittelt Ihnen (und den Besuchern) einen ersten Eindruck vom Leben darin. Der Eindruck der Eingangshalle wird von Farben, Gerüchen, der Temperatur, der Beleuchtung und der Stellung der Möbel bestimmt. Eine geräumige, gut beleuchtete, gut ausgestattete Eingangshalle ist das Zeichen eines erfolgreichen Hauses – und erfolgreicher Mieter. Eine schäbige, dunkle und düstere Eingangshalle vermittelt jedem Eintretenden eine depressive Haltung und lässt an finstere Geschäfte denken.

Die wichtigsten Öffnungen eines Gebäudes sind das Tor, die Haupttür und die Hintertür. Stellen Sie sicher, dass die Eingangstür des Büros/Ladens nicht auf gleicher Linie mit der Hintertür liegt. Wenn das so ist, wird *chi* auf der einen Seite hereinkommen und den Raum auf der anderen wieder verlassen, ohne ihn zu nähren.

In einem grösseren Gebäude beeinflussen der Haupteingang, die Eingangshalle und das Treppenhaus oder die Fahrstühle das Feng Shui aller Wohnungen oder Büros. Ihr Raum mag ein wunderbares Feng Shui haben, aber wenn es mit dem Eingang des ganzen Gebäudes Probleme gibt, werden Sie davon auch betroffen sein.

## Unkonventionelle Eingänge

Meistens sind Häuser so erbaut, dass man durch die Vordertür hineingeht, aber jedes Gebäude ist einmalig. An vielen Orten ist das Auto König und muss sein eigenes Haus haben – die Garage. Wenn der am häufigsten benutzte Eingang durch die Garage führt und die Garage mit Kisten, Abfall und Papier vollgestopft ist, kann es Hindernisse auf dem Lebensweg geben. Auch wenn Sie Dinge aufbewahren, die verkauft, weggegeben oder entsorgt werden sollten, können Veränderungen nur schwer geschehen. Es könnte unmöglich sein, Projekte oder Unternehmungen zu vollenden. Im Unterbewussten halten Sie an den Erfahrungen fest, die mit den betreffenden Dingen verbunden sind. Wenn Sie an nicht gebrauchten oder unnötigen Dingen festhalten, kann nichts Neues in Ihr Leben treten. Oder können Sie mit geschlossenen Händen einen Ball fangen? Hinzu kommt, dass die Garage alle Schwingungen enthält, die das Auto auf seiner Fahrt aufnahm. Denken Sie nur an all die Dinge, über die die Autoreifen hinweggerollt sind. Jede Person, jedes Auto hinterlässt eine Spur auf der Strasse. Wer will schon, dass das alles ins Haus kommt?

Wenn das Innere des Hauses aussieht wie ein Bild aus «Schöner Wohnen» und die Garage an die Addams-Familie erinnert, dann ist etwas aus dem Gleichgewicht geraten. Jemand zieht eine gute Show ab, aber innerlich stimmt etwas nicht. Das ist wie bei einem scheinbar perfekten Ehepaar, bei dem hinter geschlossenen Türen die Hölle los ist. Dasselbe gilt auch für die Schränke im Haus. Der Ausdruck «Leichen im Schrank» ist mehr als blosser Aberglaube. Vergessen Sie nicht, dass alles, was Sie aufbewahren, Energie hat. Wenn Sie in Ihr Haus kommen und als erstes Abfall, fällige Rechnungen oder Bilder von Ex-Geliebten sehen, dürfte das Zuhause nicht ganz der glückliche Ort sein, der es sein könnte. Wenn andererseits die Garage so blitzsauber ist, dass man vom Fussboden essen könnte, ist das ein Hinweis auf Probleme mit der Reinlichkeit, die zu einer unausgewogenen und ängstlichen Haltung gegenüber dem Leben führen könnten. Ein wenig Staub ist natürlich und schadet niemandem.

Viele von uns gehen durch die Garage ins Haus und führen trotzdem ein erfolgreiches und ausgewogenes Leben. Die Garage sollte sauber und aufgeräumt sein, und die Tür ins Haus sollte sich ganz öffnen lassen. Es sollten keine unbenutzten Gegenstände dahinter stehen, und die Tür sollte sich, wenn möglich, in die Garage öffnen. Öffnet sie sich ins Haus, sollten Sie auf der Garagenseite eine Lampe daneben hängen, oder aber innen an der Vordertür ein Windspiel – hoch genug, dass es die Tür nicht behindert.

Hinter-, Seiten- oder Nebeneingänge sind gewöhnlich für das Personal gedacht. Betreten Sie Ihr Haus immer durch einen Nebeneingang, könnten Sie sich nie als Haus- oder Schlossherr fühlen. Den traditionell für Dienstboten oder Lieferanten reservierten Hintereingang zu benutzen kann zu einem Gefühl des Untergeordnetseins führen. Denken Sie daran: Ein problematischer Eingang beeinträchtigt die Bewohner, während Besucher kaum beeinflusst wer-

Ein Baum blockiert den Eingang, und das Flechtwerk darüber erzeugt einen abweisenden Schatten.

den. Ist es nicht möglich oder unbequem, den Haupteingang zu benutzen, machen Sie die Tür, die Sie benutzen, zur Haupttür. Befreien Sie sie von Hindernissen und halten Sie sie sauber. Bringen Sie Ihre Hausnummer neben dieser Tür an. Es ist erstaunlich, wie viele Menschen das unterlassen. Wenn Ihr Haus nicht gekennzeichnet ist, wie soll Sie da jemals jemand finden?

Eine Sozialarbeiterin beklagte sich, dass sie nie Besuch bekam. Sie lebte an einem Fluss, wohin ihre «offizielle» Eingangstür wies, die Hintertür ging zur Strasse. Natürlich ging sie immer durch die Hintertür ins Haus, und benutzte die eigentliche Vordertür nur an Wochenenden, wenn sie in ihren Garten am Fluss ging. Als sie ihre Hintertür zum offiziellen Eingang machte, wurde ihr gesellschaftliches Leben um einiges reicher. Sie brachte die Hausnummer neben dieser Türe an, so dass sie von der Strasse aus sichtbar war. Sie betonte ausserdem die besondere Qualität des Hintereingangs, indem sie die Tür in einer anderen Farbe strich als den Fensterrahmen daneben und auf beiden Seiten Pflanzentöpfe aufstellte, stärkere Birnen in die Aussenbeleuchtung schraubte und den Weg freiräumte. Da es nur eine Hintertür war, hatte sie Abfall und unbenutzte Gegenstände dort deponiert. Nachdem sie diese Veränderungen vorgenommen hatte, ging sie schon bald in die Lokalpolitik und wurde bekannt und beliebt.

Der Eingang ist der wichtigste Teil eines Hauses, denn er ist der Hauptweg für die Energie. Sein Zustand, seine Form und seine Gestaltung prägen den Eindruck, den man von seiner Wohnstätte hat, mit. Ist der Eingang gross genug und kann er genügend *chi* hereinlassen, haben Sie gewiss bessere Chancen im Leben. Verhalten Sie sich wie ein VIP. Gehen Sie durch die Haupttür, wenn auch nur einmal in der Woche, damit Sie dasselbe sehen wie Ihre Besucher.

## Wie problematische Eingänge verbessert werden können

### *Baum vor dem Eingang*

Wenn sich die Eingangstür genau auf einen Baum öffnet, wird die Energie am Hereinkommen und Hinausgehen gehindert. Wenn möglich sollte man den Baum oder Pfahl entfernen. Verbergen Sie den Baum oder Pfahl durch hohe Pflanzen mit runden Blättern, die die störende

Der störende Telefonmast liegt an der Strasse und kann wohl kaum entfernt werden. Pflanzen oder ein Zaun würden den Eingang vor dem geheimen Pfeil schützen.

Die Erbauer wollten den Baum schützen, aber sie hätten die Eingangstür mehr zur Seite hin anlegen sollen.

Gerade blockieren und sanfter machen, oder setzen Sie niedrige Pflanzen mit runden Blättern rund um die Basis des Baums. Legen Sie eine runde oder geschwungen Rabatte vor dem Baum an oder legen Sie runde Muster im Boden. Ein anderes Gegenmittel ist ein Spiegel, den man an der von der Tür abgewandten Seite, spiegelnde Seite nach aussen, auf Augenhöhe in der Mitte des Baums oder Pfahls aufhängen sollte. Statt eines Spiegels kann man auch ein Stück Alufolie benutzen.

Eine Schriftstellerin hatte sechs Monate lang erfolglos versucht, ein Haus zu verkaufen. Ein grosser Baum stand direkt vor dem Eingang. Sie wollte diese riesige, 100jährige Eiche unter keinen Umständen fällen und machte deshalb mit einem kleinen, glänzenden Gegenstand – einem Stück Folie – ein imaginäres Loch in den Baumstamm. Als sie die Folie anbrachte, sagte sie: «Baum, dies ist die Tür, durch die das *chi* ein- und ausgeht.» Dies genügte, um das *chi* ins Haus fliessen zu lassen. Innerhalb einer Woche kam ein Nachbar vorbei und sagte, er hätte davon geträumt, dieses Haus zu kaufen. Wird der Eingang von einem vom Baum ausgehenden geheimen Pfeil getroffen, sollte man den Baum fällen oder aber mit Hilfe eines Spiegels oder eines anderen glänzenden Gegenstandes ein imaginäres Loch darin anbringen.

### *Geheime Pfeile, die auf den Eingang zielen*

Kontrollieren Sie, ob keine geheimen Pfeile (negative Energie) auf den Eingang zielen. Blicken Sie durch die Vordertür und die Seitenfenster des Hauses, um nach solchen subtilen

*Dieser Eingang ist problematisch. Das Flechtwerk wirft bedrückende geheime Schattenpfeile über ihn; auch sind die Pflanzen in den Töpfen zu klein für diesen Eingang. Über das Spalier wachsende Ranken würden die Pfeile brechen und den Eingang weicher machen.*

*Die an ein Gefängnis erinnernde Verkleidung der Garage und die dunkle Eingangstür lassen dieses Haus wenig einladend erscheinen.*

*Dieser Eingang beinhaltet etliche Problemstellungen, aber sie wurden gut gelöst: Der Halbkreis in der Gittertür macht ihre Linien weicher und ermutigt das chi hindurchzufliessen; die übers Eck geführten Stufen schaffen eine Krümmung in dem sonst geraden Weg.*

*Dieser dunkle Eingang liegt gegenüber einer Wand. Die hohen Fenster links neben der Türe rivalisieren mit dieser um Aufmerksamkeit. Um dem* chi *den Eingang zu zeigen, sollte die Türe in einer hellen Farbe gestrichen werden, die zu ihrer Ausrichtung passt.*

Angriffen Ausschau zu halten. Wenn das *chi* in eine gerade Linie gezwungen wird, nimmt es die Kraft einer Geschosskugel oder eines fliegenden Pfeiles an. Kommt der geheime Pfeil vom Dach eines Nachbarhauses, einer Mauer oder einem Gebäude, kann man an der Innenseite des Fensters einen Spiegel aufhängen, dessen spiegelnde Seite zum Pfeil gerichtet ist. Hängen Sie aber keinen Spiegel an die Wand gegenüber der Eingangstür, denn das könnte das gute *chi* wieder aus der Tür weisen. Wenn es Büsche oder Bäume gibt, kann man einen oder mehrere Spiegel darin aufhängen, deren reflektierende Seite auf die Störung gerichtet ist.

### *Schattenpfeile gegen den Eingang*

Die Schatten von Bäumen, Pfählen, Telefondrähten, Dachlinien, Mauern oder anderen eckigen Dingen erzeugen schädliche Pfeile. Um diese abzuwenden, kann man einen Terrakotta-Topf in der Form eines Huhns mit roten Blumen bepflanzen und zwischen den störenden Gegenstand und die Tür stellen. Das Huhn und die rote Farbe stellen das Element Feuer dar, was die Einwirkung der hohen oder rechteckigen Objekte mildern kann, die zum Holzelement gehören. Geheime Pfeile können auch mit Hilfe von gebogenen, runden, wellenförmigen oder halbrunden Formen oder Mustern in allen Elementen der Gartengestaltung abgewendet werden: der Form der Pflastersteine, Blätter und Töpfe; der Muster in Textilien, Zäunen und Blumenbeeten. Kleine, runde Tische oder schmale, gerade Tische mit runden Vasen und Gefässen können ebenfalls geheime Pfeile und ungünstige Schatten abwenden.

### *Hässlicher Anblick beim Betreten oder Verlassen des Hauses*

Wenn Sie beim Betreten oder Verlassen Ihres Hauses auf einen unangenehmen Anblick treffent, sollten Sie eine freistehende Wand, z. B. eine Spalierwand, gegenüber dem Eingang aufstellen. Diese Wand sollte so weit wie möglich von der Tür entfernt sein. Lassen Sie Ranken daran hochwachsen, aber achten Sie darauf, dass nicht alle Löcher geschlossen werden. Ein

Spalier wird den Ausblick einrahmen, und wenn Sie blühende Ranken daran wachsen lassen, ziehen diese die Aufmerksamkeit auf sich.

Wenn sich gegenüber dem Eingang eine Wand oder etwas Unerwünschtes wie ein Treppenhaus mit Säulen befindet, das Badezimmer oder der Hinterausgang, können Spiegel die Energie in den Raum und vom Eingang weg ziehen. Wenn Sie das Haus leicht betreten können, kann es auch das *chi*.

### *Unpassende Türen*

An Orten mit extremen Wetterverhältnissen hat man meist zwei Türen hintereinander. Gewöhnlich gibt es eine Aussentür als Schutz vor den Elementen und eine zweite, die ins Haus führt. In diesem Fall sollten sich die beiden Türen in die gleiche Richtung öffnen. Der Platz zwischen beiden Türen sollte gross genug sein, dass sich die äussere Tür nach innen öffnen kann. Beide Türen sollten auf derselben Seite eingehängt sein. Zwei sehr nahe beieinander liegende Türen, die von einem Raum in einen anderen führen, sollten entweder genau auf einer Linie liegen oder aber klar davon abweichen. Nahe beieinander liegende Türen, die nicht genau gleich sind oder sich nicht voneinander unterscheiden, lassen den Raum irgendwie verzerrt aussehen, wodurch sich die Bewohner unbehaglich fühlen, ohne zu wissen weshalb. Wenn sie fast gleich sind, aber einige Zentimeter verschoben, kann man mit einem hohen Spiegel oder einer Spiegelsäule die Illusion einer breiteren Tür oder Öffnung schaffen.

### *Eingang an einer T-Kreuzung*

Wenn sich vor dem Eingang eine T-Kreuzung befindet, sollten Sie entweder einen anderen Eingang wählen oder aber die Eingangstür bedecken, ein kreisförmiges Bild an der Tür gegenüber der Kreuzung anbringen oder im Eingang ein Windspiel aufhängen, und zwar so hoch, dass es nicht stört, aber doch vom Wind bewegt wird. Jedes dieser Gegenmittel kann die zu starke Energie einer T-Kreuzung zerstreuen.

*Das Tor unten an der Treppe hält das chi davon ab, wieder auf die Strasse zurückzufliessen. Das Geländer wirft aber oben geheime Schattenpfeile über den Eingang, was mit einer Pflanze in einem runden Topf vermieden werden könnte.*

*Wo ist die Haupttür? Wenn sie oben liegt, könnten ein Windspiel oben an der Treppe sowie kleine Lampen neben den Stufen dem* chi *den Weg weisen.*

### *Erhöhter Eingang*

Ein Haus, dessen Eingang höher liegt als die Strasse, gilt als Yang: stark, vital und aktiv. Höher als die Strasse zu leben ist wie ein Leben oben auf einem Hügel. Ein Haus, das höher liegt als die Strasse, empfängt automatisch einen Energieschub, der den Bewohnern helfen kann, Erfolg und Bekanntheit zu erlangen. Das Problem ist, dass die Bewohner eine verächtliche, arrogante oder überhebliche Einstellung entwickeln können. Hoch oben zu leben kann einem das Gefühl geben, über der Welt zu stehen. Es ist aber auch möglich, dass das Glück nach unten wegfliesst und man Schwierigkeiten hat, sein Geld zusammenzuhalten. Auf einer Anhöhe ist ein Raum auch mehr den starken Winden ausgesetzt, wodurch es schwierig wird, sich selbst zu verteidigen.

### *Eingang unter dem Strassenniveau*

Ein Yin-Haus hat seinen Eingang unter dem Strassenniveau. Die Bewohner könnten das Gefühl haben, alle Probleme des Viertels und der Welt vor der eigenen Tür zu haben. Auch können geheime Pfeile von den umgebenden Dachlinien, Pfosten, Bäumen und anderen Dingen auf das Haus gerichtet sein, wodurch sich die Bewohner ständigen Angriffen ausgesetzt fühlen. Unterhalb einer Strasse zu leben ist wie das Leben in einer Wohnung im Untergeschoss. Die Bewohner werden mit den Problemen anderer belastet (die über ihnen wohnen), was die vitale Energie des Hauses angreifen kann. Glück, Ehre und Prestige könnten sich ausser Reichweite befinden, die Erfolgsleiter nur schwer erklimmbar sein. Wenn Sie an einem solchen Ort wohnen, sollten Sie auf genügend natürliches oder künstliches Licht beim Eingang und in den Innenräumen achten. Ich kenne eine Gärtnerin, die in einer Wohnung im Untergeschoss wohnt und mit Hilfe von künstlichem Licht herrliche Früchte und Gemüse züchtet. Ihre Wohnung ist lebendig, einladend und warm.

Wenn sich Ihr Eingang unter dem Strassenniveau befindet, sollten Sie hinter dem Haus auf einem hohen Pfosten eine Lampe aufstellen und das Licht auf das Dach richten, um die Energie nach oben zu bringen. Eine andere Möglichkeit ist ein an die Dachtraufe gehängtes Windspiel, das ebenfalls das *chi* nach oben ruft.

### *Eingang an einem geraden Korridor*

Bei geraden Korridoren, wie es sie in den meisten Mehrfamilienhäusern gibt, hat das *chi* die Tendenz, einfach hindurchzusausen, ohne an den Wohnungstüren anzuhalten. Man kann sich einen Fluss vorstellen, der in seinem Lauf ganze Städte verschlingt. Wenn der Eingang zu Ihrer Wohnung an einem solchen Korridor liegt, sollten Sie wenn möglich eine Lampe neben Ihrer Tür anbringen, eine attraktive, halbrunde Fussmatte davor legen und sicherstellen, dass die Wohnungsnummer gut sichtbar ist. Wenn die Zahlen aus Metall sind, sollten sie immer sauber und glänzend sein. Diese einfachen Massnahmen können das *chi* ermutigen, an Ihrer Eingangstür anzuhalten.

### *Zu viele Ein- und Ausgänge*

Gewisse Ort sind ungünstig, weil sie zu viele Ein- und Ausgänge haben – zu viele Menschen kommen und gehen, aber niemand bleibt. Zu viele Ein- und Ausgänge beeinträchtigen die Sicherheit. Machen Sie je eine Tür zum Haupteingang und -ausgang. Halten Sie die anderen Türen geschlossen und mit Plakaten oder Bildern bedeckt.

Wenn es zu viele Innentüren gibt, gibt es zu viel Aktivität. Halten Sie alle Schranktüren geschlossen, und wenn Sie können, sollten Sie einige der zusätzlichen Innentüren ebenfalls abschliessen.

### *Eingang in einen Raum mit zu vielen Türen*

Manchmal führen Eingänge in einen schmalen Korridor mit vielen Türen zu den verschiedenen Räumen. Dadurch wird die ins Haus kommende Energie verwirrt, weil sie nicht weiss, wohin sie sich wenden soll.

Einer Witwe fiel es schwer, in ihrem Leben weiterzugehen; der Eingang ihres Hauses war eine Doppeltür aus Glas und führte in eine grosse Halle, von der sich eine noch grössere, vierfache Glastür auf einen Innenhof öffnete. Das *chi* kam durch die Eingangstür herein, ging aber direkt wieder hinaus in den Hof, ohne die Innenräume nähren zu können. So hängte die Frau im Innern des Hauses zu beiden Seiten der Eingangstür Spiegel auf, wodurch diese gleich gross erschien wie die Tür zum Hof. Dann verhängte sie die Tür zum Hof mit leichten Vorhängen, die zwar das Licht durchliessen, aber den Türen mehr Festigkeit gaben. Dadurch ging weniger *chi* direkt in den Hof. Sie stellte auch im Wohnzimmer eine Lampe neben die Tür, um das *chi* dorthin zu lenken. Nach diesen einfachen Veränderungen fühlte sie sich sicher genug, um sich einer Gruppe anzuschliessen und endlich ihr Leben weiterzuführen.

Man kann das *chi* ermutigen, in andere Räume zu gehen, indem man an den entsprechenden Türen Lampen, helle Farben oder Pflanzen anbringt.

### *Eingang zu nahe beim Badezimmer*

Eingänge und Badezimmer vertragen sich nicht. Ein chinesisches Restaurant hatte solche Schwierigkeiten, Kunden anzuziehen, dass es schliesslich aufgegeben werden musste und nur noch Essen über die Strasse verkaufte. Was war falsch? Der Haupteingang lag genau gegenüber der Damentoilette. Wenn man das Restaurant betrat, sah man als erstes die Toilette. Das ist gar nicht gut. Waschraum und Toiletten sollten sich weder im Zentrum des Raums befinden noch an einem Ort, wo sie von den Kunden gesehen werden können. Liegen sie an einer solchen Stelle, sollte man Spiegel an die gegenüberliegende Wand hängen, um den störenden Raum an einen anderen Ort zu ziehen.

### *Zu kleiner Eingang*

Wenn der Eingang zu klein ist, kann nicht genügend *chi* eintreten. Das ist wie bei einem Menschen mit Asthma, der nicht genug Luft aufnehmen kann. Der Raum wird mit der Zeit an *chi*-Mangel zugrunde gehen. Bei den Bewohnern wird sich das so manifestieren, dass sie nie bekommen, was sie brauchen oder wollen und dauernd ihre Ausgaben reduzieren, Aktivitäten einschränken und andere Verzichte leisten müssen. Um einen kleinen Eingang grösser erscheinen zu lassen, sollte man nur kleine Möbel und Pflanzen daneben stellen. Benutzen Sie Spiegel, helle Farben und andere Tricks, um den Raum optisch zu vergrössern.

### *Zu grosser Eingang*

Wenn der Eingang für das Haus zu gross ist, kommt zu viel Energie hinein, und das Haus kann den Überschuss nicht verwerten. Wie bei einer Person, die an Gewicht zunimmt, werden sich im Haus Möbel, Bücher und unnötige Gegenstände anhäufen, währen die Bewohner von den Herausforderungen des Lebens immer mehr überwältigt und belastet werden. Ein sehr kleines Haus hatte eine hohe, breite, verglaste Doppeltür als Eingang. Sie war viel zu gross für dieses Haus. Das Innere war vollgestopft mit Möbeln, Kisten, Papieren, sehr grossen Pflanzen und verschiedenen Sportgeräten. In diesem Haus gab es zu viel *chi*. Die Familie, die darin lebte, war überlastet mit Gemeinschaftsarbeit und Terminen der Kinder. Die Frau stand am Rande eines Nervenzusammenbruchs. Um einen Teil des *chi* abzuhalten, kann man einen Teil der Eingangstür verdecken oder spezielle Steine daneben stellen, entweder innen oder aussen. Als die Eingangstüren mit Vorhängen bedeckt wurden, wurde das Leben überblickbarer. Die Kinder hörten mit einigen ihrer Lektionen auf und die Frau begann, sich von Aufgaben, die sie nicht wirklich interessierten, zurückzuziehen.

### *Schäbiger Eingang*

Nichts ist weniger einladend als ein schäbiger Eingang. Wenn die Tür einen Anstrich braucht, sollte man eine Farbe auswählen, die mit der Richtung der Türe harmonisiert. Sie sollte auch in einer anderen Farbe als das restliche Haus gestrichen sein, weil sie dadurch mehr Gewicht erhält als alles andere. Dadurch erhält man einen Eingang, der auffällt oder wie eine Zielscheibe wirkt, ein sicheres Zeichen für Erfolg. Wenn die Tür z. B. nach Osten ausgerichtet ist, sollte man sie grün, schwarz oder rot anstreichen; geht sie nach Süden, sollte sie grün, rot, in gelben oder Erdtönen gestrichen sein; Türen nach Westen sind idealerweise gelb, weiss, grau oder blau-schwarz und Türen nach Norden grau, blau-schwarz oder grün.

## Der erste Raum

Das Este, was Sie beim Betreten Ihres Hauses sehen, bestimmt Ihre Haltung gegenüber dem ganzen Haus, was auch Ihre Familie und andere Beziehungen beeinflusst. Der wichtigste Raum sollte sich im Zentrum des Hauses befinden, etwas vom Eingang entfernt und durch Wände, Vorhänge, Wand- und Bodenbeläge oder sonstige Massnahmen vor Eingangstür und Strasse geschützt sein. Wenn Sie beim Betreten Ihres Hauses als erstes die Waschküche sehen, könnten Kleider Ihr Leben bestimmen. Eine Schneiderin in Chicago ist glücklich und erfolgreich. Sie betritt ihr Haus durch die Waschküche und als erstes sieht sie Körbe voller Stoff. Wenn aber Wäsche nicht der zentrale Punkt Ihres Lebens ist, könnte ein Eingang durch diesen Raum bedeuten, dass Sie von Sauberkeit besessen sind, die Flecken im Leben überbetonen und dabei das Gesamtbild aus den Augen verlieren.

Wenn Sie als erstes das Bad sehen, könnte sich Ihr Leben ganz um Veränderungen und Transformationen drehen. Gesundheitliche Probleme könnten Sie dazu zwingen, viel Zeit im Bad zu verbringen, oder Eitelkeit könnte Sie ständig vor dem Spiegel stehen lassen. Wenn das in Ihrem Heim der Fall ist, sollten Sie die Badezimmertür immer geschlossen halten und wenn möglich ein schönes Bild daran aufhängen.

Wenn Sie beim Eintreten als erstes Ihr Büro sehen, könnten Sie zum «Workaholic» werden oder unter Schuldgefühlen leiden, weil Sie nicht die ganze Zeit arbeiten. Sie sollten dann etwas «gesellige Zeit» an Ihrem Schreibtisch verbringen und dort Ihre Freunde empfangen, damit das Büro wohnlicher wird. Ausserdem sollte Ihr Schreibtisch immer aufgeräumt sein, insbesondere dann, wenn Ihr Blick schon beim Betreten des Hauses auf ihn fällt. Sehen Sie als erstes Ihr Bett, werden Sie dort vermutlich viel Zeit verbringen. Wenn Sie darin nur fernsehen und essen, kommt die Energie ins Haus und bleibt liegen; es könnte aber auch sein, dass Sie viel Zeit im Bett verbringen, weil Sie krank, müde oder faul sind. Kaschieren Sie das Bett, damit es eher wie eine Couch aussieht. Ordnen Sie die Kissen wie Sofakissen, und decken Sie das Bett mit einem Tuch statt mit einem Bettüberwurf.

Denken Sie daran: Was Sie beim Betreten Ihres Hauses als erstes sehen, beeinflusst Ihr Gefühl gegenüber Ihrem Heim. Stellen Sie Pflanzen, Blumen, gute Bücher, schöne Bilder oder Kunstgegenstände in den Eingangsbereich. Entfernen Sie Rechnungen, schmutzige Wäsche, die Katzenkiste und alles, was glückliche, liebevolle Schwingungen nicht fördert.

## Raumverteilung

Das Zentrum des Hauses ist gewöhnlich der Ort, wo konzentriertes, gutes *chi* vorhanden ist, und es sollte deshalb den wichtigsten Raum enthalten. Früher wurde die Küche in der Mitte des Hauses eingerichtet. Heute dreht sich die Aktivität des Hauses eher um den Fernseher, so dass der Raum, in dem er steht, meist der wichtigste Raum im Haus ist.

Wenn Ihr Schlafzimmer oder die Küche im Zentrum des Hauses liegen, könnte sich Ihr Leben auf diese Bereiche konzentrieren. Liegen Bad oder Waschküche im Zentrum, könnten Geld und andere Ressourcen die Abflussrohre hinuntergehen. Um dem entgegenzuwirken, sollten Sie im Badezimmer an allen Wänden Spiegel aufhängen. Oder ziehen Sie den störenden Raum in eine andere Ecke des Hauses, indem Sie einen Spiegel so aufhängen, dass er die äussere Wand des Raumes spiegelt und ihn auf einen anderen Hausteil projiziert.

Ein Heim ist dann am glücklichsten, wenn jeder Raum oder Abschnitt einem ganz bestimmten Zweck dient und seine eigene Energie hat. Wenn die Funktionen auf unangebrachte Weise gemischt werden, z. B. Faxgerät und Karteikasten neben dem Bett stehen, wird das *chi* verwirrt und fliesst ziellos herum. Auch wenn Sie eine Einzimmerwohnung haben, sollten Sie die Funktionen Ihres Lebens so gut wie möglich trennen. Ordnen Sie dem Schlafen, Kochen, Baden, Arbeiten und Spielen eine bestimmte Ecke zu. Ihr Geist wird viel ruhiger und viel organisierter werden.

## Form der Räume

Räume, deren Wände nicht rechtwinklig zueinander stehen oder die eine L-Form haben, sind schwierig, weil Teile des Raumes über das *ba gua* hinausragen oder darauf fehlen, was einen fehlenden oder überhängenden Lebensbereich anzeigt (siehe Anhang). Um fehlende Bereiche wieder in den Raum zu bringen, kann man einen Spiegel an die Wand oder Wände hängen, die durch Entfernen oder Verschieben einen quadratischen oder rechteckigen Raum ergeben würden.

Ein Raum in L-Form kann durch Wandschirme, Pflanzen oder andere Abtrennungen in zwei Räume verwandelt werden. Unregelmässig geformte Räume können regelmässig gemacht werden, indem man Möbel und Bodenbedeckungen zu Quadraten, Kreisen und Rechtecken arrangiert. Gerade, kistenähnliche Möbelstücke können in eine störende Ecke gestellt werden, damit der Raum wie ein Quadrat erscheint. Wenn das Zimmer eine unregelmässige Form hat, sehen quadratische Möbel und Accessoires mit geraden Kanten besser aus, wenn sie frei im Raum stehen. Unregelmässige, eckige oder gerundete Stücke können in die Ecken gestellt werden.

## Das Schlafzimmer

Sie verbringen mehr als ein Drittel Ihres Lebens im Schlafzimmer, weshalb es der wichtigste Raum im Haus ist. Es sollte so liegen, dass Morpheus, der Gott der Träume und des Schlafes, sich willkommen fühlt. Die Wichtigkeit des Schlafes wird unterschätzt. Wir brauchen Schlaf, denn Traumzeit oder REM-Schlaf hält uns gesund. Traumbilder und -symbole erzählen uns Dinge, die im Wachzustand verborgen bleiben. Fördert Ihr Schlafzimmer Ruhe und Entspannung, oder ist es einfach ein Ort, an dem Sie weiterarbeiten, während Sie in halbliegender Stellung Ihr Nachtessen verzehren? Betrachten wir einige Details des Schlafzimmers: seine Stellung innerhalb des Hauses, die Farbe seiner Wände, die Höhe der Decke und Art und Farbe des Bodenbelags sowie Stellung und Ausrichtung des Bettes und das Material, aus dem es besteht. Kontrollieren Sie den Zustand Ihrer Matratze, und kaufen Sie wenn nötig eine neue (zwölf Jahre gelten als normale Lebensdauer für eine Matratze). Bestimmen Sie Farbe, Material und Zustand Ihrer Bettwäsche und ersetzen Sie auch diese, wenn sie abgenutzt ist oder eine unpassende Farbe hat. Betrachten Sie die übrigen Möbel im Raum, die Spiegel, Schränke, Innentüren und Fenster, die Temperatur und Belüftung, die Beleuchtung und die elektrischen Anschlüsse. Ersetzen oder reparieren Sie alles, was gesprungen oder abgenutzt ist oder nicht richtig funktioniert. Halten Sie alles staubfrei. Der Bodenbelag kann sich auf Ihre Stimmung auswirken, ist aber eine Sache des persönlichen Geschmacks und dessen, was Sie sich leisten können. Ob der Boden nun mit Eichenholz, Ziegeln oder den neuesten Teppichen bedeckt ist, halten Sie ihn sauber. Staub und Schmutz setzen sich im Teppich fest. Milben lassen sich im Kunststoffrücken des Teppichs nieder. Beides kann Allergien und andere Atemprobleme auslösen.

Farben können Ihre Stimmung im Schlafzimmer stark beeinflussen, ebenso die Aktivitäten, die dort stattfinden. Weiss ist gut, weil es sich mit allen anderen Farben kombinieren lässt. Ausserdem kann man dann den Schmutz besser sehen. Aber es gibt Tausende von Farbtönen und unterschiedlichen Wandverkleidungen, die Ihre Sinne anregen können. Grundsätzlich sollte die Ausstattung Ruhe und Entspannung fördern. Grelle Farben und leuchtende, auffallende Muster und Strukturen stimulieren das *chi*, weshalb die Wände von Bordellen früher mit rotem Samt verkleidet und mit unzähligen goldenen Rahmen, Möbeln und Spiegeln verziert waren. Wenn Sie nicht gerade diesen Effekt wollen, um Ihr Sexleben zu verbessern, sollte das *chi* im Schlafzimmer gedämpft, ruhig und sanft sein.

### *Lage des Schlafzimmers*

Die Plazierung des Schlafzimmers in einem Haus bestimmt den Status seines Besitzers. Von ihr kann es auch abhängen, ob die Energie darin eher ruhig oder aktiv ist. Das Hauptschlafzimmer sollte so weit wie möglich von Eingang und Strasse entfernt sein. Wenn es sich zu nahe an beidem befindet, wird der Bewohner kein sehr friedliches Leben führen. Wenn Sie in einem solchen Raum schlafen, sollten Sie Möbel und Pflanzen zwischen das Bett und die zur Strasse liegende Wand stellen.

Eine junge Frau bat mich, ihr Schlafzimmer anzusehen, um herauszufinden, warum ihre Beziehungen ständig in die Brüche gingen. Wir entdeckten, dass der Kopfteil ihres Bettes an dieselbe Wand stiess wie die Toilette im angrenzenden Badezimmer. Sie konnte das Bett von dieser Wand wegrücken. Dies löste offenbar ihre Probleme, denn bald danach heiratete sie. Wenn Sie das Bett nicht verstellen können, sollten Sie im Bad einen Spiegel an die Wand gegenüber der Toilette anbringen, damit diese symbolisch auf die andere Seite des Raums gerückt wird. Oder hängen Sie einen Spiegel an die Wand gegenüber dem Bett, um das Bett symbolisch dorthin zu verschieben.

In einem Haus mit mehr als drei Schlafzimmern wird das Zimmer, das am nächsten bei der Küche liegt, traditionell den Dienstboten vorbehalten. Wenn Hausherr oder -herrin dort schlafen, könnte er oder sie sich den anderen Familienmitgliedern unterlegen fühlen. Dadurch könnten Selbstachtung und Ehrgeiz beeinträchtigt werden. Auch ist dieser Raum wegen der konstanten Küchengerüche und der Nähe zum Herd nicht besonders günstig. Halten Sie eine der Türen geschlossen, und errichten Sie eine Trennung zur Wahrung der Privatsphäre, wenn keine Türen vorhanden sind.

In manchen modernen Gebäuden werden die Schlafzimmer direkt über der Garage errichtet. Das ist, als würde man über einer Lagerhalle schlafen. Alle Arten von Schwingungen von der Strasse dringen nach oben durch die Decke, und wenn keine Schwingungen hochkommen, dann ist ein grosser, leerer, hohler Raum unter dem Zimmer. Wenn sich das Schlafzimmer über der Garage befindet, könnten Sie das Gefühl haben, dass Ihr Zuhause nur etwas Vorübergehendes ist, und keine Lust verspüren, Ihre Kisten auszupacken. Auch wenn Sie zehn Jahre lang in diesem Zimmer leben, haben Sie immer noch das Gefühl, es sei nur provisorisch. Es ist schwierig, im Leben Fuss zu fassen, wenn Sie einen leeren Raum unter sich haben. In einem solchen Raum kann ein besonderer Teppich auf dem Boden die Energie verbessern, da er wie ein Filter für die aufsteigenden Schwingungen wirkt.

Ein Mann fragte, wie er seine Schwiegermutter davon abhalten könnte, so lange zu bleiben, wie sie das bei ihren Besuchen gewöhnlich tat. In seinem Haus bewohnte sie ein Schlafzimmer im oberen Stockwerk, neben dem Hauptschlafzimmer. Das Haus hatte auch ein grosses, schönes Dienstbotenzimmer neben der Küche und gegenüber der Hintertür, das nicht benutzt wurde. Als die Schwiegermutter das nächste Mal zu Besuch kam, stellte der Mann ihre Koffer in dieses Zimmer. Sie blieb nur eine Nacht.

In Dachgeschossen und Studios hat man gewöhnlich nur einen Raum, der alle Funktionen erfüllt. Manchmal gibt es ein Klappbett, das nachts heruntergeklappt wird und tagsüber in seiner Nische in der Wand verschwindet. Es ist nicht wichtig, wie gross der Raum ist, in dem Sie schlafen. Er kann aussehen wie eine Luxussuite im Ritz oder ein einfaches Bett in einer kleinen Wohnung sein. Welche Grösse er auch hat, der Schlafbereich sollte eine Zone für sich sein, definiert durch andere Farben, Stoffe oder Beleuchtung.

Viele Menschen stopfen ihr Schlafzimmer mit Büromöbeln voll, oder arbeiten sogar auf dem Bett. Das Telefon steht neben dem Kopfteil des Bettes, falls ein wichtiger Anruf mitten in der Nacht kommt, und Karteikasten, Schreibmaschinen, Computer, Faxgeräte, Turngeräte, Bügelbretter und anderes, das wirklich nicht in ein Schlafzimmer gehört, wird darin aufbewahrt. Einige von uns haben aber nicht genügend Platz, um alle Funktionen des Lebens zu trennen, und müssen mit dem auskommen, was sie haben. Wenn das zutrifft, sollte man das Schlafzimmer so einrichten, dass es eine Ecke zum Arbeiten und eine zum Schlafen gibt. Versuchen Sie, alle nicht zum Bett gehörenden Dinge zu entfernen, bevor Sie sich schlafen legen.

Schaffen Sie eine optische Identität und Trennung zwischen dem Schlafbereich und allem anderen im Raum. Man kann dies mit freistehenden Wänden, Raumteilern und Wandschirmen erreichen; auch mit Pflanzen, Teppichen und Vorhängen, einem hellen Bettüberwurf oder Dekorationskissen. Im Film «Es geschah in einer Nacht» hängte Clark Gable ein Leintuch auf, damit Claudette Colbert ihren Privatbereich erhielt, als sie im selben Raum schlafen mussten. Wenn es wirklich eng ist, können Sie ein Moskitonetz über Ihr Bett hängen, damit Ihr Schlafplatz ein exotisches und natürliches Aussehen bekommt. Es ist wichtig, Ihre Ruhe und Ihre Träume durch Trennung Ihres Bettes vom Rest des Lebens zu schützen. Deshalb sollten Sie dafür tun, was Sie nur können. Seien Sie kreativ.

«Wer hat in meinem Bett gelegen?», fragten die sieben Zwerge Schneewittchen. Betten sind sehr persönlich, intim und privat. Während Besucher im Wohnzimmer willkommen sind, werden sie selten ins Schlafzimmer eingeladen. Nur Geliebte und Familienmitglieder dürfen dorthin, und manchmal enge Freunde. In welcher Art Bett Sie schlafen, kann sich auf Ihr Leben auswirken. Vielleicht schlafen Sie auf dem Eisenbett, das Sie als Kind schon hatten, und Sie haben grosse Schwierigkeiten mit dem Erwachsenwerden. Vielleicht schlafen Sie in einem grossen Bett mit vier Pfosten und vielen Ornamenten und organisieren Ihr Leben wie ein Diktator. Betten sehen Sie in Ihren verletzlichsten Momenten – wenn Sie schwach, müde oder krank sind. Betten enthalten Ihre guten und schlechten Träume, Ihre Darmgrippe, Ihre Kopfschmerzen und Ihre schmerzenden Knochen. Wie jedes andere Möbelstück tragen sie Erinnerungen an die Vergangenheit.

Ein altes chinesisches Sprichwort sagt: «Die Form des Bettes formt die Ehe.» Eine Klientin rief mich weinend an. Vor ihrer Heirat hatten sie und ihr Verlobter ein grossartiges Sexleben. Nun, da sie verheiratet waren und in seinem alten Zuhause wohnten, hatten sie ständig Streit und keinen Sex mehr. Ich fragte nach dem Bett und erfuhr, dass es ein wundervolles antikes Bett war, auf dem die Ex-Frau gestorben war. Kein Wunder, dass diese Ehe in die Brüche ging. Eine neue Beziehung verlangt ein neues Bett oder wenigstens neue Bettwäsche. Wenn Sie Ihr Leben verändern oder eine Beziehung beenden, sollten Sie als erstes die Möbel in Ihrem Schlafzimmer umstellen. Nichts erhält eine Bindung länger aufrecht als der Blick auf dieselben Dinge. Wenn eine Beziehung in die Brüche geht, stellen Sie Ihre Möbel um. Wenn Sie etwas Neues beginnen, sollten Sie sicherstellen, dass Sie etwas anderes, neues sehen.

Erinnern Sie sich an die Geschichte der Prinzessin auf der Erbse? Die Prinzessin war so empfindsam, dass sie sogar durch hundert Matratzen hindurch die Erbse noch spüren konnte. Ob Sie es glauben oder nicht, Sie sind so empfindlich wie diese Prinzessin. Auch wenn das von vielen Chiropraktikern empfohlen wird, entstehen durch eine Matratze direkt auf dem Boden Rückenprobleme. Am besten ist es, wenn das Bett etwas erhöht ist, aber nicht mehr als 90 Zentimeter über dem Fussboden. Wenn möglich sollte das Bett auf Rollen stehen, damit es leicht verschoben werden kann. Bewahren Sie nichts unter dem Bett auf, ausser Sie wollen davon träumen. Einzige Ausnahme sind Leintücher und zusätzliche Bettbezüge. Ein chinesischer Aberglaube besagt, dass vor der Geburt eines Babys dessen Geist um die Mutter herumschwebt und im Staub unter ihrem Bett hängenbleibt. Wenn Sie schwanger sind, sollten Sie erst nach der Geburt des Babys wieder unter dem Bett Staub wischen.

Das Element des Bettes kann Sie beeinflussen. Ein Bett mit einem Holzrahmen gehört zum Element Holz; es ist nährend, kreativ und gut für die Fortpflanzung. Zum Element Feuer gehören tierische Produkte wie Wolle und Seide. Diese Art Bett ist gut zum Meditieren und Denken. Wenn Sie in einem solchen Bett schlafen, könnten Sie viel von Ihrer Zeit in Kontemplation oder mit mentalen Aktivitäten verbringen. Ein Erd-Bett hat eine feste steinerne, marmorne oder gemauerte Basis. Sie können sich darin besonders sicher und stabil fühlen. Ein Bett mit einem Rahmen aus Metall gehört natürlich auch dem Element Metall an. Auf einem solchen Bett zu schlafen ist gut für einen Diplomaten, der charmant und versöhnlich, aber trotzdem fest in Moral und Ethik sein kann. In einem Wasser-Bett zu schlafen wird Ihre Fähigkeit fördern, Freunde anzuziehen. Mit folgenden Farben können Sie dem Bett unabhängig von seinem Material ein Element hinzufügen: Grün für Holz, Gelb für Erde, Rot für Feuer, Weiss oder Grau für Metall, Schwarz oder Dunkelblau für Wasser.

Stellen Sie das Bett mit der Kopfseite nach Norden und mit der Fussseite nach Süden, denn dies entspricht dem natürlichen Energiefluss.

Ein Architekt stellte sein Bett in einem eigenartigen Winkel in den Raum und an einen unpassenden und unattraktiven Ort, weil er irgendwo gelesen hatte, dass das Bett am besten im Norden stehen sollte. Und das konnte er nur auf diese Art erreichen. So etwas hat keinen Sinn. Das Bett sollte nie in schrägem Winkel aufgestellt werden, nur damit die Richtung stimmt. Es sollte so stehen, dass man den Eingang des Zimmers so gut wie möglich sieht. Somit steht das Bett meist in der am weitesten von der Türe entfernten oder neben ihr liegenden Ecke.

Manchen Leuten geht es gut, wenn sie mit dem Kopf nach Westen schlafen. Andere fühlen sich dann unbehaglich, als ob sie in einem Autor rückwärts fahren würden. Der Westen liegt gegen die Richtung der Drehbewegung der Erde und ist die Stelle der untergehenden Sonne, des Tagesendes und daher symbolisch gesehen des Lebensendes. Eine Schauspielerin stellte ihr Bett so auf, dass sie den Sonnenuntergang sehen konnte. Die Sonne ging unter und mit ihr ihre Ehe. (Es gab natürlich auch noch andere Probleme.) Wenn Sie allein schlafen (und Ihre Einsamkeit geniessen) könnten Sie ein nach Westen ausgerichtetes Bett entspannend und erfreulich finden. Viele tun das.

Das Bett sollte nicht direkt gegenüber der Tür stehen oder so, dass die Füsse zur Tür weisen. Diese Stellung hat eine Tendenz, Energie abzuleiten, so dass Sie sich beim Aufwachen genauso müde fühlen könnten wie beim Einschlafen. In dieser Stellung werden Leichen im Leichenschauhaus aufgebahrt. Wenn das Bett längs der Rückwand des Raumes steht, gleicht diese Stellung der Position des Sarges bei der Beerdigung.

Stellen Sie das Bett an eine feste Wand. Eine Klientin stellte ihr Bett gegen eine Stellwand, die die Schlafzone vom Badezimmer trennte. Kurz darauf verliess sie ihr langjähriger Partner, nachdem er das Bankkonto der Firma geräumt hatte. Freunde erweisen sich als falsch und Unterstützung scheint zu verschwinden, wenn das Bett gegen eine Glas- oder Stellwand steht. Wenn das Bett zu nahe am Fenster ist, könnten Luftzüge oder Einflüsse von aussen den Schläfer stören.

Auch wenn Sie nicht schlafwandeln, müssen Sie manchmal mitten in der Nacht aufstehen. Deshalb sollten weder Gerümpel noch schwere Möbel beim Bett stehen. Sie könnten sonst im Halbschlaf darüber stolpern. Gerümpel kann auch subtile Energien behindern und viele Probleme auslösen. Manche Schlafzimmer sind vollgestopft mit Büchergestellen, Fernsehern, Computern und verschiedensten Möbeln. Deshalb werden Bewohner unruhig, haben Schwierigkeiten, Entscheidungen zu treffen, können nichts Neues beginnen und leiden vielleicht unter chronischen Krankheiten. Viele Menschen schlafen mit dem Telefon neben dem Bett, oder neben dem Bett ist eine Steckdose, und sie wundern sich dann, warum ihr Schlaf gestört ist. Eine besondere Tragödie ereignete sich während des Erdbebens in Kalifornien im Januar 1993, als ein schlafender Mann unter seinen vielen Sachen lebendig begraben wurde.

Ein Witwer beklagte sich über ein unbefriedigendes Liebesleben. Sein Zimmer war ausstaffiert wie ein Kinderzimmer, mit Spielzeugflugzeugen und -autos. Nachdem er die Spielzeuge durch erotische Bilder und schwarze Satinbetttücher ersetzt hatte, beklagte er sich nicht mehr.

Es ist erstaunlich, wie viele Erwachsene ihre Spielsachen aufbewahren. Eine geschiedene Frau fragte, wie sie ihr Sexleben verbessern könnte. Ein grosser Teddy sass auf einem Stuhl zwischen der Tür und dem Bett und hiess sie im Zimmer willkommen. Sie sagte, der Bär trage den Namen ihres verstorbenen Ehemanns Bob, und sie spreche jeden Abend mit ihm. Sie erkannte, dass ein Spielzeugbär Romanzen nicht fördert, und setzte ihn in die Küche neben die Honigdose. Kindische Spielzeuge, Bilder und Möbel lassen Sie in einem kindlichen Zustand verharren. In diesem unschuldigen Zustand fehlt es an Sinnlichkeit. Wenn Sie eine erwachsene Liebe suchen, sollten Sie Plüschtiere und Spielzeuge aus Ihrem Schlafzimmer verbannen. Wenn Sie verheiratet sind, sollten Sie daran denken, dass nichts die Stimmung so verdirbt wie hereinplatzende Kinder. Wenn deren Spielsachen herumliegen, denken Sie ständig an sie und können sich nicht entspannen. Dasselbe gilt für Liebe neben einem Korb mit schmutziger Wäsche oder dem Staubsauger. Wie können Sie sich entspannen, wenn Sie an alle wartende Arbeit erinnert werden?

Um Ihr Sexleben zu aktivieren, sollten Sie im Schlafzimmer mit gedämpfter Beleuchtung Intimität schaffen. Vermeiden Sie Luftzug, benutzen Sie fröhliche, farbige Bettwäsche, zünden Sie rote Kerzen an und stellen Sie Blumen in den Raum. Ein sehr attraktiver Opernsänger schläft immer auf schwarzen Satinbetttüchern. Er hat auch ein weisses Klavier in seinem Wohnzimmer, und sein Liebesleben ist erfüllt und befriedigend.

### *Regeln für die Stellung des Bettes*

- Eine neue Beziehung, eine neue Arbeit oder ein neues Leben verdienen ein neues Bett oder wenigstens neue Bettwäsche in anderen Farben. Stellen Sie das Bett so auf, dass Sie etwas anderes sehen. Sie können nicht vorwärtsgehen, wenn Ihr Ausblick unverändert bleibt.
- Vermeiden Sie Gerümpel und schwere oder unpassende Möbel im Schlafzimmer.
- Schützen Sie sich vor Wind, Luftzügen oder äusseren Einflüssen, die Sie während der Nacht wecken könnten.
- Schaffen Sie ein *chi*-Kissen unter dem Bett, indem Sie dieses mindestens zehn und höchstens 90 Zentimeter über den Boden erheben. Lassen Sie das *chi* darüber, darunter und auf drei Seiten zirkulieren. Stellen Sie das Bett auf Rollen, um es leicht bewegen zu können. Benutzen Sie den leeren Raum darunter nicht als Lagerplatz. Wenn Sie schwanger sind, sollten Sie erst nach der Geburt des Babys wieder unter dem Bett Staub wischen.
- Benutzen Sie nahe an Ihrem Kopf Lampen mit schwachen Glühbirnen.
- Ein Schlafzimmer oder Bett in der Nähe des Haupteingangs verspricht ein geschäftiges, aktives Leben voller Unruhe. Das Hauptschlafzimmer sollte so weit wie möglich von der Strasse und dem Haupteingang entfernt sein. Liegt es in deren Nähe, sollten Sie einen Spiegel so aufhängen, dass er die Energie von der Strasse oder vom Eingang wegzieht und an eine andere Stelle reflektiert. (Wenn das Schlafzimmer z. B. unmittelbar rechts neben dem Eingang liegt, sollte der Spiegel links neben dem Eingang hängen, damit das hereinkommende *chi* nach links geht statt nach rechts ins Schlafzimmer.)
- Stellen Sie das Bett an eine feste Wand, weder an ein Fenster, noch an eine Glaswand, eine halbe Wand oder eine Stellwand.
- Stellen Sie das Bett nicht so auf, dass Ihre Füsse zur Tür weisen.

- Stellen Sie das Bett in die vom Eingang am weitesten entfernte Ecke, möglichst mit Ausblick über das ganze Zimmer und vorzugsweise auf eine Nord-Süd- oder Ost-West-Achse.
- Stellen Sie das Bett nicht direkt gegenüber der Tür oder einem Fenster auf. Wenn das nicht vermieden werden kann, sollten Sie eine Barriere zwischen sich und der Tür oder dem Fenster schaffen, indem Sie niedrige Möbel oder hohe Pflanzen dort plazieren. Verdecken oder schliessen Sie das Fenster oder die Tür während der Nacht.
- Stellen Sie das Kopfteil Ihres Bettes nicht gegen eine Wand, auf deren anderer Seite sich eine Toilette oder ein Waschbecken befindet. Wenn es nicht anders geht, sollten Sie einen Spiegel über oder gegenüber von Toilette oder Waschbecken im Badezimmer und gegenüber der gemeinsamen Wand im Schlafzimmer aufhängen.
- Vermeiden Sie es, das Bett unter einen Balken zu stellen. Wenn es nicht anders geht, sollten Sie das Bett wenigstens parallel zum Balken aufstellen.
- Plazieren Sie keinen Spiegel so, dass Sie beim Erwachen als Erstes sich selbst sehen.
- Legen Sie keinen Handspiegel auf die Ankleidekommode gegenüber dem Bett.
- Stellen Sie diese auch nicht gegenüber der Tür auf, denn das kann zu schlechter Laune und emotionalen Problemen führen.
- Wenn die Matratze vor einer unbenutzten Steckdose zu liegen kommt, sollten Sie diese mit einer Kindersicherung abdecken.
- Um mehr Liebe, Mitgefühl und Verständnis in Ihre Beziehungen zu bringen, sollten Sie einen runden Spiegel in Ihrem Schlafzimmer aufhängen.
- Um einen Partner anzuziehen, sollte Ihr Bett von beiden Seiten zugänglich sein.
- Um mehr Leben und Vitalität ins Schlafzimmer zu bringen, sollten Sie drei Pflanzen (oder fünf) aufstellen: eine bei der Tür, eine beim Bett, die dritte bei der Ausgangstür oder dem Fenster, die einen gewundenen Weg für das *chi* zeichnen. Stellen Sie frische Blumen dazu, so oft Sie können. Stellen Sie nicht zu viele Pflanzen in das Schlafzimmer, denn sie werden das vorhandene *chi* aufsaugen und nichts für Sie übriglassen.

Der Schlaf und Ihr Schlafzimmer sind für Ihr Wohlbefinden zentral. Wenn Sie in einer Beziehung leben oder eine anziehen wollen, sollten Sie sich auf das Schlafzimmer konzentrieren. Wenn das Schlafzimmer romantisch eingerichtet ist, schiesst Amor seinen freundlichen Pfeil. Je wohler Sie sich dort fühlen, desto besser werden Sie schlafen. Je besser Sie schlafen, desto mehr wird Ihr Leben wie ein schöner Traum sein.

## Die Küche

Ein chinesisches Sprichwort rät: «Wenn du zwei Münzen hast, dann kaufe mit einer ein Brot und mit der anderen eine Blume. Die eine wird dich am Leben erhalten und die andere dir einen Grund zum Leben geben.» Wie Luft und Wasser ist Essen *chi*, das wir in unseren Körper aufnehmen. Viele gesellschaftliche Bräuche, Verhaltensweisen, Süchte und Probleme drehen sich ums Essen, denn Essen ist der gemeinsame Nenner, der alle Menschen miteinander verbindet. Wir müssen essen, um zu leben, und deshalb ist die Küche nach dem Eingang der wichtigste Raum im Haus. Manche Menschen verbringen ihr ganzes Leben in Küchen, und andere betreten sie nie. Wenn Sie nie in Ihre Küche gehen, dann nimmt der Ort, wo Sie essen, die Stelle der Küche ein. Ist es das Esszimmer, das Schlafzimmer oder die Quartierkneipe? Der Ort, an dem Sie Ihre Mahlzeiten zubereiten und essen, steht symbolisch für die inneren Feuer, die den Geist lebendig halten.

Viele Kindheitserinnerungen beginnen mit dem Duft von frischgebackenem Brot oder dem herrlichen Aroma heisser Schokolade. Kochen und die Küche stellten schon immer Wärme, Wohlbehagen und die Sicherheit von Heim und Familie dar. Sie können auch als Metapher für spirituelle Reifung stehen. Garen symbolisiert den Prozess innerer Prüfung durch äussere Erfahrungen. Kochen lehrt uns die Vorzüge des Reifens und des Dienstes an anderen. Kochen transformiert hartes und rohes Material in weiche und wohlschmeckende Bissen, die Körper und Seele nähren. Kochen hilft uns, unsere Pflichten und unsere Verantwortung gegenüber uns selbst und anderen zu verstehen. Im Lichte dieser Philosophie ist leicht zu begreifen, warum die Chinesen der Küche so viel Gewicht beimessen und einen grossen Führer mit einem grossen Koch vergleichen. Durch die Küche kommt das *chi*, das wir für einen gesunden Körper und einen glücklichen Geist brauchen. Küchen sind grundsätzlich so individuell wie die Menschen. Jeder Stil ist akzeptabel, solange alle Leitungen und Geräte funktionieren.

In alten Zeiten war die Küche das Zentrum des Hauses, und auch heute noch ist das ein guter Platz dafür. Aber wo auch immer sie liegt, der Zustand der Küche ist wichtig. Wenn sie gut erleuchtet, geräumig und luftig ist, fühlen wir uns glücklich. Wenn die Küche dunkel ist, schmutzig oder überfüllt, haben wir keine Lust, uns dort aufzuhalten. Wenn die Küche zu schmal ist, sollte man sie in einer hellen Farbe streichen, stärkere Birnen in die Lampen schrauben und/oder Spiegel aufhängen, um den Raum grösser erscheinen zu lassen. Wenn man an der Spüle oder am Herd steht, sollte man den Eingang und alle, die in die Küche kommen, sehen können. Ist das nicht der Fall, sollte man einen glänzenden Topf, ein Silbertablett oder einen Spiegel aufhängen, um die Vorgänge beim Eingang zu spiegeln.

Wenn die Küche von der Haustür her sichtbar ist, könnte man seine ganze Zeit mit Essen oder dem Denken an Essen verbringen. Versuchen Sie, die Küche irgendwie abzutrennen, oder benutzen Sie Gegenstände und Licht, um die Aufmerksamkeit auf eine andere Stelle zu lenken. Eine Küche gegenüber dem Wohnzimmer verursacht manchmal schlechte Gesundheit und Streit unter den Familienmitgliedern. Es ist leicht, zwischen den beiden Räumen eine unauffällige Trennung mit Windspielen, Pflanzen oder anderen Dingen zu schaffen. Wenn die Küche einem Badezimmer gegenüber liegt, insbesondere wenn man die Toilette sehen kann, sollte die Badezimmertür geschlossen bleiben. Hängen Sie ein hübsches Bild an die Tür.

Eine Küche im Süden gilt als ungünstig, weil Feuer den Süden beherrscht und das Essen zum Anbrennen neigen könnte. Man kann Glasschalen und -platten benützen, um einer Südküche Wasser hinzuzufügen. Auch der Norden, also Wasser, ist ungünstig, denn die Leitungen könnten undicht sein, oder das dominierende Wasser könnte gewissermassen das Feuer löschen, was Probleme mit dem Herd, dem Kochen oder den Gasbrennern bedeuten kann. Fügen Sie Feuer-Accessoires hinzu (Rot, Messer, tierische Gegenstände). Eine Küche im Westen ist vorzuziehen, denn Metall (Westen) facht weder das Feuer an, noch verbraucht es das Wasser. Wenn Sie nicht gerade ein eigenes Haus bauen, ist das nicht immer möglich, denn wir müssen uns nach den städtischen Leitungen richten. Befindet sich die Küche nicht im Westteil des Hauses, kann das *chi* durch ein westliches Fenster oder eine Tür entweichen. Gibt es keine Ausgänge nach Westen, hilft ein an der Westwand angebrachter Spiegel, das *chi* nach Westen zu lenken.

### Innenausstattung der Küche

Die Küche hat eine andere Qualität als der Rest des Hauses, und die Natur der Küchengeräte setzt sie von den anderen Räumen im Haus ab. Auch wenn es in anderen Teilen ebenfalls Feuer und Wasser gibt (z. B. in den Heizkörpern und Badezimmern), sind sie nirgends prägender als in der Küche. Das Feuer-Element wird von Herdplatten und Ofen repräsentiert, ob das Feuer nun aus Gas oder Elektrizität besteht. Wasser, tödlicher Feind des Feuers, lauert ganz in der Nähe im Waschbecken, im Kühlschrank und im Tiefkühler. Wasser wird in Wasserkochern, Geschirrwaschmaschinen, Waschmaschinen und so weiter mit Feuer kombiniert. Das könnte eine Katastrophe heraufbeschwören, aber die anderen Elemente sind auch vorhanden und wirken als Mittler zwischen Feuer und Wasser. Metall ist in der Küche durch Pfannen und Töpfe vertreten, Erde durch Keramikplatten als Wand- oder Bodenverkleidung. Holz entspricht dem zubereiteten Essen, und es entsteht so ein Mikrokosmos innerhalb der Küche. Feuer und Wasser bekämpfen sich und sollten daher durch Kästen oder Abtrennungen aus Metall, Holz oder Erde voneinander ferngehalten werden. (Anmerkung: Kunststoffe, die wie Metall geformt werden können und ähnliche Eigenschaften in Bezug auf das Element Wasser haben, gelten als Metall-Material.)

Der beste Ort für den Herd ist der Osten oder Süden, denn diese Richtungen sind mit Holz und Feuer und folglich mit dem Kochen verbunden. Die Spüle, die Geschirrwaschmaschine, der Kühlschrank und der Tiefkühler scheinen am besten zu funktionieren, wenn sie im westlichen Teil der Küche stehen, der mit Metall assoziiert wird, dem wichtigsten Material dieser Geräte. Benutzen Sie Farben der verschiedenen Elemente auf oder neben dem Gerät, um die gewünschte Richtung zu erreichen. Ein roter Kellenhalter auf oder neben dem Herd z. B. bringt Feuer (Süden) dorthin.

Einer Grossmutter verbrannten ständig die Kekse, die sie so gerne für ihre Enkel buk. Obwohl sie Temperatur und Zeit kontrollierte, konnte der Ofen keine konstante Temperatur aufrechterhalten. Der Ofen stand neben dem Kühlschrank. Nachdem sie eine Trennwand aus Holz zwischen den beiden Geräten hatte einbauen lassen, hörten die Probleme mit dem Ofen auf, und ihre Kekse verbrannten nicht mehr.

Eine Frau, die in einem Wohnwagen wohnte, hatte auch den Ofen neben dem Kühlschrank und konnte ihn nicht eingeschaltet lassen. Sie hatte in einem Jahr mehrmals die Arbeitsstelle gewechselt und hatte Probleme damit, sich auf etwas zu konzentrieren. Sie hatte nicht genug Platz, um die Geräte zu trennen, und alles was sie tun konnte, war, ein kleines hölzernes Streichholz zwischen Kühlschrank und Herd zu zwängen. Dies war schon wirkungsvoll genug. Der Ofen blieb an, und sie behielt ihren Job.

Denken Sie daran, dass im Feng Shui das Kochen gleichbedeutend mit Geld ist. Jedes Mal, wenn Sie kochen, könnten Sie zusätzliches Geld hereinbringen. Einige Tips: Halten Sie Ihren Ofen und ihre Herdplatten sauber, um Ihr Einkommen zu erhöhen. Hängen Sie einen Spiegel oder andere spiegelnde Oberflächen wie eine Silberplatte hinter den Herd, um die Anzahl der Brenner zu verdoppeln. Auch Metallkochlöffel erfüllen diesen Zweck. Verdoppeln der Brenner verdoppelt das Geld. Vergewissern Sie sich, dass alle Geräte einschliesslich Uhren und Timer funktionieren. Wenn nicht, sollten Sie sie wegwerfen oder reparieren lassen. Halten Sie den Kühlschrank sauber und frei von allen Dingen, die schon das Stadium von «wissenschaftlichen Experimenten» erreicht haben. Ein Gefäss mit Backpulver absorbiert alle Gerüche. Vergewissern Sie sich, dass nichts tropft oder ausläuft, denn dies verursacht ein «Forttröpfeln» der Ressourcen. Halten Sie den Abfall gut beisammen und stellen Sie ihn häufig hinaus. Lassen Sie keine Müllberge wachsen, oder allerhand psychischer Müll wird sich auftürmen.

Die Küche ist der Ort, an dem das *chi* in den Körper geleitet wird. Halten Sie diesen Ort sauber, aufgeräumt und in gutem Zustand, und Sie werden selbst «auf grosser Flamme kochen». Bon appétit!

### *Regeln für die Küche*

- Wenn der Koch oder die Köchin den Eingang der Küche nicht sieht, sollten Sie Spiegel so aufhängen, dass man den Eingang beim Kochen im Auge behalten kann.
- Halten Sie den Herd sauber und die Kochplatten oder Brenner unbedeckt.
- Hängen Sie Spiegel, glänzende Töpfe oder spiegelnde Flächen hinter den Herd, um die Anzahl der Brenner und damit Ihr Einkommen zu verdoppeln.
- Schaffen sie eine Trennung aus Holz zwischen dem Waschbecken (Wasser) und dem Herd (Feuer).
- Wenn die Küche gegenüber dem Wohnzimmer oder dem Bad liegt, sollten Sie die Tür zu diesen Zimmern geschlossen halten oder sie mit Wandschirmen oder Pflanzen abtrennen.

## Das Esszimmer oder die Essecke

Das Esszimmer ist ein wichtiger Raum des Hauses, aber nur, wenn es benutzt wird. In vielen Häusern gibt es formelle Esszimmer, die nur ein- oder zweimal im Jahr zu besonderen Festtagen benutzt werden und während der übrigen Zeit anderen Haushaltszwecken dienen. In manchen Häusern dienen sie als Büros und zum Bezahlen von Rechnungen. Wenn Ihr Esszimmer häufig benutzt wird, ist ein runder oder ovaler Tische mit vier, sechs oder acht Stühlen am Besten. Wenn nur ein Stuhl am Tisch steht, dürfen Sie keine Gesellschaft erwarten. Wer soll schon kommen, wenn es keine Sitzgelegenheit gibt?

*Chi* sollte nicht im Esszimmer stagnieren können, sonst wird die Atmosphäre stickig. Es sollte mindestens zwei Wege geben, durch die *chi* ein- und ausgehen kann, aber sie sollten einander nicht gegenüberliegen, weil der Raum sonst wie ein Korridor aussieht. Es ist besser, wenn sich die zwei Türen in derselben Wand oder in nebeneinander liegenden Wänden befinden. Dies gilt auch für die Fenster im Esszimmer.

Ein runder oder ovaler Tisch gilt als harmonischer als ein quadratischer, der die Essenden in Oppositionen aufteilt. Stellen Sie den Tisch in das Zentrum des Zimmers, damit so viel Raum wie möglich rund um die Stühle ist. Vermeiden Sie es, den Tisch unter einen Balken zu stellen, aber wenn es nicht anders geht, dann stellen Sie ihn parallel zum Balken. Stellen Sie so viele Stühle auf, wie Sie brauchen, aber Sie sollten sich darüber im Klaren sein, dass ein einzelner

Stuhl nur für Sie selbst niemanden anlocken wird, das Nachtessen mit Ihnen zu teilen. Drei ist das Minimum. Wenn Sie allein leben, sollten Sie jeden Abend an einem anderen Platz sitzen, damit alle Stühle regelmässig benutzt werden.

### Das Fernseh- oder Spielzimmer

Die West- und Nordquadranten des Hauses sind beides gute Standorte für ein Fernsehzimmer. Sitzen Sie aber nie vor dem Fernseher mit dem Rücken zur Türe. Ein günstiger Ort für ein Spielzimmer ist der Süden, wo die Sonne ihr Glück auf die Gewinner werfen kann. Eine Klientin beklagte sich, dass ihr Vater das ganze Familienvermögen beim Glücksspiel verloren hatte. Ob ich da etwas tun könnte? Nachdem ich ihr Haus betreten hatte, wurden meine Augen sofort von einem Spielzimmer zur Rechten angezogen. Das Spielzimmer diente verschiedenen Zwecken – zum Nähen und Werken, für Parties, als Büro für den Vater, und als Lagerort für Fahrräder, Rollschuhe, Spielzeug und weitere Sport- und Gartengeräte. Diese Gegenstände blockierten den Weg zur Hintertür, und ich stellte fest, dass die Hintertür von aussen durch Büsche und Bäume verschlossen war. Ich riet, das Büro des Vaters in einen anderen Teil des Hauses zu verlegen, den Raum zu organisieren und zu teilen, damit Raum für alle anderen Funktionen entstand, die Ausgänge zu öffnen, und den ganzen Raum von der Eingangshalle abzuschirmen. Eine andere Lösung wären Farben, Formen und Materialien für West/Metall und Norden/Wasser, um dem Raum diese Richtungen symbolisch hinzuzufügen.

### Das Wohnzimmer

Manchmal wird das Wohnzimmer nur von Gästen benutzt, und in diesem Fall verschwenden Sie Platz, ausser Sie haben sehr viele Gäste. In vielen Häusern gibt es perfekte, wundervolle Räume, die nicht benutzt werden, während die Bewohner ihr Leben in kleine, unpassende Räume zwängen. Wenn dies Ihre Situation ist, sollten Sie sich fragen, ob Sie ein Leben für Ihre Gäste oder für sich selbst führen.

### Das Badezimmer

Ist Ihnen je aufgefallen, dass bei Veränderungen im Leben meist Probleme mit einem Apparat in der Wohnung, mit einem Auto oder auch einem Badezimmer auftreten? Das Bad ist ein wichtiger Raum im Haus, weil dort Transformationen geschehen. Der Zweck eines Badezimmers ist es, den Körper äusserlich und innerlich zu reinigen, und das *chi* sollte im Badezimmer ermutigt werden, schnell hindurchzufliessen, ohne sich dort aufzuhalten oder schal zu werden. Gemäss einer chinesischen Tradition ist es für das *chi* desto einfacher, hinein und herauszufliessen, je einfacher das Badezimmer ist. Ausgeklügelte Räume voller Ornamente neigen dazu, das *chi* zurückzuhalten, was weniger günstig ist, denn Transformationen sollten so schnell und einfach wie möglich vor sich gehen können. Es ist aber eine gute Idee, zur Lüftung ein Fenster im Bad zu haben, auch wenn automatische Lüftungen die Luft rein halten können. Woran liegt es, dass Ihr Badezimmer kein Fenster hat? Wohnen Sie so hoch über dem Boden, dass keine offenen Fenster möglich sind? Oder liegt das Badezimmer im Zentrum des Hauses? Da das Zentrum des Hauses gewöhnlich das *chi* des gesamten Gebäudes enthält, bedeutet ein Bad im Zentrum, dass alles *chi* die Toilette hinuntergespült wird. Wenn das zutrifft, sollten Sie einen Spiegel benutzen, um das Bild des Badezimmers in einen anderen Teil des Raumes zu ziehen. Oder hängen Sie Spiegel an alle vier Wände des Bades, um die Position sozusagen auszulöschen.

Das Heim eines Mannes, der Opfer eines Amokläufers geworden war, befand sich in einem schrecklichen Zustand. Der Abfalleimer quoll über, der Müllschlucker war defekt, sämtliche Toiletten waren verstopft und füllten das ganze Haus mit üblen Gerüchen. Die Familie hatte Mühe damit, diesem sinnlosen Ereignis einen Sinn abzugewinnen. Die Toiletten erzählten einen Teil der Geschichte. Das Badezimmer, um es direkt auszudrücken, ist u. a. der Ort, wo die Exkremente ausgeschieden werden, buchstäblich wie auch metaphorisch gesehen. Wenn also das Badezimmer nicht funktioniert, kann es Blockaden, gesundheitliche Probleme und Schwierigkeiten mit Veränderungen geben. Die Hauptwasserleitungen und Abwasserrohre verlangen meistens, dass Bad und Küche nebeneinander liegen. Wenn Sie von der Küche oder vom Bett ins Badezimmer blicken können, sollten Sie die Badezimmertür immer geschlossen halten.

Ein einst erfolgreicher Schauspieler erlebte harte Zeiten. Sein Geld ging aus und er hatte seit einiger Zeit kein Engagement mehr gehabt. Als ich ihn danach fragte, ob in seinem Haus irgendeine Wasserleitung undicht war, sagte er: «Nein, aber meine letzte Wasserrechnung betrug über 400 Dollar.» Ein Sanitärinstallateur entdeckte eine grosse undichte Stelle unter der Erde, wo eine Leitung gebrochen war. Sobald der Schaden repariert war, wurde dem Schauspieler eine Rolle in einer Fernsehserie angeboten.

Viele Badezimmer sind nicht à jour. Aus Hausapotheken und Schubladen quellen alte Medikamente, Kosmetika und Magazine. Trennen Sie Erste-Hilfe-Utensilien und legen Sie sie in eine spezielle Schachtel, dann gehen Sie durch Ihr Badezimmer und werfen alles weg, was in den letzten sechs Monaten nicht mehr gebraucht wurde. Werfen Sie alte Medikamente weg. Wer will schon im Sommer an eine Wintererkältung erinnert werden?

## Studio, Büro, Bibliothek

Wenn Sie in der glücklichen Lage sind, zu Hause ein Büro zu haben, sollten Sie in Kapitel 7, «Das Feng Shui des Arbeitsplatzes» nachlesen. Wenn Sie in Ihrem Haus kein separates Arbeitszimmer haben, sollten Sie einen Platz so einrichten, dass Sie dort wichtige Papiere und Rechnungen aufbewahren können, und legen Sie eine bestimmte Zeit fest, in der Sie sich mit Ihren Haushaltsrechnungen befassen. Dies wird dazu beitragen, die für den Papierkrieg nötige Disziplin zu entwickeln. Legen Sie die unbezahlten Rechnungen nur nicht an einen Ort, wo Sie sie sofort beim Betreten des Hauses sehen können. Stellen Sie sich vor, wie es Sie entmutigen wird, wenn Sie beim Betreten eines Zimmers als erstes einen Berg von Schulden vor Augen haben. Um Ihre Anstrengungen zu unterstützen, sollten Sie sich an einen grossen Schreibtisch setzen, der genügend Raum zur Ausbreitung Ihrer Ideen bietet. Der Rest der Büromöblierung sollte so plaziert werden, dass Sie von Ihrem Arbeitsplatz aus den ganzen Raum überblicken können, insbesondere den Eingang. Wenn das nicht möglich ist, sollten Sie Spiegel so aufhängen, dass Sie den Eingang und den grössten Teil des Raums sehen können. Sitzen Sie nicht mit dem Rücken zur Tür. Wenn Sie das doch tun müssen, sollten Sie etwas Spiegelndes so aufstellen, dass Sie den Eingang sehen können. Wenn Sie vor einer Wand sitzen müssen, sollten Sie daran etwas aufhängen – ein Bild, einen Kalender oder einen Spiegel. Wenn Ihr «Büro» zu nahe am Fenster liegt, werden Sie mehr Zeit damit verbringen, träumend zum Fenster hinauszuschauen, statt zu arbeiten. Um das zu verhindern, sollten Sie ein Messing-Windspiel über Ihrem Schreibtisch aufhängen.

## Dach, Estrich, Decke

Das Dach, der Estrich und die Decke geben Ihnen Schutz vor den Elementen. Wenn das Dach undicht ist, dringen äussere Einflüsse in Ihr Leben ein und verursachen Probleme.

Eine politische Beraterin lebte in Connecticut in einem Haus, dessen Dach von Schneemassen eingedrückt worden war. Innen war das Haus bis zur Decke mit Kisten voll alter Papiere, Magazine und Besitztümern von Generationen der dort lebenden Familie vollgestopft. Sie hatte mit so vielen verschiedenen Geschäften und Aktivitäten zu tun, dass sie sich überfordert fühlte. Sie begann nach und nach, die unbenutzten Dinge loszuwerden. Als sie den Überschuss im Innern wegzuräumen begann, schmolz auch der Schnee auf dem Dach. Schon bald war das Dach frei und trocken. Ihre geistige Klarheit nahm schnell zu. Sie konnte neue Ziele formulieren und damit beginnen, ihr Leben zu verbessern.

Die Form und das Material des Daches können das Schicksal des Hauses beeinflussen. Vergleichen Sie das Element des Hauses (bestimmt durch die Form der Dachlinie) mit dem Element des ganzen Viertels. Wenn Haus und Umgebung in Einklang sind, verbessern sich die Erfolgschancen. Wenn das Element des Hauses nicht mit der Umgebung harmoniert, kann es Probleme geben, die gewöhnlich durch Hinzufügen oder Entfernen eines Elementes beim Eingang gelöst werden können. Dächer haben fünf Typen, die durch das Baumaterial und die Form bestimmt werden. Auf einem hohen Gebäude gelten ein leicht gerundetes Dach, ein grünes Dach oder eines aus Holz als Holz-Dächer. Spitze Dächer oder rote Dächer sind Feuer; flache oder gelbe/braune Dächer auf quadratischen Häusern sind Erde; runde, kuppelförmige, gebogene oder weisse, silberne und graue Dächer sind Metall; ein schwarzes Dach oder eins in der Form einer Welle oder mit verschiedenen Formen ist ein Wasser-Dach.

Halten Sie den Estrich sauber und aufgeräumt – ausser Sie möchten gern Fledermäuse im Dach haben. Versuchen Sie nicht zu viele Dinge dort oben aufzubewahren. Wenn der Kinderwagen immer noch dort steht und Ihre Kinder schon erwachsen sind, bremsen Sie sich selbst und Ihre Kinder. Vergessen Sie das nicht. Was aber wollen Sie wirklich über Ihrem Kopf haben? Wollen Sie nicht lieber freien Raum, damit sich Ihre Ideen ausbreiten können?

Decken schützen und beeinflussen die Qualität eines Raums. Die Höhe der Decke sollte im richtigen Verhältnis zur Grösse des Raumes stehen. Eine hohe Decke kann einen Raum entweder luftig oder zugig wirken lassen. Ein kleiner Raum mit einer hohen Decke hat oben zu viel Gewicht. Benutzen Sie Stoffabhängungen, falsche Decken, Kronleuchter und dunkle Farben, um die Decke «herunterzuholen». Sie können den Blick lenken, in dem Sie niedrige Möbel benutzen oder auf dem Boden einen Blickfang – etwa Parkett oder gemusterte Teppiche – auslegen. Eine niedrige Decke kann einen Raum entweder gemütlich oder vollgestopft erscheinen lassen. Ein grosser Raum mit einer niedrigen Decke hat unten zu viel Gewicht. Streichen Sie die Decke weiss oder in einer anderen hellen Farbe, und benutzen Sie Bodenlampen, die nach oben leuchten. Indirekte Beleuchtung ist nicht aufdringlich. Eine niedrige Decke in einem engen Raum schwächt das *chi*, deprimiert die Bewohner und gibt ihnen eine Neigung zu Kopfschmerzen. Wenn dies zutrifft, sollten Sie die Decke hell streichen und an den Wänden Spiegel aufhängen, um den Raum zu vergrössern.

Eine niedrige Decke kann einen intimen, gemütlichen und sehr privaten Raum ergeben. Hier ist Beleuchtung extrem wichtig, denn sie kann sowohl Stimmung schaffen, als auch Nutzen bringen. Benutzen Sie vertikale Linien, Stühle mit hohen Lehnen, gerade Draperien und auffällige, ins Auge springende Gegenstände auf Augenhöhe. Benutzen Sie helle Farben an der Decke und stellen Sie hohe, dünne, schmale Objekte und Pflanzen mit spitzen Blättern in die Ecken.

Schiefe Decken sind ungünstig und könnten krumme Aktivitäten decken. Sie können eine schiefe Decke mit Stoff verhüllen, ungefähr wie im Innern eines Zeltes. Das sieht sehr attraktiv aus und verbirgt Probleme. Eine ungleichmässige Decke neigt dazu, unausgeglichene Gefühle zu produzieren, Stimmungsumschwünge, Kontakte zu unzuverlässigen Menschen und sogar unregelmässigen Geldfluss und unregelmässige Gelegenheiten. Eine unebene Decke an einem Ort mit mehr als einer Person könnte Gefühle der Ungleichheit hervorrufen. Wenn dies für Ihren Raum zutrifft, sollten Sie die Decke schwarz streichen, um die Unregelmässigkeiten zu verdecken (Schwarz ist auch eine Farbe, die Geld anlockt) oder eine falsche Decke installieren, um das Problem zu verdecken.

## Der Keller

Der Keller kann mit dem Unbewussten verglichen werden – dem Ort, wo wir unter der Oberfläche an Dingen festhalten. Im Keller verrotten die Dinge und werden modrig oder staubig. Halten Sie den Keller einigermassen aufgeräumt und so sauber wie möglich, ohne es zu übertreiben. Wichtig sind eine gute Beleuchtung und irgendeine Art von Belüftung.

## Der Fussboden

Ein gerader, gut instandgehaltener Fussboden symbolisiert eine solide Grundlage im Leben. Mit einem schiefen Boden könnten die Bewohner schiefe Ansichten haben. Wenn der Boden beim Badezimmer schief ist, könnte es Probleme geben mit Transformationen, dem Loslassen der Vergangenheit oder dem Vergeben (sich selbst und anderen). Bei oder in der Küche kann das verzerrte Vorstellungen bezüglich Essen, Nahrungsmitteln oder Ernährung bedeuten. Ein beschädigter Boden im Schlafzimmer kann zu sexuellen oder Schlafproblemen führen. Die beste Lösung ist es, den Boden reparieren zu lassen. Wenn das nicht möglich ist, können Sie einen Teppich benutzen, um die beschädigte Stelle vorübergehend zuzudecken. Aber das ist dasselbe, wie einen Zahnschmerz einfach zu unterdrücken, statt zum Zahnarzt zu gehen.

Die Art Boden, auf der Sie meistens gehen, kann ungeahnten Einfluss auf Sie haben. Wenn er uneben ist, könnten Sie stolpern. Ein altes Büro, das ich während Jahren benutzte, hatte einen unebenen Steinboden (es war früher ein Aussenraum gewesen). Bis ich Feng Shui verstand (und den Bodenbelag wechselte), war mein Leben unsicher.

Wenn der Fussboden abgenutzt ist, werden Sie ständig an vergangene Fehlschläge erinnert. Wenn er so sauber ist, dass man darauf essen könnte und Sie keine krabbelnden Kinder mehr haben, verbringen Sie zuviel Zeit mit gesenktem Blick und beschäftigen sich zu stark mit Details, die Sie vom grossen Ganzen ablenken. Der Bodenbelag kann Ihre Stimmung beeinflussen und ist meist eine Sache des persönlichen Geschmacks und Geldbeutels. Aber ob er aus Holz, Backsteinen oder einem Teppich besteht – halten Sie ihn sauber und aufgeräumt.

Einige Korridore bewegen das *chi* zu schnell. Ein Teppich hält es zurück und schafft eine positivere Umgebung. Teppiche nehmen jedoch Schwingungen auf und können nicht so sauber gehalten werden wie ein glatter Boden. Daran sollte man einfach denken. Natürlich haben Farbe, Muster und Struktur des Teppichs einen Einfluss auf Sie. Wenn der Teppich dick und weich ist, haben Sie so etwas wie ein Kissen im Leben. Wenn der Boden hart ist, könnten Sie alles auf die schwierige Art machen. Wenn der Boden schmutzig ist, könnte auch Ihr Denken eine schmutzige, wirre oder unklare Qualität annehmen.

## Türen

Türen sind äusserst symbolträchtig, da sie persönliche Beziehungen sowie mögliche Gelegenheiten in der Welt bestimmen. Eine Tür zu öffnen heisst, die Weisheit oder das Wissen haben, das zum Überschreiten der Schwelle nötig ist. Eine Tür nicht öffnen zu können lässt einen in verschiedener Hinsicht «im Regen stehen». Wenn Sie den Schlüssel haben, gehört Ihnen die Welt. Was geschieht hinter geschlossenen Türen? Eine geschlossene Tür ist eine Trennung zwischen dem Bekannten und dem Unbekannten. Wenn eine Tür geöffnet ist, gibt es Gelegenheiten zuhauf. Eine Tür ist der Übergang zwischen Innen und Aussen, zwischen dem Öffentlichen und dem Persönlichen. Eine Tür schützt vor Eindringlingen und schafft Privatsphäre.

Die Grösse der Türen sollte in einem ausgewogenen Verhältnis zum Raum stehen. Grosse Räume verlangen grosse Türen, kleine Räume kleine Türen. Eine übergrosse Türe betont die Wichtigkeit des Raums. Das Haus eines Filmproduzenten in Hollywood schien sehr wichtig zu sein. Alle Türen, innen und aussen, waren übergross und reichten bis zur Decke. Einige der Türen öffneten sich in schmale Schränke. Einige führten in sehr kleine Räume. Der Produzent hatte das Haus bei einer Zwangsversteigerung gekauft. Die vorhergehenden Bewohner hatten eine gute Show abgezogen und wirkten recht erfolgreich, aber in Wirklichkeit waren sie bankrott. Das Haus war im Unterhalt so teuer, dass der Produzent seine Rechnungen kaum noch bezahlen konnte. Er konnte auch Zusagen nicht einhalten, die er seinem Studio gemacht hatte, und verbrachte die meiste Zeit im Arbeitszimmer, dem einzigen Raum im Haus, der eine angemessen grosse Tür hatte, während der Rest des Hauses praktisch unbenutzt war.

Die Haupttür sollte sich nach innen öffnen, damit das *chi* genügend Platz zum Hereinkommen hat. Die Ausgangstür darf sich auch nach aussen öffnen. Wenn es sich um einen geschlossenen Raum handelt, wie ein Theater oder ein Lagerraum, dann sollte sich die Tür nach aussen öffnen, damit die Energie wieder hinausgelangen kann. Wenn Ihre Türen sich in die falsche Richtung öffnen, können Sie sie anders einhängen lassen.

Wenn es eine Doppeltüre ist, sollten sich beide Teile in dieselbe Richtung öffnen. Schiebetüren lassen nur die Hälfte der vorhandenen Energie hinein, aber meistens genügt das, weil eine halbe Schiebetür etwa so gross ist wie eine ganze normale Tür. Um doppelt so viel Energie hereinkommen zu lassen, können Sie in die offene Seite der Tür ein Windspiel hängen. Dies verdoppelt das *chi* und macht die fehlende zweite Türhälfte wett.

Alle Türen sollten sich immer leicht öffnen lassen und gerade eingehängt sein. Wenn eine Tür schief hängt, könnte das Ergebnis ein schiefes Leben sein. Luftzüge sind für Erkältungen verantwortlich, und *chi* entweicht durch die Spalten. Wenn die Türen nicht gerade sind, lassen Sie sie reparieren, entfernen Sie sie oder verhüllen Sie sie mit Vorhängen. Wenn Sie sich das nicht leisten können, tun Sie alles, was Sie können, um die verzogene oder schlecht eingehängte Tür zu kaschieren. Türen sollten sich in der Mitte der Wand oder aber an beiden Seiten befinden, mit den Angeln nahe an einer angrenzenden Wand. Türen, die einander gegenüber liegen, sollten dieselbe Grösse haben und gleich eingehängt sein.

### *Mehr Türen als Fenster*

Wenn Sie mehr Türen als Fenster haben – eine Situation, die erwachsene Bewohner dazu führen kann, zu ernst, zu konservativ oder zu ängstlich zu sein – sollten Sie die unbenutzten oder überflüssigen Türen geschlossen halten. Fügen Sie Bilder von Fenstern hinzu, betonen Sie die Fenster, indem Sie die Fensterrahmen neu streichen oder dekorative Vorhänge benutzen. Sie können auch Spiegel anbringen, die die Fenster reflektieren, und ausserdem Windspiele an die Fenster hängen, um sie zu betonen.

### *Zu grosse Türen*

Wenn die Eingangstür zu gross für ein Gebäude ist, können Sie sie kleiner machen, indem Sie die Seiten mit einem Pflanzenspalier abdecken oder grosse Pflanzen in Töpfen auf beide Seiten des Eingangs stellen. Die Tür muss sich in den grössten Raum des Hauses öffnen. Ist dies nicht der Fall, sollten Sie innen auf beiden Seiten des Eingangs Spiegel aufhängen, die das *chi* von der Türe wegziehen. Sie können auch die Seiten der Tür mit Vorhängen verhüllen und innen auf beiden Seiten Pflanzen aufstellen.

Ein Immobilienmakler kaufte ein wundervolles Haus im spanischen Stil mit Neun-Meter-Decken im Erdgeschoss und mit Türen, die in keinem Verhältnis zur Grösse eines menschlichen Wesens standen. Das Haus hatte etwas Falsches. Die übergrossen Türen führten in sehr kleine Räume und schmale Schränke. Die letzten drei Bewohner dieses Hauses hatten Misserfolge in ihren Geschäften, gingen bankrott und mussten das Haus verkaufen, weil sie es sich nicht mehr leisten konnten.

Wie könnte jemals jemand solch hohen Erwartungen entsprechen?

### *Zu kleine Türen*

Tun Sie, was Sie können, um kleine Türen optisch grösser erscheinen zu lassen. Streichen Sie Tür und Eingang in einer hellen Farbe. Sorgen Sie innen und aussen für helle Beleuchtung und für einen speziellen Bodenbelag, eine andere Wandverkleidung oder besondere Möbel und Pflanzen im Eingangsbereich. Bringen Sie Spiegel an, um die Tür grösser erscheinen zu lassen.

### *Zu viele Türen*

Wenn es zu viele Türen gibt, wird das *chi* verwirrt und weiss nicht mehr, wohin es sich wenden soll. Das Ergebnis ist Verwirrung im Leben der Bewohner. Es wird ein ständiges Kommen und Gehen sein, viele Geheimnisse zu bewahren geben und Angst vor Dingen entstehen, die ausserhalb der eigenen Kontrolle liegen.

### *Drei Türen in einer Reihe*

Drei Türen in einer Reihe schaffen schnell fliessendes *chi*. Wenn z. B. die Eingangstür, die Tür in das Wohnzimmer und die Tür vom Wohnzimmer ins Esszimmer auf einer Linie liegen, fliesst das *chi* schnell durchs Haus. Um es etwas zu bremsen, können Sie Kristalle oder farbige Tücher zwischen die Türen an die Decke hängen. Teppichläufer auf dem Boden können helfen, zu schnell fliessendes *chi* aufzuhalten.

### *Tür am Ende eines Korridors*

Eine Tür am Ende eines Korridors ist nicht günstig, denn sie nimmt das schnelle *chi* aus dem Gang auf. Benutzen Sie Teppiche, um das *chi* zu bremsen. Hängen Sie einen Spiegel oder ein schönes Bild an die Tür, am besten ein Landschaftsbild. Unbenutzte oder «tote» Türen symbolisieren «tote» Lebensbereiche und behindern den Fluss des *chi*. Dies ergibt manchmal Streitigkeiten und Spannungen zwischen den Familienmitgliedern. Wenn Türen nicht benutzt werden, sollten sie verschlossen und Bilder daran aufgehängt werden. Ein Spiegel an einer «toten» Tür verbessert die Situation, weil die Tür dann unsichtbar wird.

### *Türen, die aufeinander stossen*

Wenn Türen so angebracht sind, dass sie beim Öffnen aneinander stossen, sollten Sie in die Mitte jeder Tür einen roten Fleck malen, damit sie einander «sehen» können. Ein Künstler, der von mehreren Gerichtsverhandlungen betroffen war, lebte in Colorado in einem Glashaus. Die gläserne Eingangstür öffnete sich nach innen; gegenüber lag eine Glastür zum Hof, die sich auch nach innen öffnete, aber in einen unbenutzten, betonierten Hof führte. Eine dritte Glastür, die von der Garage ins Haus führte, schuf eine sehr wirre Eingangssituation, denn die drei Türen trafen beim Öffnen aufeinander. Er malte in die Mitte der Haupttür einen roten Fleck als «Auge». Er hängte die Tür zur Garage so ein, dass sie sich in die Garage statt ins Haus öffnete. Da der Hof nicht benutzt wurde, verschloss er diese Tür und stellte Büchergestelle davor, die bis zur Decke reichten. Schliesslich wurde der Eingangsbereich übersichtlicher, und er bekam mehr Kontrolle über sein Leben. Auch seine rechtlichen Probleme nahmen eine Wende zum Besseren.

### *Vorder- und Hintertür in einer Reihe*

Wenn man von der Vordertür aus gleich die Hintertür sieht, wird die Energie durch das Haus sausen und es wieder verlassen, ohne es zu nähren. Ihr Ziel ist, genügend *chi* ins Haus zu locken und es in einer sanften Kurve durch das Haus zum hinteren Ausgang zu führen. Benutzen Sie Skulpturen oder Möbel, um einen Weg zwischen der Vorder- und der Hintertür zu schaffen. Eine andere Lösung ist es, Windspiele, Lampen, Stoffe oder Pflanzen zwischen Vorder- und Hintertür an der Decke aufzuhängen. Sie können fast alles benutzen, was Sie zur Hand haben und was so an der Decke aufgehängt werden kann, dass es beim Gehen Ihren Kopf nicht berührt. Wenn die Hintertür solid ist, können Sie einen Spiegel daran aufhängen, damit das *chi* in den Raum zurückgeworfen wird. Wenn die Hintertür aus Glas besteht, sollten Sie sie mit einem Vorhang zudecken, damit das *chi* nicht zu schnell entweicht.

In jedem Raum, in dem sich Ein- und Ausgang in einer Linie befinden oder wo man von einer Tür aus die andere sehen kann, kommt die Energie herein und bewegt sich schnell durch den Raum. Es ist in einer solchen Situation schwierig, sich zu konzentrieren oder die Zukunft zu planen, und die Bewohner könnten einen Niedergang von Glück und Gesundheit erleiden. Wenn das zutrifft, sollten Sie schwere Möbel, Wandschirme oder Statuen auf den Seiten des Weges zwischen den Türen aufstellen. Oder verkleiden Sie eine Tür mit einem Vorhang oder einem Wandschirm. Dies wird dazu beitragen, die Energie zu bremsen.

### *Gläserne Ausgangstür*

Wenn die Ausgangstür aus Glas ist, ist sie nur schwer von einem Fenster zu unterscheiden, und die Bewohner könnten mal zu verantwortungsbewusstem, mal zu verrücktem Verhalten neigen. Eine solide Ausgangstür ist günstiger als eine aus Glas. Wenn Sie aber eine Glastür haben, sollten Sie sie mit einem Vorhang oder einem Store ganz oder teilweise bedecken oder Pflanzen und andere Gegenstände davorstellen, die aber die Tür nicht blockieren dürfen.

### *Türklinken*

Wenn Sie nicht gut ins Haus gelangen können, weil die Türklinke wackelt, könnte auch die Energie Schwierigkeiten haben hereinzukommen. Um gute Gelegenheiten anzuziehen, sollten alle Beschläge an der Tür sauber, rostfrei und funktionstüchtig sein.

## Fenster

Fenster sind die Augen des Hauses. Sie geben verbrauchtes *chi* ab, nehmen die Aussicht von der Aussenwelt auf und beobachten die Aktivitäten im Innern. Wenn sie sauber und klar sind, ist auch unsere Sicht so. Wenn sie schmutzig oder verstaubt sind, können unser Denken trübe und unsere Weltsicht unerfreulich sein. Zerbrochene Fensterscheiben läuten die Totenglocke für ein Haus und markieren den Anfang vom Ende. *Chi* dringt herein und verliert sich durch die Spalten, wodurch auch Ressourcen verschwinden und die Vitalität geschwächt wird. Die Sicht wird verzerrt, Aktivitäten werden beeinträchtigt und Beziehungen zerbrechen. Fenster sollten immer in gutem und sauberem Zustand sein. Nichts gibt einen so negativen Blick aufs Leben wie ein schmutziges Fenster. Alles ist so viel heller, wenn die Fenster sauber sind.

Wenn Sie aus dem Fenster blicken, was sehen Sie dann? Oft sehen wir nur das, was wir sehen wollen. Wir haben einen selektiven Blick und übersehen Details, während wir uns auf etwas Hervorstechendes oder weit Entferntes konzentrieren. Blicken Sie aus dem Fenster und versuchen Sie zu sehen, was das Fenster sieht. Suchen Sie nach geheimen Pfeilen von Antennen, Masten, Bäumen oder Kanten von Dächern, Mauern und Häusern. Wenn ein Fenster eine schöne Aussicht bietet, verstärken Sie das durch Spiegel, die die Aussicht ins Innere holen. Bedecken Sie Fenster, die von geheimen Pfeilen getroffen werden oder eine hässliche Aussicht auf Strassen, Abfallcontainer oder nackte Wände bieten. Wenn das Fenster in einer Linie mit einer Strasse liegt, sollten Sie es verdeckt halten oder Barrieren schaffen. Es liegt etwas Nervtötendes im Ausblick auf Autos, die direkt auf einen zukommen. Decken Sie die Fenster mit einem leichten Material ab, das das Licht hereinlässt, aber die Sicht behindert. Wenn Sie keine Vorhänge, Stoffe oder sonst etwas Passendes bekommen können, kann auch ganz gewöhn liches Schreibmaschinenpapier eine gute Fensterbedeckung abgeben.

Wenn Ihr Büro nur einen Eingang und weder Fenster noch Ausgang hat, sollten Sie schöne Landschaftsbilder aufhängen, die Ihnen den Eindruck vermitteln, nach draussen zu blicken. Sie können auch einen Spiegel benutzen, der wie ein Fenster aussieht – oder irgendeinen Spiegel – um einen geschlossenen Raum zu beleben. Ventilatoren und andere elektrische Geräte können die Energie auch aktivieren und in Bewegung setzen, wenn keine Fenster oder Ausgangstüren vorhanden sind. Pflanzen und Wasser – echt, künstlich oder symbolisch – tragen viel zur Belebung eines Raumes bei.

Betrachten Sie die Fenster des Hauses als Ausdehnung Ihrer eigenen Augen. Tragen sie eine Brille? Brauchen Sie eine? Wenn die Fenster schmutzig, gesprungen oder zerbrochen und die Fensterrahmen verzogen sind und wenn Sie Fenster nicht öffnen oder schliessen können, sollten Sie diese Probleme lösen. Immer wenn Sie eine Antwort auf komplexe Fragen brauchen, sollten Sie die Fenster putzen. Dies kann tatsächlich Ihre Gedanken klären.

Fenster sollten vor extremer Hitze oder Kälte geschützt werden und so angelegt sein, dass sie das *chi* auffangen und die Luftzirkulation erleichtern. Natürliches Licht sollte Raum und Farbe betonen und darf nicht blenden. Die Breite und Höhe der Fenster sollte so geplant sein, dass möglichst viel natürliches Licht genutzt wird.

Fenster in einem Raum sollten einander nicht gegenüber liegen, denn dies bringt die Energie dazu, schnell hindurchzufliessen. Ein einfaches Gegenmittel ist es, eines der Fenster bedeckt zu halten. Stellen Sie Ihr Bett nicht zu nahe an ein Fenster, sonst sind Sie nachts dem Luftzug ausgesetzt. Stellen Sie auch Ihren Schreibtisch nicht zu nahe ans Fenster, sonst könnten Sie Ihre Arbeitszeit mit Tagträumen vertrödeln.

Eine zerbrochene Scheibe ist eine Warnung, dass sich das Haus im Niedergang befindet. Lassen Sie diesen Schaden sofort reparieren.

### *Schiebefenster*

Schiebefenster geben einen falschen Eindruck. Halten Sie die eine Hälfte bedeckt. Hängen Sie ein Windspiel in die offene Hälfte, um das *chi* zur offenen Seite zu lenken. Dies verdoppelt symbolisch die Grösse des offenen Teils.

### *Mehr Fenster als Türen*

Zu viele Fenster in einem Zimmer können es mit zu viel *chi* überfluten oder ein Gefühl von unermesslich viel Raum hervorrufen, je nachdem, wohin das Fenster blickt und welche Grösse der Raum hat. Anders als in einem Raum ohne Fenster ist es jedoch sehr einfach, dieses Problem zu lösen, denn man muss einfach die Fenster irgendwie abdecken.

### *Blendendes Sonnenlicht*

Manchmal verstärken Fenster das Sonnenlicht und erzeugen ein zerstörerisches, grelles Licht. Erinnern Sie sich an den Pfadfindertrick, mit einem Vergrösserungsglas und der Sonne ein Feuer zu entfachen? Grelles Licht – stark genug, um Feuer zu entfachen – bleicht Teppiche und Vorhänge aus und «tötet» Pflanzen oder anderes, das in seinem Bereich steht. Eine Schauspielerin hatte ihr Bett so aufgestellt, dass sie darauf liegend den Sonnenuntergang sehen konnte. Die Ehe dieser Frau ging wie die untergehende Sonne, die sie jeden Abend betrachtete, in Dunkelheit unter und endete in einer Scheidung. Natürlich muss es auch noch andere Schwierigkeiten gegeben haben. – Um dieses Problem zu lösen, sollten Sie das Fenster während der Zeit, in der die Sonne darauf scheint, bedeckt halten oder einen Kristall darin aufhängen, um das Licht in sein farbiges Spektrum aufzubrechen.

### *Keine Fenster in einem Raum*

Manche Wohnungen und Büros sind mit nur einem Eingang und ohne Fenster wie geschlossenen Kisten. Das sind tödliche Orte, wo das *chi* zwar hereinkommen, aber nicht zirkulieren oder hinausgelangen kann, so dass Beleuchtung und Lüftung extrem wichtig werden. Ventilatoren, Klimaanlagen und Heizungen, rosarote Lampen und verschiedene Lichtquellen (z. B. Deckenleuchten oder Tischlampen), Bilder von Fenstern, Spiegel in runden Rahmen oder Fensterrahmen, Landschafts-, Wellen-, Bewegungs- oder Flugaufnahmen können viel dazu beitragen, einen solchen Raum zu beleben. Pflanzen und Aquarien oder Zimmerbrunnen sind ebenfalls hilfreich.

### *Zu viele Fenster, zu viel Aussicht*

In teuren Liegenschaften und in vielen Wolkenkratzern gibt es grosse Panoramafenster oder ganze Wände aus Glas, um den Bewohnern eine spektakuläre Aussicht zu bieten. Manchmal kommt dadurch zu viel *chi* herein. Wer an einem solchen Ort lebt, könnte sich vom Leben überfordert, nicht wirklich kompetent oder nicht ganz auf der Höhe des Gesehenen fühlen.

Janis Joplin nannte es «die Art von Verrücktheit, die durch zu viele Wahlmöglichkeiten bekommt», und genau das ist es. Zu viel zu sehen, zu viele Entscheidungen zu treffen und zu viele Vergleiche, Kritiken oder Urteile anzuhören, kann Verwirrung und Angst stiften. Wenn Sie das Gefühl haben, es sei zu viel *chi* in Ihrer Umgebung, sollten Sie Pflanzen, Plastiken oder Möbel zwischen sich und die Aussicht stellen. Transparente Vorhänge, Papierrollos oder andere leichte Abdeckungen lassen Licht herein, bilden aber eine Barriere zwischen Ihnen und dem überschüssigen *chi.*

## Treppen

Treppen leiten das *chi* von den unteren in die oberen Stockwerke. In alten Zeiten betrachteten die Menschen Berge als Treppen zum Himmel. Moderne Treppen führen selten in den Himmel, aber die Symbolik gilt immer noch. Treppen sollten breit und hell genug sein, dass sie sicher und leicht benutzt werden können. Der Weg vom Haupteingang zum Aufzug oder zu den Treppen ist der Hauptleiter des *chi* zu den oberen Stockwerken. Betrachten Sie den Fluss des *chi.* Wenn dieser Weg blockiert ist, geht nichts nach oben. Wenn der Fluss ausreichend und sanft ist, hat alles, was im oberen Stockwerk vor sich geht (Schlaf, Träume, Sex, Heimbüro) bessere Aussichten auf Erfolg.

Eine Dichterin lebte in einem Haus mit einem dunklen, unbenutzten Treppenhaus, das direkt von der Eingangstür nach oben führte. Das obere Stockwerk galt als separate Einheit und hatte einen anderen Eingang. Die Treppe schwebte über dem eher kleinen Wohnzimmer wie ein ominöser Geist. Als sie das Treppenhaus beleuchtete, Lampen auf die Decke über der Treppe richtete und an den Säulen Ranken emporwachsen liess, fühlte sie sich wohler. Ausserdem hängte sie ein schönes Naturbild an die Wand auf dem Treppenabsatz, das man vom Eingang her sehen konnte. Diese einfachen Veränderungen erzeugten eine Wand aus Licht, die das Wachstum der Pflanzen unterstützte und eine gute Atmosphäre für das Wohnzimmer schuf. Toter Raum wurde benutzbarer Raum. Dies fiel mit der Veröffentlichung ihres ersten Gedichtbandes zusammen. Die Aktivitäten der Bewohner nahmen zu: Leben, Liebe und Geld wurde durch die Belebung des Treppenhauses aktiviert. Wenn ein Raum negative Energie von einem Treppenhaus empfängt, können Sie dies durch Körbe, Pflanzen oder Töpfe abwenden, um einen «runden» Eindruck zu erzielen.

### *Defekte oder zu steile Treppen*

Stufen, die zum Eingang führen, sollten flach und breit sein. Steile, enge oder defekte Stufen zeugen von Katastrophen im Innern. Ein Mann lebte oben an einer solchen Treppe und litt unter schlechter Gesundheit; so war er oft zu Hause. Er investierte etwas Geld und Zeit und reparierte die Treppe: Seine Gesundheit verbesserte sich beträchtlich. Ist die Treppe, die zu Ihrem Haus oder Ihrer Wohnung führt, in schlechtem Zustandt, sollten Sie alles unternehmen, um den Schaden zu beheben. Installieren Sie Geländer oder Handläufe für die Sicherheit und streichen Sie die Treppe weiss oder in einer anderen hellen Farbe. In Treppenhäusern können Sie Spiegel oder andere reflektierende Gegenstände benutzen, um Weite zu vermitteln; der Raum sollte mittels Lampen unten und oben an der Treppe gut beleuchtet sein.

### *Dunkle, enge Treppen*

Wenn das Treppenhaus dunkel und eng ist, sollten Sie für genügend Licht sorgen. Spiegel an den Wänden können den Raum optisch vergrössern. Benutzen Sie helle Teppiche mit einem runden oder wellenförmigen Muster. An den Wänden können Sie das *chi* mit Hilfe von horizontalen Linien lenken.

### *Treppen mit freistehenden Trägern («schwebende» Treppen)*

Treppen mit nichts als Freiraum zwischen den Trägern sind keine wirkungsvollen Leiter für das *chi.* Stellen Sie unter der Treppe Pflanzen auf, um das *chi* zu akkumulieren. Lassen Sie oben an der Treppe immer ein Licht eingeschaltet, um das *chi* nach oben zu rufen. Verstauen Sie kein Gerümpel unter der Treppe.

### *Wendeltreppen und Doppeltreppen*

Wendeltreppen sind nicht besonders günstig, denn sie sind gefährlich und schwer zu ersteigen. Wenn Sie eine Wendeltreppe haben, sollten Sie etwas Grünes um die Geländersäule winden und an der Decke Leuchten anbringen, um die Spirale von oben bis unten zu beleuchten.

Vornehme, elegante Häuser haben oft Doppeltreppen, die manchmal wie der Fuss einer Ente aussehen. Diese Art Treppe verdoppelt die nach oben und unten fliessende Energie, kann sie aber auch spalten, weshalb dann Familienmitglieder verschiedene Treppen benutzen oder im Leben verschiedene Wege einschlagen – der Vater ist z. B. Arzt, doch der Sohn wird Rocksänger. Um dies zu korrigieren, kann man einen runden Tisch und/oder einen runden Pflanzentopf mit hohen, rundblättrigen Pflanzen oder grosse, runde Gegenstände zwischen die beiden Treppen stellen.

### *Treppenhäuser, die aus der Tür führen*

Wenn eine Treppe genau an der Vordertür endet, könnten Ressourcen und Gesundheit die Treppen hinunter und aus der Tür rollen. Ein Korb am Ende der Treppe wird das *chi* auffangen und sicherstellen, dass die gute Energie nicht verlorengeht. Ein Licht oben an der Treppe ermutigt das *chi,* nach oben zu gehen.

Wenn die Treppen geteilt sind und in einen Keller führen, sollte unten und oben an der Treppe genügend Licht vorhanden sein. Ausser dem Korb beim Eingang sollte auch einer im Keller stehen.

## Säulen

Säulen, quadratische und runde, geben jedem Raum einen klassischen Touch, können aber das *chi* blockieren und das Aufstellen von Möbeln erschweren. Vorzugsweise sollten sich die Säulen in den Ecken eines Raumes befinden. Wenn sie in der Mitte des Raumes stehen, stören sie den ungehinderten Fluss des *chi* und gelten als ungünstig. Eine runde Säule ist einer quadratischen vorzuziehen, und beide Arten können verändert werden, indem man Pflanzen an ihnen hochranken lässt. Befolgen Sie den Spruch der Architekten: Machst du einen Planungsfehler, pflanze Efeu, um die Fehler des Hauses zu verbergen. Wenn Sie keine Ranken an den Säulen hochziehen können, sollten Sie auf Augenhöhe einen Spiegel daran hängen oder ein rotes Band um die Säule binden. Eine Astrologin, die zu Hause arbeitet, benutzt zwei Telefonmasten, um den zweiten Stock des Hauses zu stützen. Leider befinden sich diese genau gegenüber der Eingangstür. Ihr Geschäft war praktisch inexistent, bis sie ein grosses rotes Stück Stoff um den einen Mast gebunden und ein griechisches Auge an den andern gehängt hatte. Diese Gegenmittel schienen zu wirken – mit ihrem Geschäft ging es aufwärts.

## Balken

Sichtbalken sind recht beliebt, aber wie Kanten, leere Wände, gerade Linien und lange Korridore schaffen sie negatives *chi* (*sha*). Balken gelten als ungünstig, weil sie wie eine Axt, ein Beil oder ein Schwert wirken und alles, was darunter ist, entzweischneiden. Wenn ein Balken auf Sie herunterfallen würde, könnte er Sie in zwei Teile schneiden. Im Feng Shui gilt der Bereich unter einem Balken als in zwei Teile geschnitten. Wenn der Esstisch direkt unter einem Sichtbalken steht, könnten die Essenden an Verdauungsstörungen leiden. Unter einem Balken gibt es eine Tendenz zu Streitigkeiten in der Familie (was auch zu Verdauungsstörungen führt). Ein Balken über einem Bett übt Druck auf den Körperteil aus, der direkt darunter liegt.

Wenn Sie mit Balken leben müssen, sollten Sie die Möbel in der gleichen Richtung ausrichten wie die Balken, nicht im rechten Winkel dazu. Stellen Sie sich vor, was mit den Möbeln geschehen würde, wenn ein Balken darauf fiele. Würde er entzweischneiden, was darunter ist? Wenn Sie können, sollten Sie die Balken hinter abgehängten Decken verbergen. Wenn dies nicht möglich ist, sollten Sie Ihre Möbel so stellen, dass sie die Balken umgehen oder aber zu Ihrem Vorteil nutzen. Z. B. kann man sie benutzen, um einen Raum in verschiedene Funktionsbereiche zu unterteilen. Wenn Sie Ihre Möbel nicht von den Balken wegrücken können, sollten Sie einen Kristall, ein Mobile, ein Windspiel, etwas Stoff oder sonst etwas Schönes an den Balken aufhängen. Wenn das auch nicht möglichist, sollten Sie einen kleinen Spiegel an den Möbeln (Tisch oder Schreibtisch) anbringen, um die Balken auf sich selbst zurückzuwerfen. Auch ein glänzender flacher Federhalter kann als Spiegel dienen. Beleuchten Sie die Balken, um sie leichter erscheinen zu lassen.

## Winkel und schräge Ecken

Winkel pressen *chi* in eine spitze Form oder fangen es ein, was tote Ecken ergibt. Stellen Sie die Möbel so auf, dass ein rechter Winkel entsteht, oder benutzen Sie Wandschirme und Pflanzen, um die Ecke zu verstecken. Schiefe Ecken scheinen mit schiefen Ansichten zusammenzufallen. Es ist einfach, eine schiefe Ecke mit Tüchern, Vorhängen, Quasten oder sonst etwas zu strecken. Tote Ecken fangen das *chi* auch ein. Nach fast einem Jahr der Diskussionen hängte eine Astronomin schliesslich einen Spiegel in eine tote Ecke in ihrem Wohnzimmer. Sie war erstaunt, wie schnell die Energie sich zu bewegen begann. Ihre Berufstätigkeit verbesserte sich zwar nicht direkt, aber die Qualität ihres Lebens nahm zu. Zum ersten Mal seit langem konnte sie etwas Urlaub nehmen, sich entspannen und es geniessen. An beiden Seiten einer toten Ecke aufgehängte Spiegel aktivieren und stimulieren die Ecke. Kristalle in dieser Ecke aufzuhängen oder Pflanzen hineinzustellen, insbesondere Kletterpflanzen, verbessert die Energie ebenfalls beträchtlich.

## High-Tech-Verschmutzung

Erinnern Sie sich daran, dass man Ihnen früher sagte, Sie sollten nicht so nahe vor dem Fernseher sitzen, weil Sie sonst blind werden würden? Das ist eine Übertreibung, aber es gibt immer noch Besorgnis darüber, dass die Überfülle an Geräten in unseren Häusern, Büros und Autos nicht nur das Leben erleichtern, sondern auch unsere Gesundheit gefährden kann.

Elektrische Apparate senden elektromagnetische Felder aus, die für verschiedene Probleme verantwortlich sein sollen. Einige Wissenschaftler befürchten, dass elektromagnetische Felder von Starkstromleitungen Krebs erzeugen, denn zwei neuere schwedische Studien zeigen, dass Leukämie bei Kindern, die in der Nähe von Starkstromleitungen wohnen, um das Vierfache zugenommen hat. Schwedische Forscher am Karolinska Insitut in Stockholm haben über den Zusammenhang zwischen Kontakt mit elektromagnetischen Feldern und erhöhtem Krebsrisiko Beweismaterial zusammengetragen.

1994 machten Forscher an der University of Southern California bekannt, dass elektromagnetische Felder, denen man schon die Auslösung von Leukämie, Hirntumoren und Brustkrebs zuschreibt, auch mit der Verbreitung der Alzheimer'schen Krankheit etwas zu tun haben könnten. Ergebnisse aus zwei neuen Studien aus Finnland und Los Angeles zeigen, dass Menschen, die in ihrem Beruf elektromagnetischen Feldern ausgesetzt sind, mindestens dreimal so häufig Alzheimer entwickeln wie solche, die keine bedeutenden elektromagnetischen Einflüsse erleben. Näherinnen haben ein sehr hohes Risiko, denn industrielle Nähmaschinen erzeugen viel stärkere Felder als andere Apparate, und Menschen, die regelmässig an Nähmaschinen arbeiten, sind ihnen stärker ausgesetzt als alle anderen – gemäss der *Los Angeles Time* dreimal so stark wie Arbeiter an elektrischen Leitungen.

Stellen Sie vorsichtshalber Dinge wie elektrische Wecker, Radios und Klimaanlagen mindestens einen Meter vom Bett entfernt auf. Arbeiten Sie nicht mit dem Kopf neben einer fluoreszierenden oder Halogen-Tischlampe. Wählen Sie ein tragbares Telefon aus, dessen Sender und Empfänger voneinander getrennt sind. Begrenzen Sie den Gebrauch elektrischer Handapparate wie Mixer und Haartrockner (diese haben meist starke Felder). Seien Sie sich darüber im klaren, dass die Felder an der elektrischen Hauszuleitung und bei Unterbrechern am stärksten sind. Halten Sie sich davon fern. Vermeiden Sie längeres Verweilen in starken Feldern. Halten Sie sich nicht in der Nähe von Mikrowellengeräten auf, und kleben Sie nicht mit der Nase am Fernseher.

Aber geraten Sie auch nicht in Panik. Die Risiken sind klein, und es ist recht leicht, solche Apparate zu meiden oder sich von einem elektromagnetischen Feld fernzuhalten.

Eine andere Sorge betrifft das giftige Kohlenmonoxid in Häusern. Dieses farblose, geruchlose, sich kumulierende Gift kann von treibstoffverbrennenden Geräten wie Öl- oder Gasöfen, Wasserboilern, Gasherden und -öfen, Kaminen und holzverbrennenden Öfen erzeugt werden. Zu viel CO kann Sie umbringen. Es gibt verschiedene CO-Detektoren auf dem Markt, die den Anteil von CO in der Luft anzeigen können. Solche Geräte können schon vor niedrigen CO-Werten warnen, und so kann man die Quelle der Verschmutzung finden und reparieren lassen, bevor es gefährlich wird.

Dasselbe gilt für andere gefährliche Substanzen in Ihren Haus, etwa bleihaltige Farbe und Asbest, um nur zwei zu nennen. Auch hier ist das Wichtigste, nicht in Panik auszubrechen. Seien Sie sich dieser Dinge einfach bewusst. Dies ist der erste Schritt zu einer gesünderen Umgebung.

Im Feng Shui gibt es nur wenige Probleme, die nicht gelöst oder nicht mit einem geeigneten Gegenmittel gelindert werden können. Zuerst muss man sich aber der Probleme bewusst werden. Halten Sie Ihre Sinne wach, um negative Energie aufzuspüren, bevor Sie davon beeinträchtigt werden. Versuchen Sie nicht, dort zu bleiben, wo die Energie schlecht ist. Bringen Sie es in Ordnung oder verlassen Sie den Raum. Seien Sie nicht schüchtern. Ich habe Möbel in Klassenzimmern, Hotels, Restaurants, Theatern verschoben (zum Entsetzen von Familie und Freunden). Wenn Sie für eine Erfahrung etwas bezahlen, warum sollten Sie dann wegen der schlechten Stellung der Möbel leiden müssen?

Eine Warnung: Verstellen Sie nicht die Möbel im Büro oder Heim anderer Menschen, ohne vorher zu fragen. Sie greifen damit in deren Schicksal ein, und wenn Sie das tun, ohne gefragt zu haben, werden Sie für die Erfahrungen der anderen Person verantwortlich. Feng Shui-Ratschläge sollten nur auf ausdrücklichen Wunsch erteilt werden.

# Kapitel 6

## *Die Feng Shui-Prinzipien bei der Inneneinrichtung*

### Raum ist eine Symphonie

Wenn Sie Ihren Raum dekorieren und ausstatten, sollten Sie ihn als eine Symphonie betrachten: Ein sich wiederholendes Thema oder eine Melodie zieht sich durch verschiedene Tonarten, mit Pausen und dramatischen Momenten, und führt zu einem grossartigen, harmonisierenden Abschluss. Dies wird Ihnen eine Vorstellung davon geben, wie verschiedene Farben, Grössen, Muster, Gewichte, Strukturen und Qualitäten in ungleichen Proportionen so eingesetzt werden können, dass ein ausgewogenes Ganzes entsteht.

Stellen Sie sich den Raum leer vor, nur mit den Elementen, die weder verändert noch verschoben werden können: Wände, Decke, Fenster, Türen, Treppen und andere fixe Details. Nehmen Sie den Luftzug wahr, wenn es einen gibt. Beobachten Sie das Sonnenlicht, wie es sich durch den Raum bewegt und Muster, Schatten und warme Stellen erzeugt. Blicken Sie aus dem Fenster, um zu sehen, ob es dort draussen irgendeinen Ausblick gibt, den auszuleihen sich lohnen würde. Das wird Ihnen dabei helfen, den Raum zu analysieren, bevor Sie ihn streichen oder auch nur ein einziges Möbelstück aufstellen.

### Guter Raum dient immer einem Zweck

Ein Student fragte mich einmal, was schlechten Geschmack ausmache. Im Grunde wollte er wissen, warum gewisse Räume seltsam oder hässlich aussehen. Gewöhnlich liegt das daran, dass der störende Raum keinem Zweck dient oder keine Ordnung hat. Seine Elemente sind unkoordiniert, bieten zu wenig oder zu viel Abwechslung und wurden ohne Berücksichtigung der natürlichen Lebenszyklen zusammengestellt. Das erste, was bei einer geschmacklosen Einrichtung auffällt, ist die chaotische Wirkung. Alles ist ohne Definition, Organisation, Unterscheidung, Logik oder Grund angehäuft.

Der erste Schritt in der Anwendung von Feng Shui-Prinzipien auf die Inneneinrichtung ist die Definition des Zwecks der verschiedenen Bereiche in Ihrem persönlichen Raum. Sollen sie nur einem oder mehreren Funktionen dienen? Wann werden sie benutzt? Zu welcher Tages-, Wochen-, Monats- oder Jahreszeit? Wenn ein Raum nur einmal im Jahr benutzt wird, wenn etwa Ihre Mutter zu Besuch kommt, verschwenden Sie Ihren Platz. Wer wird den Raum benutzen? Sie selbst, Ihre Haustiere, Freunde, Familie, Bekannten oder Fremde? Wo sind die Durchgänge für das *chi*, die Menschen und die Tiere? Welche Möbel gehören in den Raum? Betten, Schreibtische, Stühle, Tische, elektrische Geräte? Gibt es elektrische Anschlüsse an den

Stellen, an denen Sie sie brauchen? Welche Accessoires möchten Sie verwenden? Definieren Sie den Zweck. Auch wenn der Raum klein ist, sollten Sie ihn in klar getrennte und organisierte Bereiche aufteilen. Durch dieses Minimum an Planung wird Chaos zu Ordnung werden.

Als nächstes sollten Sie jedem Raum Sinn geben, indem Sie einen Brennpunkt auswählen, vielleicht eine schöne Aussicht aus einem Fenster, den Kamin, ein markantes Möbelstück, Elektrogeräte, was immer Sie haben. Dann werden die Möbel in kleinen Kreisen um dieses Zentrum angeordnet. Stellen Sie z. B. ein Sofa gegen eine solide Wand mit zwei Stühlen im rechten Winkel zu beiden Seiten und einem niedrigen Tisch in der Mitte; oder stellen Sie das Sofa vor den Kamin oder einen anderen zentralen Punkt, mit rechtwinklig angeordneten Stühlen. Das grösste, massivste Möbelstück sollte dominieren; alle anderen Stücke sollten als Accessoires wirken, die das dominierende Stück vervollständigen.

## Harmonische Möblierung

Räume sehen seltsam aus, wenn sie unkoordiniert möbliert sind. Dies ist meistens dann der Fall, wenn alles, was Sie mögen oder besitzen, im selben Raum steht. Etwas zu mögen ist noch lange kein Grund, es zur Dekoration und Möblierung Ihrer Räume zu benutzen. Wird die Einrichtung geschmackvoll zusammengestellt, kann das Ergebnis künstlerisch, interessant und dynamisch sein. Wenn sie gedankenlos vorgenommen wird, ist das Ergebnis ein Mischmasch verschiedenster Elemente. Grossmutters Schaukelstuhl steht neben dem Tisch aus Chrom und Glas. Das Bild aus Acryl auf schwarzem Samt hängt neben dem Ölbild in seinem schweren Goldrahmen. Die Couch hat einen Überzug aus Baumwolle, der Stuhl daneben einen aus Gobelin. Jedes Stück ist, für sich genommen, in Ordnung; betrachtet man aber alles miteinander, wirkt die Einrichtung wie «Vanillesauce auf dem Roastbeef». Es harmoniert einfach nicht.

Dadurch, dass man einem Raum ein Thema gibt, werden die Dinge unwillkürlich koordiniert. So ein Thema kann alles Mögliche sein: traditionell, modern, orientalisch, romantisch oder eklektisch; es kann aber auch aus persönlichen Interessen abgeleitet werden. Sind Sie ein Filmfanatiker, Gärtner, Astrologe? Lieben Sie Autos, Angeln, Pferde, Hunde, Vögel, Nähen, Kochen? Vielleicht haben Sie keine besonderen Interessen, aber mögen trotzdem das Meer und den Strand, die Berge, Camping, Skifahren – alles kann ein Thema geben.

Behalten Sie das Thema bei, indem sie alles Dazugehörige in einen eigenen Bereich stellen. Stellen Sie alles Formelle, Samt, Brokat, Seide, traditionelle Kunst in schweren Goldrahmen in einen Raum und alles Informelle, Baumwolle, Leinen, Organisches oder Geflochtenes in einen anderen Raum oder zumindest in einen anderen Teil des Raumes.

Das bedeutet nicht, dass Sie auf Abwechslung verzichten oder einen homogenen Raum schaffen müssen, der bestimmte Elemente ausschliesst. Es ist nicht natürlich, wenn alles die gleiche Grösse, Dichte, Intensität und Farbe hat. Wenn eines der fünf Elemente fehlt, kann die Umgebung nicht ausgewogen sein, kann keine Harmonie entstehen und Erfolg stellt sich nicht ein.

Wenn immer möglich, sollten Sie verschiedene Strukturen, Grössen, Höhen, Masse, Farben und Intensitäten mischen. Schliessen Sie alle fünf Elemente ein, aber geben Sie ihnen nicht das gleiche Gewicht.

## Proportionen und die Schönheit eines Raumes

Falsche Proportionen sind der störendste Faktor in dem, was wir als hässlichen Raum betrachten. Berücksichtigen Sie die Beziehung der Grössen. Stellen Sie keine riesigen Möbel in einen kleinen Raum oder winzige Möbel in grosse Räume, zerbrechliche Tischchen neben massive Lederstühle, übergrosse Tische neben Miniaturstühlchen.

Eine Schauspielerin füllte jeden Zentimeter ihrer winzigen Wohnung mit gepolsterten Sofas und eckigen Spiegeltischen. Es war wie in einem Alptraum – man hatte kaum Platz, um sich zu bewegen. Sie war eine gestörte Persönlichkeit, die in einer Dauerkrise lebte.

Wenn Sie das bestimmende Element und die Hauptfarbe ausgewählt haben, sollten Sie die drei Zyklen benutzen (siehe Anhang), um die Proportionen der anderen Elemente zu bestimmen. Zum Beispiel kann ein ganz weisser (Metall) Raum durch einen schwarzen (Wasser) Kaffeetisch gefördert werden, auf dem ein Kristall oder ein schöner Stein (Erde) steht, eine grosse grüne (Holz) Pflanze, und rote (Feuer) Kerzen. Wenn man von einem Element nur ein einziges Objekt benutzt, sollte es gross oder auffällig genug sein, um das Element zu repräsentieren und in einem ausgewogenen Verhältnis zum Raum zu stehen. Nichts wirkt unharmonischer als ein Objekt, das für den jeweiligen Raum zu klein oder zu gross ist.

Wenn eines der fünf Elemente ausgeschlossen wird, hat man unwillkürlich das Gefühl, dass etwas fehlt, und deshalb fühlt sich ein Raum dann nicht organisch an – nicht lebendig und nicht wachsend. Es ist unnatürlich, wenn alles gleich wirkt. Es fehlen dann Elemente, und wenn ein Element nicht vorhanden ist, ist der Lebenszyklus nicht vollständig; die Umgebung wird das Leben nicht unterstützen, die Bewohner bewegen sich nicht vorwärts.

## Plazierung der Möbel

Die erste Überlegung gilt dem Fluss des *chi*. Die Stellung der Möbel sollte ihn weder behindern noch blockieren, verzerren, knicken oder in eine gerade Linie zwingen. Vermeiden Sie dominierende Möbel, die zu viel Raum einnehmen. Obwohl man versucht sein könnte, es zu tun, sollten Sie keine kompakten Massen von Gegenständen schaffen, indem Sie Möbel und Objekte zu nahe zusammen oder so nahe an eine Wand stellen, dass darauf Abdrücke zurückbleiben. Schaffen Sie um die Gegenstände herum Raum zum Atmen, damit das *chi* zirkulieren kann. Heben Sie Betten, Sofas und Stühle einige Zentimeter über den Boden, aber nicht mehr als 90 Zentimeter, damit ein behagliches Luftkissen unter den Möbeln entsteht und das *chi* frei fliessen kann.

Grundsätzlich ist ein minimalistisches Vorgehen bei der Ausstattung und Möblierung am erfolgreichsten, denn dadurch entsteht leerer und voller Raum im Zimmer. Stellen Sie sicher, dass die Möbel den Fluss des *chi* zwischen Eingang und Ausgang nicht behindern, und entfernen Sie etwaige Hindernisse hinter den Türen.

Stellen Sie die Möbel – sei es nun ein Bett, ein Schreibtisch, ein Herd oder eine Couch – so auf, dass man von dort einen guten Blick auf den Eingang hat. Wenn der Eingang nicht sichtbar ist, kann das zu einem Gefühl der Unsicherheit führen, als ob hinter dem Rücken etwas vor sich gehen würde. Wenn Sie die Möbel nicht anders aufstellen können, sollten Sie einen Spie-

*Vorher: Schwere, dichtgedrängte Möbel verhindern den Fluss des* chi *vom Wohnzimmer (im Vordergrund) in die sonnendurchflutete Küche (im Hintergrund). Die Streifen auf dem Teppich und die Kanten des Kaffeetischs (eine Kiste) sowie des Sofas verlaufen parallel zu den Wänden, was den Raum schmal erscheinen lässt.*

*Nachher: Stühle und Couch haben den Platz getauscht und stehen nun wie der Teppich und neue Tischchen (ein rundes wäre besser gewesen) schräg im Raum. Das* chi *hat nun einen breiteren (wenn auch nicht geraden) Weg zur Küche.*

gel oder sonst etwas Glänzendes benutzen, das alles spiegelt, was am Eingang vor sich geht: Das schützt Sie vor Überraschungen. Stellen Sie Betten, Schreibtische oder Kassen nie direkt gegenüber von Fenstern oder Türen auf, insbesondere nicht gegenüber dem Haupteingang. Es sollten mindestens ein Meter Raum und ein kleiner Tisch oder sonst eine Art Schranke zwischen Fenster und Bett, Schreibtisch oder Couch liegen.

Vermeiden Sie nach Möglichkeit, dass Ihre Möbel auf eine kahle Wand ausgerichtet sind. Computer sollten so gestellt werden, dass die daran Arbeitenden in den Raum sehen können.

*Man beachte, wie der Teppich und die vielen runden Bilder und Objekte das* chi *zum Zirkulieren anregen und zur Tür hinaus lenken.*

Zwar bleiben dann oft die Computerkabel sichtbar, was auch keine gute Lösung ist, aber versuchen Sie, den Computer gegen eine Seitenwand zu stellen, so dass man beim Arbeiten nach aussen blicken und die Kabel dennoch verbergen kann.

Stellen Sie Möbel nicht so auf, dass sie das *chi* blockieren oder Kanten entstehen, die auf Eingang, Bett oder Schreibtisch weisen könnten. Stellen Sie schwere Möbel den Wänden entlang auf und benutzen Sie sie, um leere Ecken zu füllen. Rücken Sie sie aber nicht zu nahe an die Wand, sonst könnten Sie bald mit dem «Rücken zur Wand» stehen.

Arrangieren Sie die Möbel so, dass sie Geborgenheit vermitteln, dass Gespräche möglich sind und dass genügend freier Raum bleibt, durch den sich das *chi* bewegen kann. Schaffen Sie Kurven, die das *chi* dazu ermutigen, in den Raum zu kommen, sanft hindurchzufliessen und ihn schliesslich durch eine andere Tür oder ein Fenster wieder zu verlassen. In langen, schmalen Räumen sollten Sie runde oder sechseckige Muster benutzen, runde Gegenstände auf Möbeln und Tischen, runde Türknöpfe und Griffe sowie kleine runde Teppiche statt langer Läufer. Wenn Läufer am Boden liegen, sollte wenigstens das Muster quer statt längs verlaufen.

Accessoires geben einem Raum eine persönliche Note. Ordnen Sie diese in Gruppen an und berücksichtigen Sie ihren Vewendungszweck. Wenn Sie Regale einrichten, sollten Sie häufig benutzte Gegenstände auf Augenhöhe plazieren. Wenn Sie etwas berühren müssen, sollte es gut erreichbar sein. Plazieren Sie Gegenstände und Bilder nicht zu hoch, so dass sie, aus der Sitzposition betrachtet, nicht allzu weit über Augenhöhe liegen. Ein grosses Bild sollte über einem grossen Möbelstück aufgehängt werden. Zwei grosse Bilder im selben Raum sollten Sie einander gegenüber aufhängen. Stellen Sie schwere Dinge nahe am Boden auf, damit sie wie «Anker» wirken.

Feng Shui kann Ihnen helfen, Glück in verschiedene Aspekte Ihres Lebens zu bringen. Um eine der folgenden Qualitäten zu aktivieren, sollten Sie Ihre Möbel in der vorgeschlagenen Art arrangieren:

*Gesundheit und Wohlbefinden:* Im Osten (oder dort, wo Sie den Sonnen- oder Mondaufgang sehen können) sollten Sie die Farben Grün, Schwarz und Rot, Bilder von Flüssen, Fischteichen oder Bäumen, helles Licht, Wärme, sprudelndes Wasser, Pflanzen und organische Materialien wie Muscheln verwenden.

*Familie und Kinder:* Im Westen (oder dort, wo Sie den Sonnenuntergang sehen können) sollten Sie die Farben Gelb, Weiss und Dunkelblau benutzen. Das ist eine gute Stelle für Spielsachen, Familienfotos, Erinnerungen an Vorfahren, Trophäen, Preise, besondere Steine, Kristalle, quadratische und runde Formen.

*Geschäftsleben:* Im Norden (oder beim Haupteingang) sollten Steine oder grosse Bäume stehen. Verwenden Sie die Farben Blau, Schwarz, Weiss oder Grau, unregelmässige Formen, Metalle wie Gold, Bronze und Kupfer, Glas. Das ist ein guter Ort für das Telefon, den Schreibtisch oder den Computer.

*Ruhm:* Im Süden (oder an einer Stelle des Hauses oder des Büros, die den ganzen Tag hindurch natürliches Licht empfängt) sollten Sie die Farben Gelb und Rot, Bilder von Ihnen selbst, Ihre Trophäen und Preise, Holzgegenstände, sprudelndes Wasser, elektrische Geräte anwenden. Wenn Sie keinen solchen Platz haben, können Sie mit Lampen und Wärme Ihre eigene «Sonne» schaffen.

*Geld:* Im Südosten (oder ganz links vom Eingang jedes Raums oder wo man im Winter den Sonnenaufgang sieht oder ganz links im Hauptraum, wenn man das Haus oder Büro betritt, oder in der oberen linken Ecke, die am weitesten vom Eingang entfernt liegt) sollten Sie Pflanzen mit runden Blättern und einem roten Band darum oder um die Vase oder um den Topf verwenden. Legen Sie darüber hinaus drei Münzen unter die Pflanze. Die folgenden Dinge dürfen Sie auf gar keinen Fall an diesen Ort stellen: Lagergüter, Kaffeekrüge, elektrische Apparate, Pflanzen mit spitzen Blättern. Benutzen Sie die Farben Schwarz, Grün oder Rot, runde oder münzenförmige Gegenstände:, auch Bilder von Geld oder Schätzen, Fischteiche, sprudelndes Wasser.

*Wissen:* In den Nordosten (oder dort, wo die Vorderseite des Hauses ist, oder dort, wo man im Sommer den Sonnenaufgang sehen kann) sollten Sie Bücher, Notizbücher, Computer, Studio- und Büroeinrichtungen stellen, auch Papiere und Karteien. Benutzen Sie Erd-Materialien, Metall und scharfe oder spitze Gegenstände und die Farben Braun, Gelb, Weiss, Grau und Rot.

*Reisen und Freunde:* Im Nordwesten (oder in der Nähe von Ein- oder Ausgang oder dort, wo man im Sommer den Sonnenuntergang sehen kann) sollten Sie Reiseposter, Gepäck, Reisesouvenirs, Bilder von Engeln oder andere hilfreiche Bilder, Steine, Kristalle, sprudelndes oder stilles Wasser verwenden. Benutzen Sie die Farben Türkis, Silberweiss und Hellblau.

*Liebe:* Im Südwesten (oder in der am weitesten vom Eingang entfernten rechten Ecke des Raumes oder dort, wo man im Winter den Sonnenuntergang sehen kann) sollten Sie Erd-Farben wie Gelb und Braun, Feuer-Farben wie Rot und Pink oder Metalle und Edel- oder Halbedelsteine benutzen. Sie können auch Kristalle, Hochzeitsfotos, romantische Gegenstände und ruhiges Wasser nehmen.

## Illusionen schaffen Ausgewogenheit und Harmonie

Wenn Form, Grösse und Lage eines Raumes weniger ideal sind und wir die Umstände nicht ändern können, müssen wir mit etwas «Magie» nachhelfen. Dies geschieht, indem man mit allen möglichen Dingen Illusionen schafft. Wir müssen das Auge glauben machen, dass es eine schöne, vollkommen proportionierte, ausgewogene und harmonische Umgebung vor sich hat.

### *Perspektive*

Die Regeln der Perspektive erlauben es uns, mit Hilfe des Raumes Illusionen zu schaffen. Um einen grossen Raum gemütlich und intim erscheinen zu lassen, kann man seine Proportionen manipulieren, indem man etwas überdimensionierte Möbel und grosse, auffällige Accessoires benutzt – grosse Blumensträusse, ausgewachsene Bäume und dergleichen. Wenn der Eingang zu gross ist, kommt zu viel *chi* hinein. Mildern Sie seine Grösse mit dunklen oder leuchtenden, lebhaften Farben, wilden Mustern und kontrastierenden Boden- und Wandverkleidungen ab. Lenken Sie den Blick auf den Boden, indem Sie starke, farbige Muster benutzen, die den Raum kleiner erscheinen lassen.

Teilen Sie einen Raum in einzelne Abschnitte auf, indem Sie die Möbel in Gruppen arrangieren und unterschiedliche Teppiche benutzen. Geben Sie starke Farben dazu und markieren Sie Abschnitte mit Rot, Orange und Gelb. Nehmen Sie grosse Muster und grosse Bodenplatten.

Wenn der Eingang zu klein, zu schmal oder zu dunkel ist, kann nicht genügend *chi* hereinkommen. Kein *chi* – keine Gelegenheiten, kein Leben. Es ist ganz einfach. Vergrössern und erweitern Sie den Raum, indem Sie eine einheitliche Wand- und Bodenfarbe wählen, ein monochromes Farbschema in hellen oder kühlen Farben, kleine Bodenplatten und helles Licht. Erzeugen Sie Tiefe durch grössere, hellere, auffallendere, grössere und schwerere Möbel und Accessoires neben kleineren, weniger auffälligen Stücken. Benutzen Sie überall dieselben Farben und Muster.

Kleine Räume können optisch über die Grundstücksgrenzen hinaus vergrössert werden, indem man «geliehene Landschaften» benutzt. Dazu sollten Fenster oder Türen mit einer interessanten Aussicht mit Tapetenrändern oder kontrastierenden Farben hervorgehoben werden. Dies lenkt die Aufmerksamkeit aus dem Fenster und auf die Aussicht. Ordnen Sie Möbel und Accessoires auf verschiedenen Ebenen an, und schaffen Sie auch mit Pflanzen verschiedene Höhen – das erweckt den Eindruck von mehr Raum.

Benutzen Sie überall ähnliche Farben und Muster. Schaffen Sie mit verschiedene Schattierungen und Tönen Abwechslung. Begrenzen Sie die Anzahl der Stücke, und benutzen Sie etwas unterdimensionierte Gegenstände, aber keine Miniaturen. Nur weil ein Raum klein ist, heisst das nicht, dass er wie ein Puppenhaus eingerichtet werden soll.

Farben lassen Dinge anders erscheinen, als sie sind. Sie verändern deren Grösse, Form, Ausdehnung und die Qualität des Raums und schaffen eine Atmosphäre und Ambiance, die es nicht wirklich gibt. Sie können vergrössern, heller machen, dämpfen, anregen, stimulieren und allgemein das Langweilige und Gewöhnliche in etwas Aussergewöhnliches verwandeln. Farben beeinflussen Stimmungen, Schlafmuster, Appetit und Begehren. Sie sind ein wichtiges Element, um in einem Raum Ausgewogenheit und Harmonie zu erreichen.

Die mit den fünf Elementen verbundenen Farben sind Grundfarben: Grün, Rot, Gelb, Weiss und Schwarz. Leuchtende, klare, reine Farben werden gewöhnlich benutzt, um Kindern die Farben zu zeigen oder um einen kindlichen Effekt zu erzielen. Der Regenbogen enthält jedoch das ganze Spektrum des Lichts, und man schreibt ihm heilende Kraft zu. Im Feng Shui entsprechen die fünf Elemente den fünf Grundfarben, und sie schliessen ein breites Band von Tönen und Schattierungen ein. Feuer z. B. ist nicht nur Rot, sondern auch Purpur, Weinrot, Rubinrot, warmes Pink, Pfirsich und Orange.

Welche Farben für Wände und Möbel gewählt werden sollen, hängt von Grösse, Beleuchtung und Funktion eines Raumes ab. Grundsätzlich sollten die Farben zur Umgebung passen. Wüstenfarben sind im Südwesten der USA passend; in Cape Cod, einer nördlichen Landschaft am Meer, passen Grau- und Blautöne; in Florida und Kalifornien sind Pastelltöne vorzuziehen. Auf dem Land verschmelzen Rostrot, Beige, Blau und Grün mit der Landschaft.

Da die Farben der Wände unsere Gefühle widerspiegeln, färben und arrangieren wir manchmal einen Raum, um eine Veränderung zu erleichtern, der wir ausweichen. Während einer der schlechtesten Zeiten ihres Berufslebens bestand eine Schauspielerin darauf, ihr Schlafzimmer in einem düsteren Dunkelgrün und das Holz darin schwarz zu streichen. Sie hielt das für entspannend. Ihre Freunde dachten, sie sei reif für die Nervenheilanstalt. Sie konnte die Raten für das Haus nicht mehr bezahlen und musste ausziehen. Was ihr zu dieser Zeit wie eine Katastrophe erschien, entpuppte sich als richtig. Ihre neue Wohnung hatte ein Schlafzimmer in Pink, was sie schrecklich fand, aber sie hatte keine Zeit, etwas dagegen zu unternehmen, denn plötzlich bekam sie eine Rolle in einem Film und war sehr beschäftigt.

Farben helfen beim Schaffen von Illusionen. Als allgemeine Regel gilt, dass ein Raum mit viel Licht, sei es natürliches oder künstliches, helle oder dunkle Farben haben kann, während ein kleiner und düsterer Raum durch helle Farben grösser erscheint. Farben sind ein effektives Mittel, um Atmosphäre zu schaffen. Dunkle Farben ergeben kühle, friedliche Räume. Warme, helle Farben ergeben eine lebhafte Umgebung. Blau ist entspannend, deshalb sollte man das Büro nicht blau streichen – sonst wollen alle nachmittags ein Schläfchen halten. Ein Juwelier sollte Gelb vermeiden, denn dadurch wirkt der Schmuck schlecht. Grün lässt Menschen oft krank aussehen; das mag für das Sprechzimmer eines Arztes angebracht sein, aber nicht für einen Schönheitssalon. Rot ist die Farbe von Blut und Leben, eine glückbringende Farbe. In einem einem Raum Farben hinzuzufügen oder zu verändern ist eines der einfachsten und billigsten Mittel, die Schwingungen des Raumes zu verändern.

Mögen Sie die Farben, die Sie zur Zeit verwenden? Wenn nicht, sollten Sie sie ändern. Bestimmen Sie, welche Farben dominant sein und welche nur eine Nebenrolle spielen sollen. Leben Sie sich aus. Streichen Sie den Raum mauve, braunrot oder in einer beliebigen Farbe.

*Grün (Osten, Holz).* Grün wird mit Heilung, Wachstum, psychischer Energie, Weisheit, Ärger, Kreativität und Fruchtbarkeit assoziiert. Es stellt Kreativität und den Anfang neuer Projekte dar. Grün war die Farbe der Ming-Dynastie (1368–1644), einer Zeit hoher künstlerischer Kreativität. Grün ist beruhigend und besänftigt ein gebrochenes Herz, aber zuviel davon ist nicht gut. Ein Klient litt an einer exotischen Krankheit, die er vermutlich in den Tropen aufgelesen hatte. Sein Haus war ganz grün – Wände, Teppiche, Möbel. Sogar seine Haut war etwas grün, denn er litt unter leichter Gelbsucht. Er ging schliesslich bankrott und musste aus dem Haus ausziehen. Danach erholte er sich ganz. Grün ist stärker als Gelb.

*Rot (Süden, Feuer).* Rot steht in Verbindung mit Dynamik, lebenspendendem Licht, Wärme, Lachen, Glück und Leidenschaft. Es kann benutzt werden, um Führerschaft, Vertrauen, Geschwindigkeit und persönliche Macht zu entwickeln. Rot galt seit vorgeschichtlicher Zeit als lebenspendende Farbe, weshalb in den Gräbern Zinnober verwendet wurde. Chinesische Restaurants sind meist mit viel Rot und Gold ausgestattet, was zu einem guten Geschäftsgang verhelfen soll. Eine mit einem roten Band umwickelte Vase auf dem Schreibtisch soll die Geschäfte verbessern; eine rote Türe oder rote Blumen bringen Glück.

Die Zhou-Dynastie (1027–256 v. Chr.) soll mit dem Erscheinen eines mythischen «roten Raben» entstanden sein und war bekannt für rote Kleidung, Hüte, Haare, Quasten, Pferde, Flaggen und so weiter. Der Kommunismus setzte diese Tradition mit der «Herrschaft der Roten» und der Bildung der Roten Armee, den Schlagtruppen der Revolution, fort.

Rot ist eine glückbringende Farbe, die für Freudenfeste verwendet wird. Rote Lichter stimulieren den sinnlichen Aspekt des *chi*; Rosa und Pink verleihen ein gesundes und jugendliches Aussehen. Lichter mit dem vollen Spektrum sind pink und geben ein reines weisses Licht, das sehr gut gegen Depressionen ist. Rot ist stärker als Weiss.

*Gelb (Mitte, Erde).* Ursprünglich entstanden aus den Löss-Ablagerungen, die von der Wüste Gobi in die nordchinesischen Ebenen geblasen wurden und sich danach gelb verfärbten, war das die Farbe des Kaisers Huang-di, der das Reich der Mitte beherrschte und als der Gelbe Kaiser bekannt wurde. Gelb wurde ausschliesslich von der Jing-Dynastie (1644–1912) benutzt. Bis ins 20. Jahrhundert durften nur der Kaiser und wenige buddhistische Mönche gelbe Gewänder tragen.

Die gelbe Chrysantheme ist immer noch die königliche Blume; der Weg der Ekliptik oder der scheinbare Lauf der Sonne über den Himmel ist als «gelber Weg» bekannt. Wer könnte vergessen, wie Dorothy über die gelbe Ziegelstrasse wanderte, um den Zauberer von Oz zu finden? Gelb zieht Ruhm an, Fortschritt, Karriere, Sympathie, Vertrauenswürdigkeit, Stabilität, Treue, Loyalität und Fröhlichkeit. Es ist die Farbe der Unsterblichkeit und stellt ein langes Leben dar. Gelb ist stärker als Schwarz.

*Weiss (Westen, Metall).* Weiss wird in China bei Beerdigungen und als Trauerfarbe benutzt. Es stellt Reinheit, Tod, Präzision, Ordnung und die Fähigkeit zum Rückzug oder Loslassen dar. Mit einer weissen Fahne wird traditionell die Kapitulation signalisiert. Weiss war die Farbe, die von der Shang-Dynastie (1523–1027 v. Chr.) bevorzugt wurde, insbesondere für Gelehrte und ältere Menschen. Der weisse Lotus ist eine Geheimgesellschaft, die im 12. Jahrhundert gegründet wurde und nach einer anderen besseren, reineren Welt strebt. Weiss ist eine gute Grundfarbe, da sie alle anderen Farben enthält. Sie wird für Glühbirnen am häufigsten benutzt, obwohl sie ein gelbliches Licht geben. Weiss ist stärker als Grün.

*Schwarz (Norden, Wasser).* Als Shi Huang-di aus der Jin-Dynastie die rote Zhou-Dynastie besiegte, wählte er Schwarz als seine Farbe, denn Schwarz steht für Wasser, das Rot (Feuer) besiegt. Schwarz ist bekannt als die Farbe des Teufels, des Todes und des Bösen, aber auch der Ehre. Es stellt Kontinuität, Einsamkeit, Meditation, Frieden und die Einheit des Universums dar. Schwarz ist stärker als Rot.

*Braun (Nordosten, Erde).* Braun wurde als dominante Farbe der Sung-Dynastie benutzt (960–1279 v. Chr.) und gilt als Erdfarbe.

*Blau (Himmel oder Nordwest, Metall).* Blau repräsentiert die himmlische Güte, verbunden mit Metall und dem Himmel, der sowohl eine «Nichtrichtung» als auch die Zwischenrichtung Nordwest ist.

*Purpur und Malve (Feuer).* Sie repräsentieren ein hohes Amt und spirituelle Bewusstheit. Diese Farben repräsentieren das Element Feuer, aber keine Richtung.

## *Muster*

Muster zu mischen verlangt einige Planung. Man kann mehrere Muster zusammen verwenden, sofern man bedenkt, dass kleine Muster in kleinen und grosse Muster in grossen Räumen am besten zur Geltung kommen.

Bodenmuster parallel zur Richtung des Weges geben ein Gefühl von Geschwindigkeit und dynamischer Spannung und führen schnell ans Ziel. Bodenmuster, die quer zum Weg liegen, bremsen das *chi* und lassen den Weg gewunden erscheinen. Muster sind Symbole und können wie die Farben benutzt werden, um Atmosphäre und Stimmung zu beeinflussen. Streifen, Tupfen, Karos, Fischgrät, klein, geschlossen, offen, voller Bewegung, auffällig, zurückhaltend, laut, leise – es gibt unzählige Muster. Wenn man Muster miteinander kombiniert, sollten alle dieselben Farben enthalten, aber mehr als drei Grundfarben gefährden die Harmonie. In einem rot-weiss-blauen Farbschema sollte man nur diese drei Grundfarben benutzen, kann aber alle zu ihnen gehörenden Schattierungen hinzufügen. Wählen Sie ein grosses, offenes Muster, das alle drei Farben enthält – z. B. rote und blaue Blumen auf weissem Grund. Dazu könnte man ein horizontales oder vertikales Streifenmuster mit zwei der Farben nehmen (Blau und Weiss, Rot und Weiss, Blau und Rot) und schliesslich noch ein kleines, geschlossenes Muster mit zwei Farben, z. B. rot-weiss kariert oder getupft. Diese Art Kombination wirkt meistens gut, aber sie ist nichts für ängstliche oder unsichere Dekorateure. Man sollte unterschiedliche Farben nehmen, wenn man ähnliche Strukturen verwendet, und unterschiedliche Strukturen, wenn man ähnliche Farben einsetzt. Gewisse Muster gelten als glückbringend. Wolken stellen den Himmel und die Ewigkeit dar; Kreise stehen wie Münzen für Gedeihen und Erfolg; Bambus symbolisiert Tugend; Fächer verkörpern Güte und dienen nicht nur zum Fächeln, sondern auch zum Vertreiben böser Geister. Ein Achteck oder *ba gua* gilt als glückbringendes Symbol und ist in dekorativen Elementen oft zu sehen, denn es schützt und zieht Glück an.

## *Licht*

Ein Klient hatte Schwierigkeiten mit seinem Geschäft – keine Verkäufe, keine Kunden, nichts. Sein Büro war dunkel und düster, weil er alle Läden geschlossen hielt. Die Beleuchtung kann

Ihre Stimmung beeinflussen und folglich auch Ihre Leistung bei der Arbeit und Ihr Erfolgspotential. Wenn der Arbeitsraum dunkel ist, arbeiten Sie im Dunkeln. Lassen Sie so viel natürliches Licht herein, wie Sie können, es sei denn, die Sonne blendet zu stark.

Die Beleuchtung im Schlafzimmer ist wichtig für einen guten Schlaf. Schlaflosigkeit entsteht manchmal durch schlecht plaziertes und störendes Strassenlicht, das den Schläfer in der Nacht aufweckt. Wenn das der Fall ist, sollten Sie das Fenster verhüllen, bevor Sie zu Bett gehen. Mit dem Mondlicht auf dem Gesicht zu schlafen ist jedoch sehr nährend. Die Mondzyklen entsprechen dem Menstruationszyklus, und wenn eine Frau während der Nacht das wohltuende Mondlicht empfängt, wird ihr Zyklus regelmässiger und voraussehbarer werden. In Zeiten extremen mentalen Stresses sollte man das Mondlicht in sich aufnehmen. Das wirkt beruhigend.

### *Künstliches Licht*

Lampen und Lichter sind symbolische Sonnen und werden im Feng Shui oft bei Ungleichgewichten eingesetzt. Die Beleuchtung kann die Stimmung, die Haltung und die Effizienz beeinflussen und ist für eine gesunde, störungsfreie Zirkulation des *chi* unerlässlich – je heller das Licht, desto aktiver das *chi*. Ist Ihnen je aufgefallen, wie hell chinesische Restaurants beleuchtet sind? Helles Licht ist gut fürs Geschäft. Ein einzelnes helles Licht, das einen kleinen Gegenstand anstrahlt, kann wie eine kleine Sonne wirken, die das *chi* und das Glück des Raumes anregt. Manchmal ist eine schummrige Atmosphäre erwünscht, und in diesem Fall fördert schwache Beleuchtung eine romantische, anregende, sanfte Stimmung.

Lampen sollten genügend Abstand von Ihrem Kopf haben, damit Sie die Hitze nicht spüren. Befinden sie sich in der Nähe Ihres Kopfes, sollten Sie nur schwache Glühbirnen benutzen. Fluoreszierende Lichtquellen können Probleme hervorrufen, wenn sie zu nahe am Kopf sind. Halten Sie sich so weit wie möglich von ihnen entfernt, oder benutzen Sie sie nur in Hallen, Treppen und anderen Räumen, in denen man sich nicht länger aufhält. Wenn Sie unter einer solchen Lampe arbeiten, sollten Sie zur Kaffee- und Mittagspause hinausgehen oder sich wenigstens Gesicht und Hände waschen. Wasser und Sonnenschein (auch leichter Regen oder Schnee) helfen, die negativen Auswirkungen wegzuwaschen bzw. wegzubrennen.

### *Uhren, Kalender, mechanische Gegenstände*

Ein Freund aus der Asienfiliale der Chase Manhattan Bank erzählte mir, dass er sein Büro von einem Feng-Shui-Berater aus Hongkong herrichten liess, dass es aber gar nicht gut geworden sei. Ich fragte, was denn geschehen sei, und er sagte, man habe ihm geraten, in seinem Büro eine Uhr an die Wand neben den Schreibtisch zu hängen, um das Geschäft zu fördern. Er erzählte, er habe eine teure antike Uhr gekauft und sie den Anweisungen entsprechend aufgehängt. Aber es sei nichts geschehen, Feng Shui funktioniere nicht. Ich fragte ihn, ob die Uhr auch laufe. Er verneinte das. Uhren, wie auch Kalender, sind machtvolle Energieerzeuger. Wenn man unter einer Uhr sitzt, die nicht läuft, wird sich nichts verändern.

Ein Witwer beklagte sich, dass seit dem Tod seiner Frau die Zeit förmlich stillstehe. Keine der Uhren in seinem Haus lief, und die Kalender waren sechs Monate im Rückstand; sie zeigten immer noch den Monat an, in dem seine Frau gestorben war. Er begann, alle Uhren wieder zu richten. Eine Nachbarin, ebenfalls Witwe, half ihm dabei, und bald waren die beiden ein Paar.

Fernseher, Radios, Stereoanlagen, Mixer, Ventilatoren – alle elektrische Apparate können *chi* erzeugen, aktivieren oder stimulieren. Sie werden am besten in Ecken oder «toten» Stellen aufgestellt, wo sie zu etwas nütze sind. Alle Apparate sollten funktionieren; es ist besser, ohne einen von ihnen auszukommen, als einen Gegenstand im Haus zu haben, der nicht richtig funktioniert. Auch die Uhr im Herd sollte funktionieren. Tut sie das nicht, sollten Sie sie reparieren lassen oder verdecken.

Ein Schriftsteller beklagte sich monatelang über sein defektes Telefon. Nur der Himmel weiss, warum er sich nicht einfach ein neues kaufte. Zwischenzeitlich hatten seine Geschäfte nachgelassen, und er fühlte sich ungeliebt und unerwünscht. Als er sich schliesslich zum Handeln entschloss, kaufte er ein Telefon, das auf dem neusten technischen Stand war. Als er es anschloss, kam ein Anruf vom Time-Magazin mit der Anfrage, ob er eine Titelgeschichte schreiben würde.

Wenn Ihr Schreibtisch zu nahe bei einer Uhr steht, blicken Sie ständig auf die Zeit und könnten die Schule oder die Arbeit vorzeitig verlassen wollen. Wenn Sie unter einer Uhr sitzen, sind Sie ständig unter Zeitdruck oder müssen sich beeilen, um Termine einzuhalten, und es könnte Ihnen an Zeit mangeln, Ihre Projekte zu Ende zu führen.

### *Windspiele, Glocken und Musikinstrumente*

Windspiele kommen in allen Elementen vor: Es gibt sie aus Bambus, Tierknochen, Ton, Glas, Metall und tropfendem Wasser. Windspiele und Glocken aktivieren das *chi* und machen es ausgewogen. Sie rufen das *chi* durch Halbtüren oder Schiebefenster und können, da sie das *chi* zirkulieren lassen, schnell fliessende Energie ausbalancieren.

Windspiele sind, wie Windmühlen, besonders gut geeignet, um das *chi* einer überfüllten Strasse oder eines langen, schmalen Korridors zu verteilen. Eine Glockenschnur bringt in das Zimmer einer kranken oder deprimierten Person mehr Energie, und es gibt nichts, das bei Gefahr besser Alarm schlagen könnte als eine Glocke. Es ist etwas Erfreuliches, Glocken und Windspiele im Haus zu haben. Wie ein sprudelnder Brunnen können sie zu einer gesunden und angenehmen Atmosphäre beitragen. Um besser an Ihren Neujahrsvorsätzen festhalten zu können, sollten Sie ein Windspiel aus Messing über Ihrem Schreibtisch aufhängen.

### *Geld*

Geld ist ein gutes Gegenmittel für alle Probleme. Symbole von Geld, Münzen unter Pflanzen und Bilder von Geld versetzen Sie in die Stimmung, an das Gesetz des Überflusses zu glauben, das genügend Ressourcen zur Aufrechterhaltung Ihres Lebensstils sichert. Das Gesetz des Überflusses hat zwei Teile: erstens, Sie erhalten zehnfach das zurück, was Sie aus freien Stücken, im Geheimen, ohne Erwartung einer Gegenleistung und ohne Verpflichtungen hergeben; und zweitens, wenn Sie denken, Sie seien arm, dann werden Sie es sein. Das Universum empfängt Ihre Schwingungen, und wenn Ihre Schwingung nach Armut aussieht – ob berechtigt oder nicht –, wird es entsprechend darauf reagieren. Wenn Sie als Tatsache akzeptieren, dass Sie jetzt gerade reich sind, wird das Universum Ihnen schicken, was Sie zur Verwirklichung dieser Aussage brauchen.

### *Spiegel*

Spiegel sind bei vielen Feng-Shui-Problemen ein Patentrezept – so sehr, dass sie das «Aspirin des Feng Shui» genannt werden. Ihre Fähigkeit zu spiegeln, versieht uns mit einem magischen Werkzeug, das leicht zu bekommen und einfach zu gebrauchen ist. Spiegel können aber auch allerlei Probleme schaffen, denn sie lenken, bewegen, stimulieren und aktivieren das *chi*.

In Hongkong finden in gewissen Quartieren sogar «Spiegelkriege» statt. In einem Haus wird ein Spiegel ins Fenster gehängt, um einen negativen Winkel abzulenken. Die Leute im gegenüberliegenden Haus wollen den abgelenkten Winkel auch nicht haben und hängen ebenfalls einen Spiegel auf, um das Spiegelbild abzulenken. Ein drittes Haus kommt ins Spiel. Schon bald hängen Spiegel in den Fenstern aller Häuser. Die Spiegel werfen das Licht von einem zum anderen, was die Autofahrer verwirrt, die dann Unfälle verursachen. Die Polizei kommt von Zeit zu Zeit vorbei und befiehlt, alle Spiegel zu entfernen, aber kaum ist sie fort, sind die Spiegel wieder da.

Die Grösse der Spiegel ist unwichtig. Grösser ist nicht unbedingt besser; manchmal ist ein kleiner genauso wirksam. Manchmal will man den kleinsten erhältlichen Spiegel verwenden, damit die Aufmerksamkeit nicht auf das gelenkt wird, was man tut. Eine Chefsekretärin hängte einen kleinen Spiegel über ihrem Herd auf, um ihre Finanzen zu verbessern. Innerhalb weniger Tage erhielt sie einen neuen Job. Mit ihrem ersten Lohn kaufte sie einen grösseren Spiegel. Sie dachte sich, wenn ein kleiner Spiegel einen neuen Job brachte, dann würde ein grösserer Spiegel eine Lohnerhöhung bringen. Am selben Tag, an dem sie den Spiegel aufhängte, wurde sie an der neuen Stelle wieder entlassen. Als sie in den Spiegel blickte, um zu sehen, was er sah, entdeckte sie, dass der grössere Spiegel mehr vom Raum spiegelte, einschliesslich eines tropfenden Hahns am Waschbecken. Der Spiegel vergrösserte das Tropfen, und sie verlor ihre Stelle. Sie ersetzte den grossen Spiegel wieder durch den kleinen und hat jetzt glücklicherweise wieder eine Arbeit.

Spiegel entstehen, indem man silbernes Aluminium hinter Glas legt – eine Berührung von Feuer und Erde. Ein Spiegel kann alles sein, was die Fähigkeit zu spiegeln besitzt, etwa Glas oder Wasser. Narziss verliebte sich in sich selbst, als er in einem Teich sein Spiegelbild sah. Spiegel sind magisch und können uns veranlassen, uns in Bilder zu verlieben. Glänzende Töpfe, die hinter einem Herd aufgehängt werden, reflektieren die Aktivitäten hinter dem Koch. Silberrahmen mit spiegelndem Glas können gewünschte Stellen reflektieren, wenn ein Spiegel fehl am Platz ist. Metallfolien, glänzende Tapeten und Glas in Rahmen oder Fenstern besitzen die Eigenschaft zu spiegeln. Daher wirken sie gut in dunklen Räumen, wo man alles verfügbare Licht brauchen kann. Reflexe in Wasser, Glas, Spiegeln oder anderen glänzenden Dingen haben das Potential, Illusionen zu schaffen.

Manchmal, wenn wir ein bestimmtes Bild von uns haben, fühlen wir uns von seltsamen oder ungewöhnlichen Spiegeln angezogen. Ein Comiczeichner aus Atlanta sagte, wenn er am Morgen seine Hunde ausführe, sehe er wie eine seiner Comicfiguren aus, die im Park spazierengehe. Über seinem Sofa hing ein Spiegel in einem ovalem Rahmen, aber er hing in einem

*Der runde Spiegel zieht das* chi *an, das dann vom Schiff und von den Planetenfotos an dieser Wand vorbeigelenkt wird.*

schrägen Winkel – eben wie ein Spiegel in einem Comic. Eine ältere Frau sieht sich selbst als Reinkarnation von Marie Antoinette. Sie ist sehr eitel und hat viele antike Spiegel in verschnörkelten Goldrahmen.

Wenn Sie einen Spiegel anbringen, sollten Sie daran denken, dass nicht alle Spiegel gleich sind, und sich dann fragen, was der Spiegel sieht. Dies kann Ihnen bei der Entscheidung helfen, wo Sie ihn aufhängen sollten. Schneidet er den oberen Teil Ihres Kopfes ab, wenn Sie sich darin betrachten? Spiegel sollten immer so hängen, dass die grösste Person im Haus den eigenen Kopf bis zuoberst sehen kann. Spiegel müssen in einem Büro sorgfältig positioniert werden, denn sie reflektieren Kanten von Schreibtischen, Wänden und Trennwänden. Eine Sekretärin sass gegenüber einer Wand und hängte einen Spiegel neben ihren Schreibtisch, damit sie sehen konnte, wer in den Raum kam. Der Spiegel reflektierte aber die Kante eines Schrankes und vergrösserte den scharfen Winkel, der auf ihren Schreibtisch zielte. Sie stand unter ständigem Druck vom Chef und anderen Angestellten und war kurz vor einem Nervenzusammenbruch. Als sie den Spiegel an einer anderen Stelle aufhängte, wo er die Kante nicht mehr spiegelte, fühlte sie sich sofort besser.

Spiegel können Feuer entzünden, denn sie intensivieren das Licht. Wenn Sie nicht gerade mit einer Lupe ein Feuer entfachen wollen, sollten Sie darauf achten, dass die Spiegel in Ihrem Heim weder die Sonne noch andere Lichter widerspiegeln, denn das könnte eine Stelle in ihrer Wohnung zu sehr erhitzen.

Spiegel können Zeugen vergangener Ereignisse sein. Wehe dem armen Menschen, der Dorian Grays Spiegel kaufte. Wenn Sie wirklich einen antiken Spiegel wollen, aber von seiner

Geschichte nicht belästigt werden wollen, sollten Sie ihn mit einer Mischung aus Wasser und Zitronensaft gut waschen und sich bewusst sein, dass das, was Sie sehen, von der Vergangenheit des Spiegels beeinflusst sein könnte.

*Spiegel im Schlafzimmer.* Spiegel im Schlafzimmer stimulieren das *chi.* Flitterwochensuiten haben manchmal Spiegel an der Decke über dem Bett, um die sexuelle Aktivität zu fördern. Das sind keine entspannenden Räume, und sie sind auch nicht als solche gedacht. Zu viele Spiegel, wie Spiegeltüren an Schränken, schaffen eine sehr lebhafte, aktive Atmosphäre. Wenn Sie einen Spiegel so plazieren, dass Sie beim Erwachen als erstes sich selbst sehen, werden Sie sich immer etwas unbehaglich fühlen. Das hat nicht nur mit Feng Shui zu tun, sondern auch mit gesundem Menschenverstand, insbesondere wenn man älter wird.

*Spiegel im Geschäft.* In gewissen Geschäften sind Spiegel unerlässlich, weil sie Licht in dunkle Ecken bringen, das *chi* hereinrufen, das *chi* in toten, engen Ecken stimulieren und der Erhaltung der Sicherheit dienen, weil Sie dank der Spiegel aus einer zentralen Position den ganzen Laden überblicken können.

Spiegel helfen, Produkte zu verkaufen. Die Spiegel in Schönheitssalons sollen Sie grossartig aussehen lassen, damit Sie deren Produkte kaufen; Kleiderläden installieren schlank machende Spiegel, in denen man schmaler aussieht, als man ist; in Tanzsälen hängen Glaskugeln von der Decke, nicht nur aus ästhetischen Gründen, sondern auch, um die Tänzer anzuregen. Spiegel hinter einer Bar vervielfachen die Flaschen und Gläser und ermuntern die Trinkenden, noch ein Gläschen zu nehmen.

*Spiegel können negative Energie ablenken und verstreuen.* Die negative Energie geheimer Pfeile, gerader Linien, von Wänden und Zäunen, Pfosten und Antennen, von störenden Nachbarn und bellenden Hunden kann mit Spiegeln abgelenkt werden, die den Lärm, die Kante oder das Problem an den Herkunftsort zurückschickt. Spiegel zerstreuen überaktives *chi* von geraden Linien, die beim Haus enden, von Strassen, T-Kreuzungen, Sackgassen oder Korridoren. Hängen Sie einen Spiegel oder etwas Glänzendes so auf, dass sich die Störung darin spiegelt. Ein kleiner Spiegel oder sogar Metallfolie genügen.

*Spiegel können Dinge verschwinden lassen.* Spiegel sind magisch und können uns das Unglaubliche glauben machen. Denken Sie nur an den Zauberer, der Spiegel so klug einsetzt, dass Gegenstände verschwinden. Die Kanten einer störenden quadratischen Säule werden unsichtbar, wenn man sie spiegelt. Ein Spiegel an einem Balken ergibt ein Loch darin. Wenn vor dem Eingang ein Baum steht, kann man mit einem kleinen Spiegel auf Augenhöhe ein imaginäres Loch darin anbringen, durch das das *chi* fliessen und so zu Ihrer Tür gelangen kann.

*Spiegel können Räume verlagern.* Spiegel können eine Linie oder ganze Zimmer optisch in passendere Richtungen schieben. Wenn Sie z. B. Ihre Küche auf der anderen Seite der Wohnung haben wollen, können Sie an dieser Stelle einen Spiegel aufhängen, der die Küche reflektiert. Nun befindet sich die Küche dort, wo der Spiegel hängt. Wenn Sie die Westwand dort haben wollen, wo die Ostwand ist, können Sie sie mit Hilfe eines Spiegels verlegen. Vorstehende Räume oder Flügel von L-förmigen, T-förmigen oder U-förmigen Räumen können zu perfekten Quadraten oder Rechtecken gemacht werden, indem ein Spiegel das fehlende Stück unregelmässig geformter Räume hereinholt. Von einem Grundstück wegfliessendes Wasser kann mit Spiegeln zurückgeholt werden, und Spiegel können schöne Aussichten «ausleihen» und in Ihren Raum bringen, wie z. B. den Rosengarten des Nachbarn oder seine Weihnachtsdekoration.

*Spiegel können Stress verringern.* Plazieren Sie zwei Spiegel so, dass sie einander genau gegenüber hängen. Wenn Sie zwischen ihnen durchgehen, können Sie sich selbst bis ins Unendliche sehen, was Ihnen ein besseres Identitätsgefühl gibt und Ihr Bewusstsein konzentriert.

### *Spiegel als schlechtes Feng Shui*

Spiegel sind allerdings nicht immer günstig für unsere Gesundheit und Harmonie. Beachten Sie daher bitte die folgenden Vorsichtsmassnahmen:

- Hängen Sie nie einen Spiegel gegenüber einem Eingang oder einer Tür auf, denn er wird das *chi* aufhalten, das in den Raum kommen will, und negatives *chi* zum Bleiben ermuntern. Manchmal entstehen daraus schlechte Laune, Streitsucht oder emotionale Probleme.
- Lassen Sie keinen Spiegel Ihren Kopf oder einen anderen Teil Ihres Körpers abschneiden.
- Hängen Sie keinen Spiegel so auf, dass er ein Bild teilt, eine Kante spiegelt oder eine Problemstelle vergrössert.
- Plazieren Sie keinen Spiegel gegenüber dem Bett, denn er wird Energie von Ihnen weg und in sich hineinziehen. Ebenso sollten Sie keinen Spiegel (nicht einmal einen Handspiegel oder eine Puderdose mit Spiegel) auf die Kommode gegenüber von Tür oder Bett legen.
- Plazieren Sie keinen Spiegel so, dass Sie morgens beim Erwachen gleich sich selbst sehen.
- Vermeiden Sie billige Spiegel oder solche mit einer verzogenen Oberfläche, mit blinden Flecken oder grauen Stellen. Benutzen Sie keine zerbrochenen, angeschlagenen, gesprungenen oder verkratzten Spiegel.
- Halten Sie alle Spiegel sauber, und denken Sie daran, dass Staub auf einem Spiegel zu trüben Gefühlen führen kann.

### *Tiere und Feng Shui*

Tiere, seien sie lebendig oder nur symbolisch dargestellt, können eine magische Auswirkung auf unsere Umgebung haben. Haustiere lehren uns, unbefangen zu sein und unserer ursprünglichen Natur treu zu bleiben. Tiere leiden nicht unter Unsicherheit und versuchen auch nie, jemand zu sein, der sie nicht sind. Sie tun selten Dinge, die ihrem wachen, scharfen Instinkt zuwiderlaufen. Tiere nehmen Dinge wahr, die Menschen nicht erkennen können, so etwa kommende Sonnen- oder Mondfinsternisse, Erdbeben, Tornados, Stürme und andere Naturkatastrophen. Tiere können spüren, wenn sich das *chi* ändert.

Manche Menschen haben zu viele Haustiere, und ein Übermass an Tieren dominiert das, was ein Raum für Menschen sein sollte. Wenn es sich nicht um einen Bauernhof, einen Stall oder einen Fischteich handelt (s. nächster Abschnitt) sollte es mindestens so viele Menschen wie Haustiere geben. Man sollte nur domestizierte Tiere halten. Schlangen, Taranteln, Mäuse, Affen und andere wilde Tiere gehören in die Natur. Ein Vogel in einem Käfig, ein Hamster in seinem Rad oder ein in einem Zirkus tanzender Bär sind traurig und unnatürlich.

Haustiere aller Art sind wichtig für das emotionale Wohlbefinden vieler Menschen, weil sie uns etwas über bedingungslose Liebe, Loyalität und Geduld beibringen. Es ist jedoch ein Fehler zu glauben, dass ein Haustier menschliche Zuneigung oder die Sorge für andere ersetzen könnte. Dies hält das Tier in Fesseln, schwächt seinen Überlebensinstinkt und ermutigt Sie, sich von der übrigen Menschheit zu isolieren.

*Fische.* Wollen Sie Reichtum, Liebe, Überfluss, Regeneration? Kaufen Sie ein paar Goldfische. Im Kantonesischen klingt das Wort für Goldfisch gleich wie «reichlich Gold», und deshalb stellen Goldfische Geld dar. Im Feng Shui gelten Fische als magische Geschöpfe, die das Einkommen vergrössern, Grundstücksverkäufe erleichtern, Eigentum beschützen, Fruchtbarkeit sichern und Schwangerschaften schützen sowie Beziehungen verbessern können. Ein Bild von einem Kind mit einem Fisch bedeutet: «Mögest du viele hochrangige Söhne haben.» Goldfische in einem Glas oder Teich bedeuten: «Mögen Gold und Juwelen dein Haus im Überfluss füllen.» Ein Fisch mit einer Lotusblüte bedeutet: «Mögest du Jahr um Jahr in Wohlstand leben.» In der ältesten chinesischen Literatur sagten viele Fische im Wasser eine gute Ernte voraus. Wenn Fische stromaufwärts schwimmen, wird das als Rebellion gegen die Gesellschaftsordnung interpretiert, ein Vorzeichen von Bürgeraufständen. Fische werden zu Neujahr serviert, als Symbol für Wohlstand im kommenden Jahr. Sie werden dem «grossen Gott der Reichtümer» geopfert. Fische und Wasser zusammen sind eine Metapher für Geschlechtsverkehr oder für «die Vergnügen der Fische im Wasser».

Ein Computer-Programmierer benutzt einen Bildschirmschoner mit neun Fischen, die über den Bildschirm schwimmen. Die Fische werden in einem Spiegel hinter seinem Schreibtisch gespiegelt und von dort wieder in einem weiteren Spiegel auf der anderen Seite des Raumes. Seit er den Bildschirmschoner auf dem Computer hat, erhält er täglich Geld aus Anweisungen, Zahlungen oder anderen Quellen. Der Computer erzeugt die Blasen, die Fische schwimmen, das Geld rollt herein. Wenn Sie Fische benutzen wollen, um Ihre Ressourcen zu vermehren oder sich zu schützen, sollten Sie eine ungerade Anzahl Fische nehmen, und mindestens zwei verschiedene Farben, um Yin und Yang darzustellen – z.B. vier rote Fische und einen schwarzen, oder sechs schwarze und einen weissen. Es sollte immer eine ungleichmässige Kombination sein, denn gleiche Zahlen stellen das Ende oder den Tod dar.

Fische sind Wächter. Wenn ein Fisch stirbt, kann das ein Hinweis sein, dass negative Energie in den Raum gekommen ist. Ein Fisch ist im Vergleich mit dem Menschen eine niedrigere Lebensform und nimmt Negativität auf, was uns schützt. Danken Sie dem Fisch für sein Opfer und ersetzen Sie ihn so bald wie möglich.

*Hunde.* Hunde wurden schon immer als nützliche Tiere betrachtet, als Symbol für Loyalität und Schutz. Sie werden für die Jagd benutzt, als Wachhunde, als Hilfe für die Polizei, als Gesellschaft für Einsame, sogar als Hilfe für Blinde. Hunde werden wegen ihrer Treue geschätzt. Wild aussehende steinerne Hunde mit löwenähnlicher Mähne sieht man oft in Gegenden mit asiatischer Bevölkerung, wo sie als symbolische Wächter den Eingang vor dem Bösen schützen sollen. In Nordchina werden Papierhunde benutzt, die böse Geister beissen und sie vertreiben sollen; aus diesem Grund werden sie auch mit den Toten begraben. In Taiwan werden tote Hunde nicht begraben, aus Angst, dass aus ihnen Dämonenhunde werden könnten. Sie werden statt dessen ins Wasser geworfen. Im südlichen China beschreibt ein Schöpfungsmythos den Hund als den Überbringer von Reis oder Hirse an die Menschheit. Unter den Yaks in Südchina wird der Hund als Vorvater der Rasse verehrt. Namen für Hunde werden in chinesischen Texten nur selten erwähnt. Hunde können fremde Namen bekommen oder bei ihrer Farbe gerufen werden («gelber Hund»), aber nie erhalten sie chinesische Namen.

*Katzen.* Katzen galten im Gegensatz zu den Hunden aufgrund ihres einzelgängerischen Wesens schon immer als böse. Obwohl sie schon vor langer Zeit domestiziert und im alten Ägypten verehrt wurden, erinnert uns ihre unabhängige und distanzierte Art daran, dass sie das Wilde immer noch in sich tragen.

Man sagt, dass die Katzen eine Art unbeteiligte Zeugen sind, die die Ereignisse auf der Erde beobachten und einer unbekannten himmlischen Instanz davon berichten. Katzen kümmern sich nicht darum, was man von ihnen hält, solange man sie füttert. Nimmt man keine Notiz von ihnen, gehen sie weg. Im Kantonesischen klingt das Wort für «Katze» wie «Alter», und eine Katze mit einer Feder und einem Bambus bedeutet: «Wir wünschen dir immerdar, dass du ein hohes Alter erreichst.» Katzen erinnern uns durch die Gegensätze in ihrem Verhalten (schüchtern – aggressiv, sanft – böse, störend – teilnahmslos) an das Yin/Yang des Lebens.

*Vögel.* Vögel gelten als Botschafter, die je nach Beobachter und Zeit gute oder schlechte Omen bringen. Vogelarten wie Elster, Goldamsel, Fasan, Wachtel, Krähe und Schwalbe werden häufig dargestellt.

*Fledermäuse.* Anders als in den westlichen Ländern, wo sie verachtet und gefürchtet sind, gelten die Fledermäuse in China als glückbringend. Das kantonesische Wort für «Fledermaus» klingt wie «Glück», und fünf Fledermäuse zusammen sind ein glückbringendes Symbol, das in Stickmustern häufig benutzt wird.

*Die vier mythischen Tiere der Himmelsrichtungen.*

- *Grüner Drache.* Drachen bringen Glück, sind gutmütig, wohlwollend, gütig, stark und achtunggebietend. Sie stellen männliche sexuelle Kraft und weibliche Fruchtbarkeit dar. Der grüne Drache beherrscht das Holz, die Urkraft der Schöpfung, den Osten mit der aufgehenden Sonne und den Frühling – die Zeit, in der das Leben erwacht. Die Drachenkraft entsteht bei seiner Geburt in jedem Geist.
- *Weisser Tiger.* In China gilt der Tiger als König der wilden Tiere. Früher wurden ihm in den Dörfern Opfer dargebracht, damit er das Dorf vor den Wildschweinen beschützte. Tiger repräsentieren reines Yang (männliche Energie) und sind Symbole für Tapferkeit und Mut. Der Tiger war in den alten Zeiten sehr gefürchtet, aber statt ihn auszurotten baten die Provinzherrscher den Tiger darum, sich in die Berge zurückzuziehen. Die Legende besagt, dass die Tiger der Stimme der Autorität gehorchten. Ein Tiger an einem Türpfosten soll Dämo-

*Schaffen Sie für das* chi *einen Weg mit leichten Kurven, indem Sie Pflanzen, Möbel und andere Gegenstände entsprechend plazieren. Hier begrüsst ein* ba gua-*förmiger Teppich das in den Raum gelangende* chi, *ein kleiner Tisch mit einer ähnlichen Form bewegt es weiter und eine Pflanze mit kleinen Blättern zieht es tiefer in den Raum hinein.*

nen abwehren, und kleine Kinder bekommen zum Schutz Tigerkappen; der Tigerschritt ist eine der 30 Positionen im Geschlechtsverkehr. Für eine Frau ist es eine Beleidigung, «weisser Tiger» genannt zu werden. Der weisse Tiger beherrscht die Richtung der untergehenden Sonne, den Westen und die kummervolle Zeit des Herbstes. Das mittlere Alter ist die Zeit, in der der Geist des Tigers im Leben auftritt.

- *Roter Phönix.* Der rote Phönix ist das mythische Tier des Südens, des Feuers und des Sommers. Wenn er mit dem Drachen als Kaiser dargestellt wird, steht er für die Kaiserin und ist ein weibliches Symbol. Ursprünglich ein männlicher Windgott, war sein Geschlecht nie ganz klar. Schliesslich stellten der männliche und der weibliche Phönix zusammen die sexuelle Vereinigung dar. Als männliches Symbol steht der Phönix für die fünf menschlichen Qualitäten: Tugend, Pflicht, rituell korrektes Verhalten, Menschlichkeit und Verlässlichkeit.
- *Schwarze Schildkröte.* Schildkröten stehen für langes Leben, Ausdauer, Geduld, die langsame und stete Qualität, die das Rennen gewinnt. Die schwarze Schildkröte herrscht über das Wasser, den Norden und den langen Winter. Der Geist der Schildkröte erscheint beim Tod.

### *Symbole*

Symbole sind eine der ältesten Kommunikationsformen. Glücksbringer, Amulette, religiöse Objekte, Masken und andere Bilder wurden seit Anbeginn als Kultgegenstände benutzt. Bilder und Symbole erinnern uns daran, dass die Natur immer arbeitet; sie geben uns eine Möglichkeit, uns mit den unsichtbaren Kräften zu verbinden. Einige Symbole bieten Schutz vor schädlichen Kräften. Andere dienen der Förderung, Schöpfung, Inspiration, Kontrolle, Kraft oder der Verletzung anderer. Es gibt religiöse Symbole wie Kreuze, romantische Symbole wie Herzen und Blumen und böse Symbole wie den Totenkopf mit gekreuzten Knochen.

Symbole schliessen alle Formen ein – Spiralen, Kreise, Kreuze, Dreiecke, Labyrinthe und Irrgärten. Gewisse Symbole bringen Glück, andere nicht. Symbole stehen mit jedem Lebensbereich in Verbindung. Da sie persönlich sind, sind sie so verschieden wie die Menschen auf der Welt. Ein Glücksbringer kann eine Socke sein, eine Jacke, eine Hasenpfote, eine Münze, ein Hufeisen – alles, was man für glückbringend hält.

Masken haben meist die Funktion einer Art Symbol. Bevor Sie eine Maske zu Dekorationszwecken einsetzen, sollten Sie herausfinden, was sie darstellt. Ist es eine Teufelsmaske? Ist es die Maske einer Fruchtbarkeitsgöttin? Ist es etwas, das Sie in Ihrem Wohnzimmer haben möchten? Da Symbole Macht haben, sollte man sich über deren Bedeutung im Klaren sein, bevor man sie in seinen Raum integriert.

### *Blumen und Innengärten*

Viele Leute können nur in der Wohnung so etwas wie einen Garten anlegen. Gewöhnliche Zimmerpflanzen in der Wohnung können Ihnen helfen, gesünder zu bleiben und jünger auszusehen. Ein Zimmer voller Pflanzen ist eine der besten Kuren für trockene, faltige Haut. Zimmerpflanzen befeuchten die Luft, atmen Stickstoff ein und Sauerstoff aus. Zimmerpflanzen reinigen die Luft von Schadstoffen, indem sie sie durch die Blätter aufnehmen und in die Wurzeln transportieren, wo sie von Mikroben abgebaut werden. Daraus entsteht Nahrung für die Pflanzen, die saubere Luft abgeben. Die folgenden Zimmerpflanzen eignen sich am besten zur Befeuchtung der Haut und zur Reinigung der Luft: Efeutute, Steckenpalme, Birkenfeige, Arekapalme und Friedenslilie.

Bevor Sie für neue Kleider Geld ausgeben, sollten Sie erst einige Pflanzen kaufen. Wählen Sie robuste, billige und anspruchslose Pflanzen. Giftige Pflanzen sollten Sie unbedingt von Kindern und Haustieren fernhalten.

Um Leben in einen Raum zu bringen, sollten Sie innen am Haupteingang eine Pflanze aufstellen, eine weitere beim Eingang zum wichtigsten Zimmer und eine dritte im Schlafzimmer, um das *chi* anzuziehen und zu lenken. Während Sie das tun, sollten Sie an Wachstum und Ausdehnung denken. Zur besonderen Betonung sollten Sie neu gekaufte oder frisch eingetopfte Pflanzen benutzen. Wenn eine Pflanze abstirbt, sollten Sie sie durch eine teurere ersetzen.

Wenn Sie mehr Pflanzen benutzen wollen, sollten Sie sie dem Weg des *chi* entlang aufstellen, vom Haupteingang bis zur Aussenseite der Schlafzimmertür. Achten Sie darauf, dass es eine ungerade Anzahl Pflanzen ist, damit die Energie in Bewegung bleibt. Gerade Zahlen, insbesondere die Acht, bremsen den Fluss des *chi*.

Blumen sind in den chinesischen Malereien, Textilien, Porzellanmalereien, Teppichen, Möbeln, in Architektur und Landschaft ein wichtiges Element. Blumen werden nach strengen, hoch stilisierten Regeln gemalt, die jeder Jahreszeit besondere Blumen und Tiere zuordnen. Zum Frühling gehören Pfauen mit Kirschenblüten, Pfingstrosen, Iris und Magnolien. Der Sommer wird durch reife Pfirsiche, Kirschen, Lotusblüten und Enten dargestellt. Zum Herbst gehören Chrysanthemen, Zierpflaumen und Blätter in verschiedenen Farben. Der Winter wird mit weissem Schnee und Bambus oder Tannen dargestellt, weil beide das ganze Jahr über grün sind.

Gewisse Blumen werden nie dargestellt. Lilien scheinen mit Familienzwisten zusammenzuhängen, Weiden stellen Sorge oder Gier dar, schnell wachsende Bäume fallen mit schnell anwachsenden Problemen zusammen. Rosen haben Dornen und welken schnell, was uns an unsere Sterblichkeit erinnert. Pflanzen aufzustellen ist eine der einfachsten Massnahmen zur Verbesserung der Umgebung. Auch wenn Sie keinen grünen Daumen haben, können Sie Blumen kaufen und sie in einem Wasserkrug auf einen Tisch stellen.

Teil 3

# *Feng Shui am Arbeitsplatz*

# Kapitel 7

# *Das Feng Shui des Arbeitsplatzes*

Für viele Chinesen ist Feng Shui ein grundlegender Bestandteil der Kunst der Geschäftsführung. Die Citibank in Hongkong erbaute ihr neues Gebäude nicht ohne die Zustimmung eines Feng Shui-Meisters, und sie ist nicht die einzige. Chase Asia, PaineWebber, McKinsey und Co., die Morgan Bank, sogar die Asien-Zweigstelle des Wall Street Journal richten sich nach Feng Shui. Warum? Die Chinesen sind interessiert am Geldverdienen und ziehen es vor, einen Vorteil gegenüber den Konkurrenten zu haben. Feng Shui gibt ihnen diesen Vorteil.

Menschen arbeiten an tausend verschiedenen Plätzen: in Arztpraxen, Warenhäusern, Nachrichtenagenturen, Polizeistationen, Fabriken, Zollhäuschen, Grossraumbüros, im Oval Office (Büro des amerikanischen Präsidenten). Wo auch immer Sie Ihren Geschäften nachgehen – das ist Ihr Arbeitsplatz.

Gehen wir davon aus, dass Sie ein Arbeiter, Manager oder Chef sind und dass Sie entweder zu Hause, in einem Büro, in einem Laden oder an einem anderen Ort arbeiten – wo auch immer sich Ihr Geschäft befindet. Gehen wir ausserdem davon aus, dass Sie in bezug auf das Gebäude nur wenig tun können. Sie können die Ausrichtung der Eingangstür nicht verändern und auch die Säulen nicht entfernen, die den zweiten Stock tragen. Sie können höchstens Ihren eigenen Arbeitsraum verändern.

Feng Shui für Geschäftsräume ist im Grunde gleich wie Feng Shui für Wohnräume; es kommen einfach einige arbeitsbezogene Informationen hinzu. Es gelten dieselben Regeln bezüglich der umgebenden Strassen, des Viertels, der Elemente des Hauses, des *ba gua* und allen anderen Feng Shui-Techniken. Im Anhang finden Sie einen Abschnitt («Einteilung der Büroräume mit Hilfe des *ba gua*»), der Ihnen bei der Entscheidung behilflich ist, wie Sie die Möbel plazieren sollten und welche Stellen im Haus für bestimmte Funktionen am geeignetsten sind. Bevor Sie das tun, sollten Sie jedoch festlegen, um welche Art Geschäft es sich handelt. Es gibt drei Grundtypen von Geschäftstätigkeiten: offen, geschlossen und offen-geschlossen.

## Offene Geschäfte

In dieser Art von Geschäft ist die wichtigste Überlegung, wie Kunden in den Laden gelockt werden können, wie man ihnen Artikel verkauft, das Geld einkassiert und einen leichten (aber nicht zu leichten) Ausgang gewährleistet. Zu dieser Kategorie gehören Supermärkte, Lebensmittelläden, Boutiquen, Schuhgeschäfte, Buchläden und andere Ladengeschäfte. Für sie ist ein Eingang im Südwesten vorzuziehen. Wenn das nicht möglich ist, sollten Sie den Raum so einrichten, dass die Kunden nach dem Eintreten nach Südwesten gelenkt werden. Die Produkte sollten gut sichtbar und leicht erreichbar sein. Kunden werden nichts kaufen, wenn sie die Ware nicht sehen oder berühren können. Wenn das Geschäft ausserdem mit Regalen und Sonderangeboten überladen ist, werden die Kunden unruhig, müde oder desorientiert. Es ist wie bei Ratten, die in einem engen Irrgarten ganz aggressiv werden. In Geschäften, wo Kleider, Schuhe oder andere persönliche Dinge verkauft werden, sollte die Ware in passender Weise geordnet werden. Stellen Sie die besten Waren auf Augenhöhe und gut sichtbar aus, damit potentielle Kunden sehen können, was verkauft wird. Regale können bis zu 5 Grad geneigt sein und dieselben Dimensionen haben wie Buchregale. Spiegel sollten nicht gegenüber der Eingangstür hängen. In einem Schuhladen sollten Fussspiegel um etwa 25 Grad geneigt sein. Fussschemel sollten sorgfältig plaziert werden, da sie den Fluss des *chi* behindern oder Unfälle verursachen könnten. Der Empfangs- oder Kassentresen sollte an einem Ort stehen, wo sich das *chi* sammeln kann, aber nie direkt gegenüber der Eingangstür. Stellen Sie die Registrierkasse auf der Seite des Tresens auf; sie sollte gut beleuchtet sein und durch nichts blockiert werden.

Für Buchläden gibt es einige spezielle Anforderungen. Die Bücherkategorien sollten deutlich gekennzeichnet sein, damit die Kunden nicht verwirrt werden und schnell die gewünschten Bücher finden können. Auch die Ventilation ist in einem Buchladen wichtig, da es sonst schnell staubig und muffig wird, und künstliches Licht ist besser als Sonnenlicht, denn dieses kann die Bücher beschädigen.

In einem Schönheitssalon sind auffällige Schilder und Reklamen wichtig. Der Empfangsbereich sollte gut beleuchtet und einladend sein, und für die Kundinnen sollten bequeme Stühle bereitstehen. Die Ecke zum Haarewaschen sollte so angelegt sein, dass sich die Kunden entspannen können und nicht von der Sonne oder einer Deckenlampe geblendet werden. In dieser Ecke sollte für genügende Lüftung gesorgt sein, weil dort mit Farben und anderen Chemikalien hantiert wird.

In einem Lebensmittelladen muss der Kunde erst in den Laden gelockt werden, und dann muss er die Produkte sehen, berühren und riechen können. Es sollte genug Raum zum Gehen vorhanden sein, wie auch genügend Platz für die Waren. Wenn sie in den Gängen kaum durchkommen und die Ausgänge nur schwer erreichen, fühlen sich die Menschen gefangen und werden reizbar, Ärger macht sich im Raum breit, die Diebstähle nehmen zu und die Verkäufe ab. Die Kunden müssen wissen, wo sie ihre Waren bezahlen können; von dort muss der Ausgang ohne grosse Probleme erreichbar sein. Die Kasse befindet sich idealerweise zwischen den Produkten und dem Ausgang, wie das in den meisten Supermärkten der Fall ist. Wenn die Kasse an einem anderen Ort steht, muss man von dort einen guten Blick auf Ein- und Ausgänge haben, sonst werden Ladendiebstähle zum Problem. Das grösste Teil des Geldes sollte in einem Safe im Büro des Geschäftsführers aufbewahrt werden, das sich meist ganz vorne oder ganz hinten im Laden befindet. Der Safe sollte nicht sichtbar sein. Die wichtigsten Aspekte für ein offenes Geschäft sind also:

- die Kunden in den Laden locken,
- die Waren gut sichtbar ausstellen, gegebenenfalls auch so, dass man sie berühren kann,
- die Kasse an einem gut zugänglichen Ort im Laden aufstellen,
- Kunden, nicht aber Dieben das Hinausgehen erleichtern.

Kunden betreten Fabriken und Werkstätten nur selten; das sind deshalb geschlossene Geschäfte. In solchen Betrieben muss sich der Arbeiter und nicht der Kunde wohlfühlen. Wenn die Arbeiter glücklich sind, werden die Produkte rasch und gut hergestellt. Sind sie unglücklich, könnten die Produkte von schlechter Qualität sein und das Geschäft nicht gut laufen. Daher erhält die Schaffung eines für die Arbeiter zweckmässigen, angenehmen und sicheren Arbeitsplatzes erste Priorität.

Ein geschlossenes Geschäft kann von einem nach Nordosten oder Nordwesten gerichteten Eingang profitieren, aber wichtiger sind die Grösse des Gebäudes im Verhältnis zum Grundstück und die Grösse der Werkstatt im Verhältnis zum Gebäude. Wenn das Gebäude bis an die Grenzen des Grundstückes reicht, könnten die Arbeiter in der Firma mehr Macht besitzen als die Geschäftsführung. Wenn das Gebäude im Verhältnis zum Grundstück zu klein ist, kontrolliert die Geschäftsführung die Arbeiter zu stark.

Betrachten wir einmal die grossen Autofabriken in Detroit, in denen Tausende von Menschen beschäftigt sind: Die Werkstätten selbst befinden sich im Zentrum des Grundstückes, umgeben von einem Meer von Autos. Das Machtzentrum der Automobilindustrie befindet weit entfernt in einem «Elfenbeinturm», während die Arbeiter wie die Bienen um den Stock herumschwärmen.

In dieser Art Arbeitsumgebung sollte sich der Produktionsraum dort befinden, wo es am meisten *chi* und die beste Belüftung gibt. Die Lagerräume sollten gross genug sein und sich nicht am Ende langer Korridore oder bei T-Kreuzungen befinden. Es sollte genügend Raum zum Ein- und Ausladen geben. Wenn die Ladekräne schlecht plaziert sind oder die Arbeiter dort für ihre Aufgabe nicht genügend Platz haben, muss man mit Verzögerungen bei der Produktion und Lieferung rechnen. Es muss auch Platz für die Abfallentsorgung geben. Das wird manchmal vergessen. Versuchen Sie, den Einfluss zu berücksichtigen, den der Lärm der Fabrik auf die Arbeiter ausübt. Keine schädlichen Einflüsse aus Balken oder von äusseren Kräften sollten die Arbeiter treffen. Die Wahl der Baumaterialien und die Stellung von Öfen, Kaminen und Brennöfen sollte funktional sein, aber auch zur ästhetischen Ausgewogenheit beitragen.

In einem geschlossenen Geschäft sind auch die Büros von Geschäftsführung und Buchhaltung wichtig. Diese Funktionen sollten nicht nur voneinander getrennt, sondern auch weitgehend vor den Arbeitern abgeschirmt sein. Die Sichtbarkeit der Büros hat einen guten Einfluss auf die Arbeit. Ist die Geschäftsleitung zu weit entfernt, kann sie unter Umständen den Kontakt zu den Vorgängen in der Fabrik verlieren und zwischen ihr und den Arbeitern können Konflikte entstehen.

Für ein geschlossenes Geschäft ist es also nicht wichtig, Kunden anzuziehen oder das Geld vor Ladendieben zu schützen, denn an solchen Orten befindet sich selten Bargeld. Die Sicherheit der Fabrik hat mehr mit dem Diebstahl von Geschäftsgeheimnissen zu tun. Die Arbeiter sind das Leben der Fabrik; Sie können Ihre Geschäfte stark verbessern, wenn Sie sie besser behandeln als in den gesetzlichen Minimalanforderungen vorgesehen. Denken Sie bei dieser Art von Geschäftstätigkeit daran, dass Sicherheit, Effizienz und Wohlbefinden der Arbeiter wichtig sind, auch wenn Ihr Name auf dem Produkt oder dem Gebäude steht.

Banken und Juwelierläden sind gute Beispiele für offen-geschlossene Geschäfte. Hier stehen Sicherheitsüberlegungen in bezug auf Geld und Schmuck an vorderster Stelle. Tresorräume, Safes und Geldkassetten sollten im Nordosten oder an der Stelle stehen, wo die Sicherheit am besten gewährleistet ist. Zweite Priorität haben die Stellen, wo die Waren bezahlt werden oder wo Transaktionen stattfinden. In Banken sind auch diese Räume zusätzlich gesichert. Juwelierläden befinden sich in einer interessanten offen-geschlossenen Situation. Die Produkte müssen zwar sichtbar sein, aber sie frei zugänglich zu machen ist ungünstig. Sicherheit steht an erster Stelle, und diese Läden investieren viel Geld in den Schutz der Waren. Sowohl bei Banken als auch bei Juweliergeschäften gelten die Überlegungen vordringlich der Sicherheit, Ein- und Ausgänge folgen erst in zweiter Linie.

Andere Geschäfte, die zum offen-geschlossenen Typ gehören, sind Büros ohne Produkte, aber mit einem konstanten Strom von Besuchern, z. B. Hotels, Immobilienverwaltungen oder Arztpraxen. In solchen Geschäften sehen die Kunden selten Bargeld. In einer Arztpraxis stehen Wohlbefinden und Sicherheit der Patienten an erster Stelle, die meist einen Termin abmachen und erwartet werden. Eingang, Wartezimmer oder Vorraum sollten geräumig sein, die Stühle bequem, die Beleuchtung angemessen und der Lesestoff einigermassen neu. Wenn die Zeitschriften im Wartezimmer fünf Jahre alt sind, wird man an der Qualität der bevorstehenden Behandlung Zweifel hegen. Sind die Zeitschriften nicht auf dem Laufenden, ist es auch der Arzt nicht. Wenn das Wartezimmer unangenehm ist, klein, dunkel, vollgestellt oder schmutzig, könnte das Ihr Wohlbefinden in verschiedener Weise beeinträchtigen. Ein Chiropraktiker hat ein Aquarium in seinem Wartezimmer, und das Warten ist weniger langweilig, wenn man von schönen Fischen unterhalten wird. In einer Zahnarztpraxis steht ein Wasserfall. Manchmal gehen die Patienten in die Praxis, um sich zu entspannen – das sind keine Masochisten, sie lieben einfach diesen Raum.

Die nächste Überlegung gilt dem Untersuchungs- und Behandlungsraum: Er sollte gross genug sein, dass man sich darin wohl fühlt, und doch die notwendige Privatsphäre vermitteln. Süden oder Südwesten sind günstige Richtungen für Untersuchungszimmer. Der Empfangsraum sollte gross genug sein, dass alle Büromaschinen und alle Akten darin Platz haben. Der Ort, an dem bezahlt wird, befindet sich normalerweise in der Nähe des Empfangsraums und nicht im Blickfeld. Der Beratungsraum sollte, wenn er nicht mit dem Behandlungsraum identisch ist, so eingerichtet sein, dass die Energie gut fliesst; er sollte aufgeräumt und ohne Schnickschnack sein.

Ich erinnere mich an eine Arztpraxis, in der Wartezimmer und Empfang recht nett waren. Auf dem Weg durch einen Korridor kamen wir an einigen angenehmen Behandlungszimmern vorbei. Während wir weiter durch einen langen, schmalen Korridor gingen, erschienen immer mehr Gegenstände auf dem Weg: ein hölzerner Indianer, ein Kuhschädel, Stapel von Büchern. Wir gingen immer weiter, und der Korridor wurde immer bizarrer, bis wir an seinem Ende anlangten – dem Sprechzimmer des Arztes. Jeder Quadratzentimeter war mit einer seltsamen Sammlung medizinischer, anthropologischer, indianischer, tibetischer und karnevalistischer Gegenstände vollgestopft. Mein Kopf brummte. Der Arzt stand glücklicherweise kurz vor seiner Pensionierung.

Ein Hotel ist ebenfalls ein offen-geschlossenes Geschäft. Das Wichtigste ist hier die Rezeption und nicht die Kasse (die sich meist in den Räumen der Geschäftsführung und -verwaltung befindet). In dieser Art Büro ist ein Eingang nach Nordwesten oder Südwesten vorzuziehen. Menschen planen, in ein Hotel zu gehen. Sie kommen selten einfach so herein, um sich etwas umzusehen. Eingang und Halle definieren den Charakter des Hotels. Eine gut beleuchtete, geräumige Halle spricht von Qualität und gutem Service. Der Eingangsbereich sollte weder von Treppen noch von scharfen Kanten oder freistehenden Säulen beeinträchtigt sein.

Die Stellung der Rezeption ist äusserst wichtig. Sie sollte vom Eingang aus sofort sichtbar und deutlich zu erkennen sein.

## Das Feng Shui der Aussenansicht eines Büros oder Ladens

### *Passen Sie das Gebäude dem Geschäftstyp an*

Wenn Sie auf der Suche nach dem idealen Arbeitsplatz sind, sollten Sie ein Gebäude aussuchen, das am besten zu Ihren Aktivitäten passt. Ein Schreiner wäre vermutlich in einem Holz-Gebäude am glücklichsten, weil er mit Holz arbeitet. Finanzangelegenheiten haben in einer Erd-Struktur am meisten Erfolg, weil diese an Tresorräume und Safes erinnern. Für einen Juwelier wäre ein moderner Bau aus Stahl und Glas günstig, weil Stahl zu Metall passt (Gold und Silber), während Glas das Element Wasser repräsentiert, das Kind des Metalls. Eine Firma, die mit Kommunikation zu tun hat (ein Verlag, eine Werbefirma etc.), wird in einem Glasgebäude am erfolgreichsten sein, weil Wasser das Element der Kommunikation ist. Schlagen Sie in Kapitel 1 den Abschnitt über die fünf Elemente nach, um festzustellen, welche Art von Gebäude am besten zu Ihrem Geschäft passt.

### *Die Hausnummer von Gebäude oder Büro*

Sagt das Gebäude etwas aus darüber, was es ist? Sind Name oder Hausnummer des Gebäudes auffällig und gut sichtbar? Gibt es einen Schriftzug an dem Gebäude oder ein identifizierendes Merkmal? Dies alles beeinflusst die Geschäfte in seinem Inneren. Gewisse Bürogebäude beherbergen nur eine Firma, während in anderen Hunderte verschiedener Büros und Geschäfte ansässig sind. Jedes davon wird vom Schicksal des Besitzers des Gebäudes beeinflusst. Läden in Einkaufszentren werden stark von ihren Nachbarn beeinflusst.

Die Hausnummer des Gebäudes oder die Nummer Ihres Büros können dessen Schicksal beeinflussen. Auch wenn wir schon über die Bedeutung der Nummern gesprochen haben, sollten wir uns etwas Zeit nehmen, das nochmals durchzugehen.

Viele chinesische Wörter klingen, wenn man sie ausspricht, ähnlich, und die chinesische Numerologie stützt sich auf die Prinzipien der Homophonie. Wie die Zahlen in der Aussprache klingen bestimmt, ob sie günstig oder ungünstig sind. Zahlen können Yin oder Yang sein. Yin-Zahlen sind gerade, Yang-Zahlen ungerade. Null stellt nichts dar, aber auch Perfektion, Vollkommenheit und Harmonie. Wie auf anderen Gebieten müssen auch bei Zahlen die Proportionen von Yin und Yang beachtet werden. Hausnummern wie 44 oder 111 oder 2222 sind unausgewogen, da sie nur Yin- oder nur Yang-Zahlen enthalten. Bessere Hausnummern sind 123 oder 651. Vier gilt im Allgemeinen als ungünstige Zahl, aber wenn sie mit anderen Zahlen kombiniert wird, ist sie weniger gefährlich. (Siehe hierzu auch Kapitel 4.)

### *Stellung in einem Gebäudekomplex*

Wenn Sie einen Raum in einem Komplex aus mehreren Gebäuden aussuchen, sollten Sie daran denken, dass die wichtigsten Gebäude an auffallenden Stellen stehen, z. B. in der Mitte oder auf erhöhtem Grund, oder sich sonst irgendwie von den anderen abheben, um von einem gesunden Fluss des *chi* profitieren zu können. Plätze wie auch gestaltete offene und halboffene Innenhöfe geben einem Gebäudekomplex mehr Raum. Solche Elemente wirken als Brennpunkte und fügen Yin-Energie hinzu, die das Yang der überbauten Flächen ausgleichen.

Es sollten genügend Parkplätze vorhanden und ein guter Zugang zu den öffentlichen Verkehrsmitteln gegeben sein, damit Kunden und Arbeiter zu Ihnen kommen können.

Wenn Sie einen Laden in einem Einkaufszentrum oder in einem Gebäudekomplex aussuchen, sollten Sie nach einheitlichen architektonischen Merkmalen Ausschau halten. Alle Fenster auf demselben Stockwerk sollten die gleiche Grösse haben, und die Farben sollten aufeinander abgestimmt sein. Wenn die eine Ladentür leuchtend rot ist und alle anderen leuchtend grün, sticht die rote Türe hervor, und das ist nicht gut.

Einheitlichkeit schafft Harmonie. Geschäfte in einer Häuserreihe mit völlig verschiedenen Höhen, Formen und Grössen haben meistens keinen Erfolg. Es ist günstiger, wenn mehrere Blocks von Geschäftshäusern die gleiche Höhe, die gleichen Merkmale, Säulenreihen und Dächer haben. Wenn z. B. ein Gebäude blau gestrichen ist, sollten alle angrenzenden Gebäude das Blau auf irgendeine Weise in ihr Farbschema einbeziehen. Das Lincoln Center in New York und das Music Center in Los Angeles sind gute Beispiele für verschiedene Gebäude, die von der Architektur her harmonisch aufeinander abgestimmt sind.

### *Lage in einem Geschäftshaus oder Einkaufszentrum*

Wenn sich Ihr Geschäft in einem Einkaufszentrum befindet, sollte es «im Fluss» und in der Nähe eines beliebten Ladens sein. Gewöhnlich gibt es in Einkaufspassagen auf der einen oder anderen Seite oder auf einer der oberen Ebenen ein grosses Warenhaus, damit die Kunden gezwungen sind, nach oben oder vom einen Ende der Passage zum anderen zu gehen. Das regt die Zirkulation an.

Läden in Ecken sind entweder äusserst erfolgreich oder völlig erfolglos. Ein Laden in einer toten Ecke zieht selten Laufkundschaft an. Halten Sie nach Gebäuden Ausschau, die Biegungen oder andere interessante Details enthalten, und vermeiden Sie Gebäude mit scharfen Kanten. Meiden Sie Gebäude oder Büros, die so plaziert sind, dass der Eingang gegenüber einer T-Kreuzung aus zwei Gängen liegt. Ein Raum, der sich an einer T-Kreuzung befindet, kann von extremen *chi*-Schwingungen durchdrungen werden, die Verwirrung oder unerwünschte Einflüsse herbeiführen. Wenn eine T-Kreuzung vor dem Eingang liegt, sollten Sie einen anderen Eingang wählen, die ursprüngliche Eingangstür bedeckt halten, ein Bild mit einem runden Motiv anbringen oder ein Windspiel in den Eingang hängen – hoch genug, dass es den Durchgang nicht stört, aber so tief, dass es sich im Wind bewegt. Diese Gegenmassnahmen können die zu starke Energie einer T-Kreuzung auflösen.

Meiden Sie Büros oder Läden am Ende eines geraden Korridors, weil sie Empfänger von negativem *chi* werden könnten. Wenn Sie sich in einem solchen Raum befinden, sollten Sie helles Licht, kräftige Farben und grosse Schriftzüge einsetzen, um die Aufmerksamkeit auf sich zu ziehen. Wenn möglich sollten Sie eine Schranke zwischen Ihrem Laden und dem Ausgang errichten. Halten Sie Fenster verdeckt, entweder mit Pflanzen oder mit Stoff – tun Sie Ihr Bestes, damit die Kunden den Laden nicht zu schnell wieder verlassen, weil sie gleich den Ausgang sehen. Umgeben Sie Ihren Raum mit Pflanzen, wenn Sie können. Gewöhnlich bekommt der Laden oder das Büro, das am nächsten beim Eingang liegt und am besten sichtbar ist, am meisten Kundenverkehr.

### *Das ideale Gebäude*

Sobald Sie das für Ihr Geschäft am besten passende Element bestimmt haben, sind Sie bereit, das Gebäude selbst zu untersuchen. Die wichtigsten Gebäude liegen im Idealfall an auffallenden Stellen, um möglichst viel vom Fluss des *chi* zu profitieren. In Geschäftszentren ergeben offene und halboffene Innenhöfe einen Kontrast von Yin und Yang. Vorzüge wie gedeckte Wege, Verbindungspassagen und Übergänge auf Etagenhöhe sind ein Zeichen dafür, dass die Geschäftsführung Gesundheit und Wohlbefinden der Arbeiter berücksichtigt. Wenn Bürogebäude erbaut werden, sollte dem Eingang, dem Zugang, der Zirkulation und dem Parkplatz besondere Aufmerksamkeit geschenkt werden. In Bürohäusern sollte der Raum unterteilt werden, damit Zirkulation erleichtert wird. Die elektrischen und mechanischen Ausrüstungen sollten effizient sein, die Unterteilungen flexibel, und der Zugang zu den Notausgängen, Teeküchen, Ess- und Erfrischungsräumen sowie den Toiletten sollte immer frei und gut sichtbar sein.

Wasser in der Nähe ist immer gut. Wasser, das längs des Grundstücks oder Gebäudes vorbeifliesst, ist weniger günstig als langsam an der Vorderseite des Gebäudes entlangströmendes Wasser, wie man es beim Kaiserpalast in Beijing findet. Langsame, sanft gebogene Wasserläufe bringen Glück, während schnellfliessende Flüsse alles Geld und alle Ressourcen mit sich forttragen. Wenn es keine natürlichen Wasserwege gibt, sollten Sie versuchen, Wasser in die inneren oder äusseren Bereiche einzubeziehen, indem Sie Brunnen, Teiche und Aquarien installieren. Century City in Los Angeles ist ein gutes Beispiel für ein erfolgreiches Geschäftszentrum, das mit Springbrunnen in der Mitte der Avenue of the Stars, der wichtigsten Geschäftsstrasse in Century City, belebt wird.

### *Die Form eines Grundstückes oder Gebäudes*

Gebäude und Grundstücke können alle Formen und Grössen haben. Wenn Sie ein Büro auswählen, sollten Sie bedenken, dass gewisse Formen als glückbringender gelten als andere. Die günstigsten Formen sind regelmässig, entweder quadratisch/Yin oder rechteckig/Yang. Das Rechteck ist besonders günstig, wenn die Nord- und Südseite länger sind als die Ost- und die Westseite. Dreieckige Grundstücke und Gebäude können problematisch sein, weil der nutzbare Raum relativ klein ist. Ovale, die weder yin noch yang sind, eignen sich gut für religiöse

*Manchmal muss man einfach die Aufmerksamkeit auf sich lenken – genau das versucht ein Autohändler mit diesem Gorilla.*

Bauten. Bei deodätischen Domen fehlen meist Teile oder sie stehen über. Grundstücke, Gebäude oder Räume in T-, L- oder Kreuzform oder in unregelmässiger Form sind ungünstig. Wenn das Grundstück eine unregelmässige Form hat, verringert sich die nutzbare Fläche und die Baupläne müssen angepasst werden. Wenn das Büro eine unregelmässige Form hat, ist es schwierig, die Möbel günstig aufzustellen. Im Anhang finden Sie einen Abschnitt über das *ba gua,* den achtseitigen chinesischen Kompass. Jede der acht Seiten wird einem bestimmten Lebensbereich oder einer Qualität zugeordnet. Wir benutzen das *ba gua* (siehe Anhang), um Räume auf dem Grundstück günstig anzuordnen und Zimmer richtig zu möblieren. Es ist wichtig zu wissen, dass regelmässige, einfache Formen alle acht Seiten des *ba gua* beinhalten können, was sicherstellt, dass alle Lebensbereiche aktiv und vital sind. In einer unregelmässigen Form gibt es überschüssige oder unterrepräsentierte Anteile des *ba gua.* Da jeder Teil des *ba gua* einen notwendigen Teil des Lebens darstellt, fehlt der entsprechende Lebensbereich, wenn ein Teil im Raum fehlt.

In den meisten Fällen ist es besser, wenn sich das Gebäude in der Mitte des Grundstückes befindet. Wenn das Grundstück schmal ist, wird ein hohes Gebäude in der Mitte Erfolg haben. Ist das Grundstück vorne schmal und verbreitert sich nach hinten, häuft sich Glück an. Ein unregelmässig geformtes Grundstück kann zu Problemen führen. Menschen, die dort leben oder arbeiten, könnten ein seltsames Leben haben oder vielleicht eigenartige Menschen sein – das ist ganz toll, wenn Sie beim Zirkus oder im Showbusiness arbeiten (die meisten Gebäude sind zu irgend etwas gut).

Die Sichtbarkeit des Ortes ist wichtig, denn Sie werden keine Geschäfte abwickeln können, wenn die Leute Sie nicht sehen können. Ein Hotel an einem erhöhten Platz über der Stadt wird Prestige und Bewunderung ernten, denn die ganze Stadt ist darauf ausgerichtet. Ausserdem ist die Zuneigung gesichert, denn das Hotel liegt im Blickfeld der gesamten Stadt darunter und trägt zu dem bei, was man eine «geliehene Landschaft» nennt. Natürlich hängt es davon ab, was man erreichen will. Wenn Ihr Büro in einer kleinen dunklen Ecke versteckt liegt, wird es niemand sehen, und Sie werden keine Geschäfte machen.

Ein attraktives Schild ist eine andere Möglichkeit, um die Aufmerksamkeit auf Ihr Geschäft zu lenken. Schilder sollten ansprechend, leicht zu sehen und zu lesen sein und in den Proportionen zum Gebäude passen. Sie sollten weder ein Fenster noch eine andere Öffnung blockieren. Gute Formen für Schilder sind Quadrate, Kreise und Rechtecke; Dreiecke sind meistens weniger günstig. Stellen Sie das Schild nicht aus weichem Holz her, und befestigen Sie es gut am Gebäude. Schilder sollten entweder drei oder fünf verschiedene Farben haben, die zu der Richtung passen, in die das Schild blickt. Nachstehend finden Sie eine Liste der acht möglichen Richtungen und Empfehlungen bezüglich Höhe und Farbe des Schildes.

*Osten:* Ein Schild, das nach Osten ausgerichtet ist, muss hoch sein, weil das die Richtung der aufgehenden Sonne ist.
Beste Farben: Schwarz-Grün-Rot, Grün-Rot-Weiss.

*Südosten:* Ein Schild, das nach Südosten ausgerichtet ist, sollte etwa auf Augenhöhe plaziert sein. Ist es zu hoch, wird der Fluss des *chi* blockiert.
Beste Farben: Weiss-Rot-Grün, Weiss-Rot-Purpur.

*Süden:* Ein Schild, das nach Süden ausgerichtet ist, sollte ziemlich hoch angebracht werden, aber nicht höher als das Gebäude. Daraus würde zu viel Yang-Energie und somit ein Ungleichgewicht entstehen.
Beste Farben: Weiss-Grün-Gelb, Weiss-Rot-Purpur, Rot-Gelb-Purpur, Gelb-Weiss-Rot, Weiss-Grün-Rot.

*Südwesten:* Ein Schild, das nach Südwesten weist, sollte nicht zu weit oben angebracht werden – etwa fünf bis sechs Meter über dem Boden.
Beste Farben: Weiss-Rot-Gelb, Weiss-Grün-Rot.

*Westen:* Ein Schild, das nach Westen weist, sollte in mittlerer Höhe angebracht werden, aber nicht zu tief unten, da es sonst zu Reibereien zwischen Arbeitern und Familie kommen könnte.
Beste Farben: Weiss-Schwarz-Gelb, Gelb-Weiss-Rot.

*Nordwesten:* Ein Schild, das nach Nordwesten weist, sollte recht hoch oben angebracht werden, aber nicht so hoch, dass es für das Gebäude unproportioniert wirkt.
Beste Farben: Rot-Gelb-Purpur, Gelb-Weiss-Rot.

*Norden:* Ein Schild, das nach Norden weist, sollte hoch genug aufgehängt werden, dass es tagsüber etwas Sonnenlicht einfangen und so die Harmonie sichern kann.
Beste Farben: Gelb-Weiss-Rot oder Weiss-Rot-Grün.

*Nordosten:* Ein Schild, das nach Nordosten weist, muss tief angebracht werden, um Disharmonie zu vermeiden.
Beste Farben: Gelb-Weiss-Rot, Rot-Gelb-Purpur, Weiss-Grün-Rot.

### *Eingang zum Büro*

Um ein öffentliches Gebäude wie ein Einkaufszentrum oder ein Bürogebäude betreten zu können, muss man den Eingang finden. Ist der Parkplatz zu weit entfernt oder der Eingang nicht klar erkennbar, könnte man nie zu Ende bringen, was man in diesem Gebäude erledigen wollte. Einige Häuser haben Tiefgaragen. In diesem Fall sollten die Aufzüge sowie der Weg zu ihnen gut sichtbar sein. Beim Betreten eines Gebäudes vermittelt die Eingangshalle den ersten Eindruck davon, was im Inneren vor sich geht, und der wird von Farbe, Geruch, Temperatur,

Beleuchtung und der Stellung der Möbel bestimmt. Eine geräumige, gut beleuchtete und gut gereinigte Halle ist Zeichen für ein erfolgreiches Gebäude. Eine schäbige, dunkle und muffige Halle lässt an dunkle Geschäfte oder heruntergekommene Unternehmen denken und wirkt deprimierend. Die wichtigsten Öffnungen eines Gebäudes sind der Eingang und der Ausgang. Die Eingangstür Ihres Büros oder Ladens sollte nicht mit der Hintertür auf einer Linie liegen, sonst wird das ankommende *chi* direkt wieder durch die Hintertür hinausfliessen, ohne den Raum zu nähren.

Untersuchen Sie den Eingang nach geheimen Pfeilen. Kontrollieren Sie, ob benachbarte Dachlinien oder Wände Kanten bilden oder ob Schatten von Bäumen auf den Haupteingang zielen. Trifft dies zu, sollten Sie sie mit Vorhängen, Pflanzen oder anderen Gegenmitteln ablenken. Blicken Sie aus den Fenstern der Halle. Das Hyatt Hotel in Monterey, Kalifornien, liegt an einem Golfplatz. Man kann sich nur fragen, wie viele Leute jedes Jahr durch herumfliegende Golfbälle verletzt werden. Das Hyatt behauptet zwar, das passiere nur selten, aber auch selten ist zu oft. Natürlich könnte ein Golfliebhaber da eine andere Einstellung haben. Wenn es Pfosten, Bäume oder einen unerfreulichen Ausblick vor dem Haupteingang gibt, sollten Sie Pflanzen oder einen Wandschirm so aufstellen, dass man beim Hinausgehen nicht sofort damit konfrontiert wird. Wenn ein Baum oder ein Pfosten den Eingang blockiert, kann man auf Augenhöhe einen Spiegel daran aufhängen, mit der spiegelnden Seite gegen die Tür.

Wenn der Eingang gegenüber von einer Wand oder etwas Unerwünschtem wie einer Säule, einem Treppenhaus, einem Badezimmer oder einem Ausgang liegt, kann das *chi* mit Hilfe von Spiegeln vom Eingang weg und in den Raum hinein gezogen werden. Feuertüren sollten sich nach aussen öffnen, damit das *chi* hinausgelangen kann. Dies gilt auch für die Türen von geschlossenen Räumen wie Theatern oder Clubs.

Der Weg vom Haupteingang zum Aufzug oder zu den Treppen ist für das *chi* die wichtigste Bahn in die oberen Stockwerke. Entscheiden Sie, welche Türen als Haupteingang und Ausgang dienen sollen. Halten Sie andere Türen nach draussen abgeschlossen und bedecken Sie sie mit einem Plakat oder einem Bild. Wenn es zu viele Innentüren gibt, herrscht zu viel Kommen und Gehen. Halten Sie alle Schranktüren geschlossen; wenn möglich sollten Sie auch einige der zusätzlichen Innentüren abschliessen. Ein Buchladen hatte fünf Eingangstüren, acht Innentüren und vier Ausgänge. Die täglichen Diebstähle brachten ihn an den Rand des Ruins. Nachdem die Besitzer einige der Türen geschlossen hatten, um das *chi* zu konzentrieren, und die Bücher so auslegten, dass kleine Dinge nicht mehr so einfach gestohlen werden konnten, hörten die Diebstähle auf.

Das Büro eines Party-Organisators lag an der Treppe, die in die Tiefgarage führte. Im Empfangsraum stand ein quadratischer Konferenztisch, der ihn praktisch ausfüllte. Zudem war der Raum dunkel und mit Schachteln vollgestellt, die persönliche Artikel wie Skistiefel, Gymnastikausrüstung und Pullover enthielten. Eines der Probleme der Firma war mangelnder Umsatz. Warum? Das *chi* kam herein und konnte nicht weiterfliessen, weil da zu viele Möbel und andere Dinge herumstanden und -lagen. Nachdem der Raum aufgeräumt worden war, konnte das *chi* wieder fliessen, und der Umsatz nahm zu. Aber bezüglich des ungünstigen Eingangs konnte man nichts machen. So nahe an der Treppe gingen ständig Ressourcen verloren, durch falsches Management, persönliche Luxusausgaben und eine allgemeine «Party-Atmosphäre». Die Treppen erinnerten alle Angestellten daran, dass man sich leicht fortstehlen konnte. Man musste einfach die Hintertreppe nehmen. Als das Büro in einen kleineren Raum verlegt wurde, konnten die Ressourcen konsolidiert und das Geschäft gerettet werden.

Eine weitere Überprüfung gilt den Richtungen. Als erstes sollte man die Richtung des Gebäudeeingangs mit der Richtung des eigenen Büroeingangs vergleichen. Zweitens ist die Richtung des Büros mit der Richtung des persönlichen Büros oder Schreibtisches zu vergleichen. Wenn alle drei Richtungen – Gebäude, Büro, Schreibtisch – harmonisch zueinander stehen, werden das Gebäude, das Büro und Ihr Schreibtisch erfolgreich sein. Stehen die Richtungen in Konflikt miteinander, könnte das Gebäude auf Kosten des Büros gedeihen, das Büro könnte Erfolg haben, auch wenn das Gebäude keinen hat, oder Sie könnten Misserfolge haben, einfach weil Ihr Schreibtisch in die falsche Richtung blickt. Zum Beispiel: Das Gebäude ist nach Osten ausgerichtet. Der Eingang zu Ihren Büroräumen geht ebenfalls nach Osten. Der innere Eingang zu Ihrem Büro und Ihr Schreibtisch selbst sind nach Westen ausgerichtet. Alle in diesen Büroräumen werden mit dem Verwalter des Gebäudes auskommen (Osten/Osten), nur Sie nicht (Osten/Westen). Sie haben oft Meinungsverschiedenheiten mit ihm. Warum? Osten und Westen bekämpfen sich, genau wie Holz und Metall. Wie könnten Sie nun Ihr Büro mit den übrigen Büros und dem Gebäude selbst in Einklang bringen? Denken Sie daran, dass die Richtungen mit den Elementen gleichgesetzt werden können. Fügen Sie Feuer (Süden) zu Ihrem Büro hinzu, um das Metall (Westen) zu reduzieren. Weiter sollten Sie Holz (Osten) oder Wasser (Norden) -Gegenstände oder -Farben in Ihrem Büro verwenden, um seine Kompatibilität mit der östlichen Ausrichtung der anderen beiden Eingänge zu betonen.

Ein weiteres Beispiel: Ein kleines Einkaufszentrum hat eine nach Süden (Feuer) ausgerichtete Vorderfront. Das Quartier befindet sich in einer Wasserlandschaft. Um das Feuer des Hauses noch zu betonen, steht vor dem Eingang ein grosses, dreieckiges Schild. Das Schild ist grün (Holz), was Feuer unterstützt. Das Quartier unterstützt aber das Einkaufszentrum nicht. Alle Läden im Erdgeschoss sind nach Süden (Feuer) ausgerichtet, und die Ladenmieter wechseln schnell. Die meisten gehen bankrott. In der ersten Etage gibt es ein Restaurant namens Killer Shrimp (Mörderkrabbe), das phänomenal erfolgreich ist. Der Eingang des Restaurants geht nach Osten (Holz). Wasser unterstützt Holz, und die Bewohner des Quartiers stehen jeden Abend Schlange, um das schreckliche Essen zu sich zu nehmen und die fürchterliche Bedienung zu erdulden. Niemandem macht es etwas aus. Das Restaurant ist ein Erfolg.

Alle diese Richtungen können verwirrend wirken. Erinnern Sie sich einfach daran, dass Sie, wenn es einen Konflikt zwischen Ihrer Bürotür und dem Eingang des Gebäudes gibt, Ihrer Tür ein geeignetes Element hinzufügen können, eine Farbe, ein Objekt oder ein Material, um sie mit dem Gebäude verträglicher zu machen. Es ist wirklich recht einfach, besonders wenn Sie daran denken, dass eine gesunde Umgebung alle fünf Elemente enthält. Wenn Sie unter Einbezug der Richtungen darauf achten, dass alle vertreten sind, können Sie nicht fehlgehen.

## Das Feng Shui der Inneneinrichtung eines Büros oder Ladens

Wenn Sie das Innere eines Büros oder Arbeitsortes analysieren, sollten Sie die Oberflächenstrukturen innen und aussen beachten, die Farben, die Temperatur sowie die Menge verfügbaren Lichts. Ist der Raum heiss, stickig, hell, dunkel, kalt oder feucht? Spüren Sie den Luftzug und Energiestrom natürlicher und künstlicher Belüftungen, von Heizung und Kühlung? Kontrollieren Sie das Shui – die Wasseradern und den Weg der Wasserleitungen im Gebäude, insbesondere in Küche und Bad. Kontrollieren Sie, ob alle Rohre dicht sind und ob es feuchte oder schimmlige Stellen gibt. Kontrollieren Sie auch die elektrischen Leitungen und stellen Sie fest, aus welcher Richtung sie angeschlossen sind. Lassen Sie wenn möglich die elektromagnetischen Felder an der Strasse, bei der naheliegendsten Kraftquelle oder beim Hauptgenerator messen. Es müssen auch noch andere Details beachtet werden, aber dies sind die wichtigsten Punkte, weil sie bestimmen, in welche Richtung das *chi* durch das Grundstück und das Gebäude fliesst.

### *Die ideale Lage und Zuordnung von Büros*

Das *ba gua* kann helfen, die günstigsten Stellen für jede Funktion in Ihrem Büro zu finden. Im Anhang finden Sie eine Tabelle, die den besten Standort für jede Funktion aufzeigt. Es gibt jedoch allgemeingültige Regeln für die Einrichtung von Büros. In einem Gebäude haben diejenigen Büros, die vom Haupteingang und von der Strasse am weitesten entfernt sind, gewöhnlich die machtvollste Stellung. In manchen Gebäuden ist das am weitesten entfernte Büro einer Person mit wenig Einfluss zugeteilt. Es könnte sich dabei auch um das Büro eines Angestellten handeln, der ausgegrenzt wurde. Wenn Sie in einem Büro im Untergeschoss arbeiten, sollten Sie trotzdem nicht in Panik geraten. Ein junger Mann, der in einem Autoverleih arbeitete, war entsetzt, als er in eine Hotelgarage versetzt wurde. Sein neues Büro befand sich im Untergeschoss, weit entfernt von allen anderen Angestellten. Er befürchtete, in der Firma verloren zu gehen und begann, seine Kaffee- und Essenspausen im Hotel zu verbringen. Er lernte einige der Hotelangestellten kennen und machte sich einfach mehr bemerkbar. Heute ist er sehr glücklich mit seiner Arbeit und seinem Leben. Ein Börsenmakler wollte sich in einem Meer von Schreibtischen anderer Makler hervorheben. Er stellte seinen Stuhl höher, wodurch er einen Kopf grösser wurde als alle anderen. Dies gab ihm den Auftrieb, den er brauchte, und nun ist er zufrieden mit seiner Arbeit. Wenn Ihr Büro nicht ideal plaziert ist, sollten Sie etwas tun, um die Aufmerksamkeit auf sich und Ihr Büro zu lenken. Zusätzliche Lampen, ein grösseres Schild, ein höherer Stuhl, praktisch alles – ausser Rollschuhlaufen in der Eingangshalle – kann helfen.

Wer regelmässig mit Kunden oder mit anderen Angestellten zu tun hat, sollte eine zentrale Position haben, damit er oder sie leicht zu sehen und leicht zu erreichen ist. Wenn die Angestellten Zeit verschwenden, um diese Person zu suchen, geht die Effizienz verloren. Manchmal gibt es in einem Büroraum zahlreiche Innentüren. Daraus können allerlei Probleme entstehen, und meist führt es dazu, dass die Angestellten zerstreut oder zu wenig konzentriert sind. Streichen Sie alle Türpfosten in derselben Farbe und betonen Sie dann jede Tür mit einem farbigen Band am oberen Rand. Wenn die Türen beim Öffnen aneinanderstossen, sollten Sie in die Mitte jeder Tür einen roten Fleck aufmalen, damit die Türen einander «sehen» können.

Wenn Ihr Büro nur einen Eingang hat und weder Fenster noch einen Ausgang, sollten Sie schöne Landschaftsbilder aufhängen, damit Sie das Gefühl haben, nach draussen zu blicken. Auch Spiegel, die wie Fenster gearbeitet sind, aber auch gewöhnliche Spiegel können geschlossene Räume beleben. Ventilatoren und andere elektrische Geräte können die Energie aktivieren und in Bewegung bringen, wenn es weder Fenster noch Ausgangstüren gibt. Pflanzen und Blumen – echte oder künstliche – können auch viel zur Belebung eines Raums beitragen.

In Büros ist es wichtig, blendendes Licht zu vermeiden. Blendendes Licht in den Augen eines Kunden oder Angestellten irritiert und macht es ausserdem schwierig, den Computerbildschirm zu sehen. Ein Schriftsteller beklagte sich, dass er seit über einem Jahr keinen Artikel mehr verkauft hatte. Wenn er an seinem Schreibtisch sass, brannte ihm die Sonne durch ein Oberlicht hindurch beinahe ein Loch in den Nacken. Auf die Frage, ob die Hitze und das Licht ihn nicht störten, sagte er: «Nein, ich sitze ohnehin nie dort.» Wenn man nicht an seinem Schreibtisch sitzen kann, wie kann man dann seine Arbeit erledigen?

Wenn das Fenster Ihres Büros nach Westen geht, sollten Sie es während der Zeit, in der die Sonne hindurchscheint, verdecken. So vor einem Fenster zu sitzen, dass Kunden oder Mitarbeiter die Sonne im Gesicht haben, gibt Ihnen die Oberhand. Mit diesem Trick brachte Abraham Lincoln seine Kabinettsmitglieder jeweils zu schnellen Entscheidungen. Sie pflegten ganz schnell eine Entscheidung zu treffen, nur um dieses Zimmer so bald wie möglich wieder verlassen zu können. Was ist die Lösung bei blendendem Licht? Halten Sie das Fenster während der kritischen Zeit verdeckt oder hängen Sie einen Kristall ins Fenster, damit er das Licht in sein farbiges Spektrum zerlegt. Seien Sie vorsichtig – das starke Licht kann zusammen mit einem Glas oder Kristall auch ein Feuer entfachen.

In jedem Geschäft gilt die erste Sorge des Feng Shui-Beraters dem Büro des Chefs, denn das Glück der gesamten Firma ruht auf seinen oder ihren Schultern. Ist das Feng Shui des Chefs schlecht, wird auch Ihr Job schlecht sein. Der Chef sollte an der Stelle mit dem besten Überblick sitzen, um seine Autorität über die Angestellten hervorzuheben. Autorität geht im Allgemeinen von der Ecke aus, die am weitesten vom Eingang entfernt ist. Der Chef sollte den Raum haben, der am weitesten vom Eingang und am weitesten von der Strasse entfernt ist. Befindet er sich zu nahe an der Tür, wird es im Büro sehr viel Kommen und Gehen, aber wenig Ruhe geben. Liegt es zu nahe an der Strasse oder dem Eingang, kann man die Energie mit Spiegeln in das Büro ziehen.

Das Büro der verantwortlichen Person bestimmt also über Erfolg oder Misserfolg des Geschäfts. Wer bekommt das beste Büro? Natürlich der Chef!

### *Das Feng Shui des Schreibtisches*

Ob Sie in einem Grossraumbüro sitzen, umgeben von Hunderten von Mitarbeitern, ob Sie der Chef mit einem imposanten Eckbüro sind oder ob Sie ein erfolgreiches Geschäft von Ihrem Schlafzimmer aus leiten – Ihr Schreibtisch ist der Ort der Macht. Hier sollten Sie grösstmögliche Kontrolle, Konzentration, Effizienz und Autorität haben. Form und Konstruktion des Tisches bestimmen weitgehend Ihre Position bei der Arbeit wie auch in der Welt. Seine Stellung bestimmt, ob Sie Erfolg haben oder nicht, das Banner Ihres Berufs hochhalten oder traurig in der Versenkung verschwinden werden.

Ihr Schreibtisch könnte eine Geschichte haben, die Ihre Erfolgsfähigkeit beeinflusst. Wem gehörte er vor Ihnen? War die Person erfolgreich oder nicht? Wer sass vor Ihnen an diesem Platz? Wurde er befördert oder gefeuert? In welchem Zustand befindet sich der Schreibtisch?

*Sind Sie unentschlossen, verwirrt, nervös, reizbar oder sprunghaft? Erreichen Sie nichts, zweifeln Sie an sich selbst, sind Sie ständig auf dem Sprung, hassen Sie Ihre Arbeit? Herrscht auf Ihrem Schreibtisch ein Durcheinander?*

Vielleicht war es der Schreibtisch Ihres Vaters und Sie fühlen sich allein dadurch unterstützt, dass Sie dort sitzen. Oder befürchten Sie vielleicht, nie Erfolg zu haben, weil Ihr Vater Sie für einen Versager hielt? Modisch oder schlicht, neu oder gebraucht, glatt und unverdorben oder geprägt von der Erinnerung an tausend andere Arbeitende – wie Ihr Schreibtisch auch sein mag, er muss sauber und aufgeräumt sein. Unordentliche Schreibtische bedeuten ein unordentliches Leben. Ein übervoller Raum kann ein Anzeichen für verworrene oder ungenaue Ziele, für ineffiziente Methoden oder die Unfähigkeit sein, Projekte zu Ende zu führen.

Das Büro eines Chiropraktikers war ein totales Durcheinander, überladen mit allerhand Kisten und persönlichen Dingen. Sein Schreibtisch stand in einer dunklen Ecke neben einem bis zur Decke reichenden Büchergestell. Schreibtisch und Gestell quollen von Papieren, Karteien, Büchern, Magazinen, Kinderzeichnungen, Essenspackungen und anderem Zeug über. Er hatte versucht, ein neues Geschäft zu beginnen, aber nichts schien zu funktionieren. Er gab der Rezession die Schuld; was konnte er da schon tun? Neuanfänge brauchen Platz zum Wachsen; mit einem Schreibtisch voll unfertiger Projekte ist es schwierig, etwas Neues zu beginnen. Wenn Sie und Ihr Schreibtisch an einer Menge alter Papiere und alter Projekte hängen, wie können Sie dann mit der Zeit gehen?

### *Der Holz-Schreibtisch*

Ein Schreibtisch aus Holz gehört zum Holz-Element, und wer an ihm arbeitet, neigt zum Kreativen und Künstlerischen. Ein Holz-Schreibtisch ist sanft, gut für Menschen in heilenden und helfenden Berufen oder für solche, die in ihrer Arbeit mitfühlender sein und mehr Zuneigung zeigen wollen. Als ein Mahlzeitenlieferant seinen Metall-Schreibtisch gegen einen hölzernen Tisch tauschte, stieg sein Umsatz um 50 Prozent. Holz ist ein Symbol für das Nähren, weshalb Holzschreibtische für alle, die mit Lebensmitteln zu tun haben, besonders angebracht sind. Schreiner, Hersteller von Holzgegenständen oder alle, die sich mit Pflanzen befassen, etwa Botaniker und Floristen, arbeiten auf hölzernen Unterlagen ebenfalls gut. Unabhängig von der Tätigkeit hat eine Person, die an einem Holzschreibtisch arbeitet, das Potential zu grossem Wachstum, zur Anpassung an die Fluktuationen des Marktes oder, was weniger wünschenswert ist, so steif zu werden wie ein Stock. Im allerbesten Fall werden Sie an einem Schreibtisch aus Holz die majestätische Haltung eines tief in der Geschäftswelt verwurzelten Mammutbaums erreichen.

Um die Kreativität zu fördern, sollten Sie Ihrem Schreibtisch Holz hinzufügen: Blumen in einer Vase oder Topfpflanzen, Gegenstände aus Holz wie Bleistifte und Lineale und sogar Zahnstocher werden ihre Wirkung haben, wenn Sie sie zu Ihren speziellen Holz-Gegenständen erklären. Auch alles Rechteckige oder Grüne kann als Darstellung des Elements Holz dienen. Da alle Realität im Kopf beginnt, sind Kraft und Bündelung Ihrer Absicht äusserst wichtig. Wenn Sie etwas benützen, um ein Element darzustellen, müssen Sie diese Funktion in Ihrem Bewusstsein ganz klar als solche bezeichnen.

### *Der Feuer-Schreibtisch*

Wenn Ihr Schreibtisch dreieckig, rot oder aus tierischen Materialien hergestellt oder damit überzogen ist (Leder, Wolle, Knochen), sitzen Sie an einem Feuer-Schreibtisch. Als Überzug kann auch ein Tintenlöscher aus Leder mit einer Baumwollfilz-Auflage gelten. Möglicherweise sind Sie Lehrerin oder Buchhändler oder gehen einer anderen akademischen Tätigkeit nach, in der es vorwiegend auf intellektuelle Leistungen ankommt. In der Geschäftswelt ist ein Feuer-Schreibtisch ideal für die Haute Couture, für Grafiker, Architekten oder Tätigkeiten, die mit Feuer oder Feuerprodukten zu tun haben.

Ein Feuer-Schreibtisch regt Intelligenz und Fortschritt an, fördert aber auch den Hang zu substanzlosem Strahlen und Glänzen. Sie könnten an einem solchen Schreibtisch leicht ausbrennen oder austrocknen, und neue Ideen, die anfänglich auf Enthusiasmus stiessen, könnten verpuffen, bevor sie ausgereift sind. Diese Art Schreibtisch eignet sich am besten für die Planung gesellschaftlicher Anlässe, für Public Relations oder politische Arbeit wie Kampagnen, die kurzzeitig schnelles Handeln verlangen. Vernunft, Verstehen, Höflichkeit und Zeremoniell sind an einem Schreibtisch des Feuertypus wichtig, und wenn Sie es mit jemandem zu tun haben, der oder die an einem Feuer-Schreibtisch sitzt, sollten Sie aufpassen. Diese diplomatische und charmante Person könnte sich plötzlich verändern und launisch, kritisch, laut und streitsüchtig werden.

Wenn Sie Ihre ganze Geisteskraft beisammenhalten wollen oder bei der Arbeit etwas charmanter sein möchten, sollten Sie Ihrem Schreibtisch etwas Feuer hinzufügen, indem Sie ein Stück Stoff aus Wolle, Seide oder Baumwolle über die Ecke Ihres Tisches hängen. Ist dies unpassend, können Sie etwas Scharfes benutzen, wie einen Brieföffner oder eine Schere, die Sie zu Ihrem speziellen Feuer-Gegenstand erklären. Auch alles Rote, Rosarote oder Dreieckige fügt Feuer hinzu. Wenn Sie gar nichts auf Ihren Schreibtisch stellen können, können Sie den Gegenstand in die Schublade in der Mitte legen. Sie können auch jedes beliebige tierische Produkt wählen, sogar (im allverzweifeltsten Fall) einen Hühnchenknochen von Ihrem Mittagessen (zuerst waschen!). Wenn es erlaubt ist, können Sie auch Kerzen anzünden oder etwas Räucherwerk verbrennen.

### *Der Erd-Schreibtisch*

Ein Schreibtisch gehört zum Erd-Element, wenn er aus Marmor besteht, aus Beton, Backsteinen, Steinen oder anderen Erdmaterialien. Diese Art Schreibtisch ist ausgezeichnet für Banken, Spitäler, Finanzinstitute oder Geschäftstätigkeiten, die als seriös und stabil gelten sollen. Wenn Sie an einem solchen Schreibtisch sitzen, denken Sie vermutlich viel über Geld oder über materielle Ressourcen nach. Andere Tätigkeiten, die gut zu einem Erd-Schreibtisch passen, haben mit dem Verkauf oder der Herstellung von Keramik oder anderen Erdprodukten zu tun, mit Landwirtschaft, Städtebau, Tunnel- und Bergbau, Umweltschutz oder in irgend einer Weise mit der Erde oder deren Produkten. Eine künstlerisch veranlagte Person könnte sich an einem solchen Schreibtisch blockiert fühlen, und wer mit Kommunikation zu tun hat, könnte Schwierigkeiten bekommen, weil Vermittlung und Kommunikation aufhören würden. An einem Erd-Schreibtisch könnten Sie entweder wie ein Felsen in der Brandung stehen oder aber das Gewicht der ganzen Welt auf Ihren Schultern spüren.

Wenn Sie Schwierigkeiten damit haben, sich wirklich zur Arbeit hinzusetzen, oder wenn Sie einfach Ihre Energie zentrieren möchten, sollten Sie Ihrem Schreibtisch etwas aus dem Erd-Element hinzufügen, vielleicht einen Keramikteller, einen Stifthalter aus Marmor oder auch einen kleinen Stein aus der umgebenden Landschaft. Farbtöne wie Gelb, Dunkelgelb, Braun und Rost, aber auch quadratische, kistenähnliche Formen betonen das Erd-Element.

### *Der Metall-Schreibtisch*

Ein Metall-Schreibtisch im Sinne von Feng Shui besteht aus Metall. Die Arbeit daran dürfte präzise und sehr spezialisiert sein. Das ist kein Schreibtisch, an dem man der Vorstellungskraft freien Lauf lässt, sondern vielmehr einer, an dem man diszipliniert, organisiert und wissenschaftlich arbeitet. Metall erinnert an Münzenprägung, weshalb Metall-Schreibtische genau wie Erd-Schreibtische mit Geldangelegenheiten in Verbindung stehen und zu Banken oder Kreditinstituten passen. Geschäfte mit religiösem oder politischem Hintergrund scheinen mit Metall zu gedeihen, auch alle Tätigkeiten im Bereich von Edel- und anderen Metallen, wie Juweliergeschäfte oder der Handel mit Messern, Schwertern und anderen Gegenständen aus Metall. Wenn Sie an einem Metall-Schreibtisch arbeiten, könnten Sie entweder Ihr Gewicht in Gold wert oder aber etwas unverschämt sein, einen eisernen Willen haben oder, weniger erstrebenswert, so unflexibel und steif wie eine Eisenstange wirken. Wenn Sie Ihre Rechnungen bezahlen oder genau und pingelig sein müssen, sollten Sie Ihrem Schreibtisch etwas Metall hinzufügen, indem Sie einen Stifthalter aus Metall oder ein anderes Metallobjekt als Ihren speziellen Gegenstand wählen. Sie könnten auch ein Schmuckstück oder eine Kette von Büroklammern benutzen. Metall wird mit den Farben Weiss und Silber assoziiert, die man in jedem

Büro leicht finden wird. Ein Kreis ist die zu Metall gehörende Form, so dass alle Münzen oder runden, ovalen oder sichelförmigen Briefbeschwerer dem Schreibtisch Metall hinzufügen.

### *Der Wasser-Schreibtisch*

Ein Schreibtisch mit Glasplatte gehört zum Wasser-Element und wird gewöhnlich zur Drehscheibe der bürointernen Kommunikation. Glas ist gut für alles, was mit der Übermittlung von Ideen zu tun hat, z. B. Literatur, Kunst, Musik, Kommunikation, Medien, Werbung, Textverarbeitung, Computer, ferner für Elektroingenieure sowie alle Unternehmen, die in irgendeiner Form mit Flüssigkeiten zu tun haben, wie Ölraffinerien und Verteiler, Brauereien und Brennereien oder Getränkeabfüllanlagen. Geschäfte, die mit der See oder mit allem, was auf dem Wasser vor sich geht, zu tun haben, laufen mit einem Wasser-Schreibtisch bestens. Eine Glasplatte sollte besser von einem Holz- oder Metall- als von einem Marmor- oder Betonfuss (Erde) getragen werden. Ein Glasschreibtisch erlaubt Ihnen, sich nach dem Strom zu richten, oder aber Sie können so leblos werden wie ein verschlickter Teich.

Wenn Sie Schwierigkeiten mit Veränderungen haben und flexibler und anpassungsfähiger sein möchten, sollten Sie Wasser in irgendeiner Form benutzen – ein Glas oder eine Tasse mit Wasser, Blumen in einer Wasserschale oder Objekte aus Glas. Sogar Eiswürfel können eingesetzt werden. Alles Schwarze oder Weisse mit einer unregelmässigen Form kann Ihrem Schreibtisch ebenfalls Wasser hinzufügen.

Um Ihre Anstrengungen zu unterstützen, sollte Ihr Schreibtisch gross genug sein, damit für die Ausdehnung Ihrer Ideen genügend Platz vorhanden ist. Wenn Sie keinen Platz zum Arbeiten haben, werden Sie nicht viel zustande bringen. Der Schreibtisch ist der Sitz Ihres Geschäfts. Wie sieht der Sitz denn aus? Ein defekter Bürostuhl gibt Ihnen und Ihrer Arbeit eine unstabile Grundlage. Fühlen Sie sich da wohl, wo Sie jetzt gerade sitzen? Wenn nicht, sollten Sie nicht gleich in Panik davonstürzen und einen neuen Schreibtisch kaufen. Sehen Sie sich einfach um und lassen Sie sich etwas einfallen. Sie werden vermutlich viele Gegenstände sehen, mit denen Sie Ihrem Schreibtisch jedes beliebige Element hinzufügen können. Ein kleiner Gegenstand funktioniert ebenso gut wie ein grosser; Ihre Absicht ist so wichtig wie Ihre Handlung.

### *Plazierung des Schreibtisches*

Die richtige Plazierung des Schreibtisches ist ein wichtiger Faktor für Erfolg oder Misserfolg in der Arbeit. Die ideale Stellung liegt möglichst weit vom Eingang entfernt. Dadurch erhält man grösstmöglichen Überblick über den Eingang und das Büro selbst und hat deshalb eine Machtstellung inne. Hier kann sich niemand von hinten anschleichen, und nichts kann Ihnen entgehen. Wenn man den Eingang nicht sehen kann, könnte jemand unbemerkt in den Raum kommen und einen überraschen, und entsprechend wird man auf die Überraschungen, mit denen das Leben ständig aufwartet, nicht vorbereitet sein. Wenn man nie weiss, was auf einen zukommt, wird man nervös und schreckhaft, was das Erfolgspotential schwächt. Ausserdem wird man dann nie so recht wissen, was in der Firma wirklich abläuft, man wird mit den Unterhaltungen der anderen nicht vertraut sein und vielleicht sogar zur Zielscheibe von Firmenklatsch werden.

Eine Klientin wurde bei den Beförderungen konstant übersehen. Ihr Schreibtisch stand so, dass sie die Tür nicht sehen konnte, und die anderen konnten sie nicht sehen. Wenn man den Eingang nicht sehen kann, können auch die Mitarbeiter einen nicht sehen, und man kann bei den Beförderungen einfach vergessen werden. Man könnte von den Mitarbeitern einfach nicht zur Kenntnis genommen werden und bei der Arbeit wie in der Welt wenig Einfluss haben. Wo immer Sie auch arbeiten – sorgen Sie dafür, dass Sie sehen können, was vor sich geht, und dass die anderen Sie sehen. Als die Klientin ihren Schreibtisch so verschob, dass sie den Eingang sehen konnte, sah sie auch die anderen vorbeigehen und, viel wichtiger, die anderen konnten sie sehen. Sie wurde fast sofort befördert. Wenn Sie den Eingang nicht sehen können, sollten Sie einen Spiegel oder einen anderen spiegelnden Gegenstand so anbringen, dass Sie sehen können, was am Eingang vor sich geht. Wenn andere Sie nicht sehen können, sollten Sie ein grosses, auffälliges Schild an Ihrer Tür anbringen und eine helle Lampe neben den Schreibtisch stellen, um die Aufmerksamkeit auf sich zu lenken und sich «ins Rampenlicht zu stellen». Nur dürfen Sie dabei nicht vergessen, dass Sie dadurch recht sichtbar werden, und vielleicht mehr arbeiten müssen, als Sie es bisher gewohnt waren.

Wenn möglich sollte der Schreibtisch auf einer Nord-Süd- oder Ost-West-Achse stehen. Aber er sollte dieser Ausrichtung zuliebe nie eine eigenartige Lage im Raum erhalten. Wenn er nicht exakt auf diesen Achsen aufgestellt werden kann, sollte man einfach so nahe wie möglich an den Norden oder Osten herankommen. Der Blick auf den Eingang und ein bequemer Standort sind wichtiger als die Richtung.

Um die Richtung Ihres Schreibtisches zu bestimmen, sollten Sie in Ihrer normalen Stellung daran sitzen und nach vorne blicken. Die Richtung, in die Sie blicken, ist die Richtung des Schreibtisches. Jede Richtung fördert andere Gefühle. Wenn Sie nach Norden blicken, sind Sie mit Leib und Seele beim Geschäft. Der Blick nach Süden macht entspannter und freundlicher. Nach Osten zu blicken wirkt inspirierend, und nach Westen wird die Vorstellungskraft gefördert. Wenn der Schreibtisch nicht günstig steht, kann man ihn in die richtige Richtung bringen, indem man eine Farbe oder einen Gegenstand aus dem dazu gehörenden Element anbringt. Unabhängig von der Stellung Ihres Schreibtisches werden Schwarz, Glas, eine unregelmässige Form oder Wasser den Norden hinzufügen oder betonen.

Stellen Sie Ihren Schreibtisch nicht direkt gegenüber der Eingangstür auf. Kleine Büros können mit Hilfe von Spiegeln vergrössert werden, und mit ihnen kann man auch eine Aussicht auf Wasser in den Raum bringen, was den Geldfluss verstärkt. Hängen Sie aber nie einen Spiegel direkt gegenüber dem Eingang auf, sonst wird die Energie hereinkommen und direkt wieder aus der Tür geworfen werden.

Ein Klient arbeitete zu Hause, aber er hatte in den letzten Monaten keinen einzigen Auftrag erhalten. Diese Zeitspanne fiel mit der Neueinrichtung seines Büros zusammen. Er hatte seinen Karteikasten zu nahe an die Tür gestellt, die man deshalb nicht mehr ganz öffnen konnte. So konnten andere nicht zu ihm kommen. Als er die Karteikästen wieder von der Tür wegrückte, wodurch es beim Eingang mehr Platz gab, begann das Telefon zu läuten und innert Tagen hatte er einen neuen Vertrag. Der Schreibtisch und die anderen Möbel sollten weit genug vom Eingang entfernt stehen, damit man die Tür ganz öffnen kann.

Bei der Einrichtung von Büros ist ein minimalistischer Ansatz am erfolgversprechendsten. Vermeiden Sie erdrückende Möbel, die zu viel Raum beanspruchen. Stellen Sie schwere Möbelstücke der Wand entlang auf, benutzen Sie sie, um leere Ecken zu füllen, und halten Sie den Weg zwischen der Bürotür und den Ein- und Ausgängen des ganzen Geschäfts frei.

Im Oval Office steht der Schreibtisch des Präsidenten zu nahe an der Rückwand – und der Präsident der Vereinigten Staaten steht oft «mit dem Rücken zur Wand» und hat nur noch wenig Handlungsfreiheit. Um den Schreibtisch muss genügend Platz vorhanden sein, damit das *chi* ungehindert fliessen kann. Wenn Sie in einem vollgestopften Raum arbeiten, könnten Sie Klaustrophobie und chronische Magenkrämpfe bekommen.

Der erste Schreibtisch, den man beim Hereinkommen sieht, kontrolliert das ganze Büro, während der Schreibtisch, der von der Tür am weitesten entfernt ist, am meisten Macht besitzt. Der Schreibtisch bei der Hintertür dürfte jemandem gehören, der entweder immer einen Vorwand hat, die Arbeit früher zu verlassen, oder der als erster gefeuert wird. Wenn Sie an diesem Schreibtisch sitzen, sollten Sie das kompensieren, damit Sie nicht als untergeordnet oder als jemand, der oder die den Feierabend nicht erwarten kann, wahrgenommen werden. Zu diesem Zweck können Sie einen Spiegel an die Wand gegenüber hängen, um die Aufmerksamkeit von der Tür weg zu lenken.

Wenn Sie in der Nähe der Küche sitzen oder wenn Ihr Heimbüro sich in der Küche befindet, könnten Sie mehr Zeit mit Essen als mit Arbeiten verbringen, was aber mehr mit Ihrem Magen zu tun haben dürfte als mit der Stellung des Schreibtisches. Wenn Sie gegenüber der Tür zum Bad sitzen, sollten Sie diese geschlossen halten und ein Bild an die Tür hängen. Wenn Ihr Schreibtisch an der Wand zum Bad steht, insbesondere, wenn es die Wand der Toilette ist, könnten alle Ihre Anstrengungen den Ablauf hinuntergehen. Wenn Sie nicht gerade in der Sanitärbranche arbeiten, sollten Sie einen Spiegel an diese Wand hängen. Dies wird Sie symbolisch von der schwierigen Wand entfernen. Sie können auch ein Metalltablett oder irgend etwas anderes Spiegelndes benutzen; notfalls reicht auch ein Stück Metallfolie aus.

Keine Zukunftsperspektiven? Das Leben erscheint leer? Am Ende Ihres Lateins? Dann steht Ihr Schreibtisch vermutlich vor einer leeren Wand. Das ist die schlechteste Stellung überhaupt, denn sie könnte das Gefühl hervorrufen, dass alles hinter dem eigenen Rücken abläuft. Eine leere Wand fördert Depressionen, Ablehnung der Arbeit und alle Arten von Frustrationen und Blockaden. Wenn das zutrifft und Sie Ihren Schreibtisch nicht drehen können, sollten Sie einen Spiegel an die Wand hängen oder einen kleinen Spiegel auf den Schreibtisch stellen, damit Sie sehen können, was hinter Ihnen ist; wenn das nicht erlaubt ist, können Sie einen kleinen Spiegel in der gewünschten Richtung in eine Schublade legen. Niemand wird ihn dort sehen, und nur Sie werden von seiner Existenz wissen. Viele Menschen, die an Computern arbeiten, sitzen vor einer Wand, damit die Kabel der Maschinen verborgen werden können. Dies kann Gesundheit und Vitalität angreifen. Auch sichtbare Kabel sind besser, als vor einer leeren Wand zu sitzen. Drehen Sie den Schreibtisch so, dass Sie von der Wand weg blicken, bringen Sie einen Spiegel an, hängen Sie ein schönes Bild an die Wand – und bereiten Sie sich so während der Arbeit etwas Freude.

Wenn Sie zu nahe am Fenster sitzen, könnten Sie viel Zeit damit verbringen, vom Leben draussen zu träumen. Stellen Sie Ihren Schreibtisch weder an eine interne Glaswand noch so, dass Sie eine Glaswand im Rücken haben. Das ist äusserst unsicher und gibt nur wenig Schutz vor Leuten, die Sie ins Gesicht schlagen oder Ihnen ein Messer in der Rücken stossen wollen. Wenn Sie zu nahe an einem Fenster sitzen, sollten Sie eine Schranke aus Holz zwischen sich und das Fenster stellen, um Ihre Konzentration zu fördern. Wenn Sie neben einem Ausgang sitzen, könnten Sie das Büro als erster verlassen (schuldlos suspendiert oder gefeuert). Wenn Sie direkt unter einer Uhr sitzen, werden Sie unter dem Druck von Abgabeterminen oder anderem zeitbedingten Stress leiden.

Eine Klientin beklagte sich, dass sie seit Monaten nichts zu tun hatte. Ihr Schreibtisch war völlig mit Büromaschinen und Papieren zugedeckt. Sie hatte keinen Platz zum Arbeiten – da war es auch kein Wunder, dass sie keine Arbeit bekam. Um Ihre Arbeit zu unterstützen, müssen Sie genügend Ellbogenfreiheit haben. Wählen Sie einen geräumigen Schreibtisch, der der Ausdehnung Ihrer Ideen genügend Raum lässt. Die Klientin hasste ihre Arbeit auch, weil sie das Gefühl hatte, sie passe nicht zu ihrer Persönlichkeit. Ihr Stuhl war kaputt, und sie sass auf einer scharfen Metallfeder. Kein Wunder, dass sie sich unbehaglich fühlte! Der Stuhl soll bequem sein, die richtige Höhe haben und richtig ausbalanciert sein. Wenn Ihr Stuhl schief steht, wird Ihre Arbeit eine verzerrte Perspektive erhalten. Wenn Sie es hassen, an Ihrem Schreibtisch zu sitzen, wie können Sie dann auf Erfolg hoffen? Wenn Sie gerne an Ihrem Schreibtisch sind, werden sich zahllose Möglichkeiten für Wachstum und Erfolg einstellen.

Manche Büros sind eingerichtet wie Schulzimmer: Der Chef sitzt den Angestellten gegenüber. Wenn das zutrifft, sollten Sie bei der Tür eine Pflanze aufstellen, um die Aufmerksamkeit des Chefs von den Angestellten weg und auf Hereinkommende bzw. Hinausgehende zu lenken.

Einem Arzt entglitt die Kontrolle über sein Leben. Er teilte sein Büro mit einem Untergebenen und nach einer gewissen Zeit hatte dieser den Löwenanteil des Raums für sich belegt und drängte den Doktor immer mehr in eine Ecke. Als er dem Angestellten ein anderes Büro zuwies und den Raum für sich selbst in Anspruch nahm, gewann er die Kontrolle über sein Leben zurück. Wenn in einem Büro zwei Schreibtische stehen müssen, sollte man beide in einem Winkel zur Tür stellen, damit sie Teil des *ba gua* werden. Beide Arbeitenden sollten einen eigenen Raum haben, auch wenn es sich nur um eine kleine Ecke des Schreibtischs oder einen Teil einer Schublade handelt. Um Entscheidungen zu erleichtern und Ziele besser erreichen zu können, sollten Sie ein Windspiel aus Messing über Ihren Schreibtisch hängen und es oft und laut läuten.

# Schlussbemerkungen

## Das Glück anziehen und annehmen

Sie haben dieses Buch nun von vorne bis hinten durchgelesen, haben sogar im Anhang weitere Informationen gesucht, Ihr Bett umgestellt, einige Pflanzen gekauft und den Herd gereinigt. Sie fühlen sich ganz in Ordnung, mehr Geld kommt herein, Ihre Freunde und Ihre Familie unterstützen Sie – und dennoch sind Sie nicht glücklich. Das muss bedeuten, dass Feng Shui nicht funktioniert. Nun, das stimmt. Es gibt Zeiten im Leben, da funktioniert Feng Shui nicht. Auch wenn das Feng Shui in Ihrem Haus perfekt ist, kann es sein, dass Sie nicht in der Lotterie gewinnen und nicht dem Prinzen oder der Prinzessin Ihrer Träume begegnen. Wo liegt dann das Problem?

Feng Shui lehrt, dass ein Bewusstsein für räumliche Gegebenheiten unsere Voraussetzungen deutlich verbessern kann. Vielleicht sind Sie noch nicht an der Spitze der Welt – aber das neue Bewusstsein hat Ihnen sicher geholfen, aus einer düsteren, dumpfen Wohnung im Untergeschoss in eine Wohnung im ersten Stock zu ziehen, die voller Pflanzen und Farben ist. Feng Shui hat Ihnen zu einer Verbesserung verholfen, und Ihr Leben ist noch nicht vorüber.

Feng Shui kann nicht alle Probleme in Ihrem Leben lösen. Sobald Sie Ihre Wohnung oder Ihr Büro in Ordnung gebracht haben, liegt es an Ihnen, das Gute im Leben zu akzeptieren, auch wenn es noch nicht ganz Ihren Erwartungen entspricht. Wenn Sie das Glück angezogen haben, müssen Sie es auch annehmen können. Dies können Sie mit innerer Harmonie erreichen. Aber bevor wir Anregungen dazu geben, wollen wir einige der Gründe betrachten, warum Feng Shui manchmal nicht funktioniert.

Erstens kann Feng Shui vielleicht nicht funktionieren, weil wir Menschen ganz besonders geschickt darin sind, uns anzupassen. Diese Fähigkeit erlaubt es uns, unter den widrigsten Umständen zu überleben. Ihr Flugzeug stürzt über den Anden ab, aber bei Einbruch der Nacht haben Sie aus den Wrackteilen ein schützendes Nest gebaut. Überlebende der Konzentrationslager passten sich dem Schmerz, dem Schmutz und den Bestrafungen an. Wie König Ratte in der gleichnamigen Geschichte von James Clavell überleben wir nicht einfach, sondern wir gehen auch weiter voran. Diese Anpassungsfähigkeit macht es erforderlich, dass wir gewisse Dinge in der Umgebung ignorieren, und dies behindert unsere Fähigkeit, eine ausgewogene Umgebung zu schaffen.

Zweitens gibt es einen natürlichen Widerstand gegen Veränderungen. Wir möchten, dass alles so bleibt, wie es ist – was natürlich irrational ist –, denn die Erde befindet sich in ihrem Lauf um die Sonne in ständiger Veränderung. Veränderung ist natürlich. Feng Shui ist in der Natur verwurzelt, im unvermeidlichen Wechsel der Jahreszeiten. Daher kann es Ihnen helfen, mehr mit der Natur in Berührung zu kommen und so die Veränderungen in Ihrem Leben als natürliche Vorgänge zu akzeptieren.

Drittens sehen wir nur, was wir sehen wollen. Wir haben eine selektive Sichtweise und ignorieren gern das, was uns nicht gefällt. Physisch können wir die Realität nur innerhalb eines engen Lichtspektrums wahrnehmen. Mikroskope, Fernrohre, Röntgenstrahlen und andere Instrumente messen Dinge, die das menschliche Auge nicht sehen kann. Wir sind beschränkt, weil wir menschlich sind. Gewisse Dinge können wir nicht sehen, andere wollen wir nicht sehen.

Klar zu sehen ist sehr schwierig. Schon beim ersten Kontakt wird festgelegt, was wir von jemandem oder von etwas wahrnehmen. Alte Freunde sagen zueinander: «Du hast dich in 30 Jahren überhaupt nicht verändert.» Eine Mutter nennt ihren 50jährigen Sohn «Bub» und sagt ihm, dass er einen Pullover überziehen müsse, weil es draussen kalt sei. Unser Eindruck von Personen und Gegenständen wird beim ersten Kontakt geprägt. Deshalb ist es für Ihre Familie und Ihre Freunde so schwierig zu akzeptieren, dass Sie sich verändert haben.

Viertens können Sie eine Rose nicht zum Blühen zwingen. Die Dinge geschehen in ihrer eigenen Zeit. Manchmal wollen wir etwas, sind aber nicht genügend entwickelt, um es anzunehmen. Sie wollen den Nobelpreis gewinnen? Beenden Sie erst mal das Gymnasium. Wenn etwas nicht so kommt, wie Sie es sich wünschen, sind Sie entweder nicht bereit dafür (auch wenn Sie es glauben) oder es wäre auf lange Sicht nicht gut für Sie. Es könnte zu Ihrem Besten sein. Wenn Sie etwas tun sollen, wird das Schicksal den Weg dafür ebnen. Wenn Sie etwas nicht tun sollen, wird es Hindernisse vor Ihnen aufbauen, damit Sie einen anderen Weg einschlagen. Vergessen Sie nicht: Wenn etwas nicht so läuft, wie Sie es wollen, könnte das in Ihrem Interesse liegen. Haben Sie Geduld.

Der fünfte Grund dafür, dass Feng Shui vielleicht nicht funktioniert, ist, dass wir alle dazu erzogen worden sind, den mentalen und psychologischen Vorgängen im Leben gegenüber den physischen den Vorrang einzuräumen. Die Wissenschaft hat uns beigebracht, dass Vorgänge in der physischen Welt mit geeigneter Kleidung oder künstlicher Wärme und Beleuchtung überwunden oder kontrolliert werden können. Wir brauchen die Natur nicht und messen ihr daher keinen Wert bei. Auch wenn Sie in der Antarktis leben, wo es meist um –35 Grad kalt ist, wird erwartet, dass Sie Ihr Leben ganz normal weiterführen. Statt in dieser Art Klima zu arbeiten sollten wir eine Winterpause einlegen – aber nein, wir machen weiter, als ob die Natur überhaupt keine Rolle spielte. Extreme Ereignisse wie Erdbeben, Tornados oder Flutkatastrophen sind nötig, damit wir auf die Natur aufmerksam werden.

Ein weiterer Grund für ein Versagen von Feng Shui kann sein, dass unsere Wünsche uns leicht blenden und wir nicht mehr sehen, was wir schon haben. Wenn sich z. B. der Geschäftsgang langsam aber sicher verbessert, beklagen wir uns, weil Feng Shui uns eben nicht eine Million Gewinn gebracht hat. Wünsche entstehen, wenn wir etwas wollen, das wir nicht haben. Wenn wir alle unsere Wünsche einfach loslassen könnten, würden wir uns viel Leid ersparen.

Erinnern Sie sich an die Geschichte vom Fischer und seiner Frau? Der Mann fing einen Fisch, der jeden Wunsch erfüllen konnte. Seine Frau wollte ein Haus. Der Fisch gab ihnen ein Haus. Dann wollte sie einen Palast. Der Fisch gab ihnen einen Palast. Dann wollte sie Kaiserin der Welt werden. Der Fisch krönte sie zur Weltherrscherin. Dann wollte sie die Sonne rückwärts über den Himmel laufen sehen. Der Fisch tauchte in die Tiefen des Ozeans und ward nie wieder gesehen. Unsere Erwartungen machen uns blind gegenüber dem Guten, das wir schon haben. Das Leben ist ein Geschenk. Zählen Sie Ihre heutigen Gaben.

Einen Wunsch loszulassen heisst frei werden. Wenn wir uns auf das konzentrieren, was wir nicht haben, verpassen wir das Gute in unserem Leben. Sagen Sie einfach zu sich selbst: «Ich werde den Wunsch nach diesem und jenem loslassen.» Sagen Sie es bei jedem Wunsch, der in Ihnen aufkeimt. Hören Sie erst auf, wenn Ihnen die Wünsche ausgegangen sind. Dann sollten Sie tief durchatmen. Wenn Sie immer noch nicht glücklich sind, sollten Sie an folgendes denken: Glück kann nur zusammen mit seinem Gegenteil, dem Unglück, existieren. Das ist das Yin-Yang des Lebens. Wenn Sie nach Glück suchen, werden Sie unweigerlich Unglück finden. Warum sollten Sie sich also etwas wünschen, das Ihnen nur Schmerz bringt? Es ist besser, Ihre wahre Natur herbeizuwünschen und nach ihr zu suchen. Die Natur ist grundsätzlich harmonisch; Sie und die Natur sind eins: In dem Augenblick, in dem Sie sich selbst annehmen können, haben Sie bessere Chancen, mit dem Leben in Einnklang zu sein.

Wie können wir innere Harmonie erreichen, wenn die Welt mit all ihren Versuchungen und Begierden lockt? Aristoteles kannte die Antwort: Er nannte es «die goldene Mitte» – das Ergebnis der Ausgeglichenheit von Körper, Verstand und Geist. Wenn Sie nach Ausgewogenheit in Ihren Gedanken, Worten und Taten streben, spiegeln Sie die Vollkommenheit und essentielle Harmonie des Universums wider. Ohne diese Ausgewogenheit manifestieren sich im Leben die negativen Dinge dieser Welt. Ein ausgeglichenes Leben zu führen ist nicht einfach, wenn rundherum Chaos und Verwirrung herrschen. Hier einige Gedanken zu diesem Punkt.

Auch Menschen haben *chi*. Körperbewegung, Gesichtsausdruck, Haltung, Klarheit der Augen und Haut und andere körperliche Hinweise zeigen die Menge und Art von *chi* an, die ein Mensch hat. Dieses individuelle *chi* bestimmt zusammen mit dem Erbe, der Umwelt, dem Horoskop, dem Karma usw. die Qualität des Lebens eines Menschen.

Mit einem starken und ausgewogenen *chi* ist der Mensch robust und lebendig und geht die Probleme des Lebens mit Elan an. Zu viel *chi* ist wie ein Ballon kurz vor dem Platzen; zu wenig *chi* ergibt ein schwaches, ungesundes Individuum, dem die Kraft fehlt, mit den Anforderungen des Lebens zurechtzukommen. In den Interaktionen zwischen Menschen kann gutes und schlechtes *chi* zum Ausdruck kommen. Auch wenn jemand (aus welchem Grund auch immer) dazu bestimmt ist, ein schwieriges Leben zu haben, kann er die Qualität seines Lebens verbessern, indem er in seiner Yang- bzw. positiven Phase *chi* entwickelt.

Chinesische Ärzte glauben, dass die Pflege von subtilem *chi* das Leben verlängert. Laotse, ein alter chinesischer Philosoph, soll 280 Jahre alt geworden sein. Viele 80jährige, die chinesische Lebenskünste praktizieren, sehen wie 35 aus. Mit glatter, faltenloser Haut und leuchtenden, klaren Augen schweben sie leicht über dem Boden und tanzen so durchs Leben. Taoisten erhalten sich den Enthusiasmus und die Freude eines Kindes, weil sie ein ausgewogenes und gesundes Leben führen. In unserer heutigen Zeit, in der die Jugend verehrt und gern zur plastischen Chirurgie gegriffen wird, könnten andere, natürliche Methoden dieselben Ergebnisse hervorbringen.

Es gibt verschiedene Wege, um die feinstoffliche Energie zu pflegen. Der erste ist Atmen – konzentriertes, bewusstes Atmen. Da es sich dabei eigentlich um eine unwillkürlich stattfindende Körperfunktion handelt, denken wir nicht weiter darüber nach – es sei denn wir hätten

Probleme damit. Nehmen Sie wahr, wie sanft, regelmässig und tief die Atemzüge eines Schlafenden sind. Nehmen Sie wahr, wie Sie jetzt gerade atmen. Wenn Sie aufgeregt, ärgerlich oder angespannt sind, wird Ihre Atmung oberflächlich und unregelmässig. In einer emotionalen Krise neigen wir dazu, den Atem anzuhalten, als könnten wir dadurch den Lauf des Lebens anhalten. Tiefes, regelmässiges Atmen bringt Sie mit dem natürlichen Yin-Yang des Atems in Berührung, der Sie viel schneller mit Ihrem Selbst in Verbindung bringt als alles andere. Sie werden eins mit dem Fluss der Natur und sind sofort besser zentriert. Yoga, *Tai Chi Chuan* und andere chinesische Disziplinen oder Techniken geben Anleitungen zum richtigen Atmen.

Der zweite Weg, feinstoffliche Energie zu pflegen, ist angemessene Bewegung. Gehen ist eine gute Übung, und Sie müssen weder einem Gymnastikklub beitreten noch ein weiteres Buch kaufen, um es zu lernen. Wettkampforientierte Spiele und gewisse Aerobic-Übungen können der Gesundheit abträglich sein. Innere Kampfkünste wie *Tai Chi* und *Qi Gong* geben dem Übenden die Gelegenheit, eine andere Art der Gesundheitspflege und des Kraftaufbaus zu lernen, ohne dabei dem Körper zu schaden.

Meditation ist der dritte Weg, die Energie zu pflegen. Auch hier gibt es zahlreiche Methoden. Leider haben viele Leute fälschlicherweise das Gefühl, die Meditation selbst sei das Ziel. Das ist sie nicht; sie ist nur ein Weg, sich zu entspannen, zu beruhigen und wieder zu dem zurückzukehren, was man gerade tut. Eine der besten Meditationen ist es, sich auf das Atmen zu konzentrieren und loszulassen. Wenn es wirklich schlimm wird, sollten Sie sich zu einem richtigen Lachen tief aus dem Bauch zwingen, indem Sie laut «Ha, ha, ha» sagen. Das Leben wird sich sofort verändern, verlassen Sie sich darauf.

Der vierte Weg, positives *chi* zu kultivieren, ist Diät. Da dieses Buch nicht von Ernährung handelt, wollen wir einfach den Spruch zur Kenntnis nehmen: «Du bist (oder wirst) was du isst.» Es gibt so viele Theorien über Ernährung wie Sterne am Himmel. Wer sich für den östlichen Ansatz interessiert, kann einige einfache Grundsätze befolgen. Essen Sie so natürlich wie nur möglich, also weder Halbfertig- noch Fertigprodukte. Essen Sie die frischesten, am wenigsten veränderten Nahrungsmittel, die Sie bekommen können, und möglichst nur der Jahreszeit entsprechende und in der Umgebung gewachsene Produkte. Essen Sie einfach und wenn möglich nur ein oder zwei Sachen aufs Mal. Kombinieren Sie nicht verschiedene Nahrungsmittel miteinander. Das typisch amerikanisch-europäische Essen mit Fleisch, Kartoffeln, Gemüse, Salat und Nachtisch verursacht viele Probleme im Verdauungssystem. Essen Sie Steak, wenn Sie wollen, aber ohne Beilagen. Essen Sie Kartoffeln und Gemüse bei der nächsten Mahlzeit. Die nächste kann dann aus einem grossen Salat bestehen. Essen Sie den Nachtisch für sich. Essen Sie besser früh am Tag als spät am Abend.

Die fünfte Methode, das *chi* zu pflegen, ist Akupunktur. Akupunktur beruht auf der Vorstellung, dass der ganze Körper ein einziges zusammenhängendes System ist. Jeder Teil wird von einem oder mehreren Organen regiert. Jedem Organ wird eines der fünf Elemente zugeordnet. Das Ziel der Akupunktur ist wie beim Feng Shui , das *chi* zu aktivieren, zu stimulieren, zu schützen oder zu kanalisieren. Im Gegensatz zur westlichen Medizin ist Akupunktur in erster Linie präventiv. Sie bezahlen Ihren Akupunkteur, um Ihre Gesundheit zu erhalten.

Denken Sie daran: Auch Sie haben *chi*. Wenn Ihr *chi* stark und ausgewogen ist, fühlen Sie sich lebendig und gesund. Die Herausforderungen des Lebens können mit einem Lächeln oder Lachen angegangen werden. Wenn Ihr *chi* schwach oder unausgeglichen ist, werden Sie weinen, wenn Sie sich einen Nagel abbrechen. Gesundes *chi* ist für Sie immer erreichbar, und Sie brauchen keine ärztliche Verordnung, um es zu bekommen.

Positives *chi* in ausreichender Menge fördert eine gesunde Umgebung und eine harmonische und glückliche Atmosphäre, was zu Erfolg und langem Leben beiträgt. Viel *chi* bringt auch Wohlstand und Liebe. Was will man mehr?

## Feng Shui als Ausweg aus Krisen

Wenn Sie unter mentalem Druck stehen, in einer Krise sind oder sich einfach von der Welt belästigt fühlen, sollten Sie diesen Plan befolgen. Er stützt sich auf Feng Shui, garantiert ein besseres Lebensgefühl und soll Ihnen helfen, in einer freundlichen Welt zu leben.

1. *Entspannen Sie sich.* Die meisten Probleme entstehen aus Spannungen im Körper, im Gemüt oder im Geist. Wenn Sie sich entspannen, verschwindet die Verkrampfung. Atmen Sie langsam und regelmässig. Nun können Sie das Zentrum Ihres Seins erreichen, wo es ruhig ist. Hier werden Fragen beantwortet und Probleme gelöst. Wenn Sie sich angespannt, verängstigt, nervös oder einfach ratlos fühlen, sollten Sie sich selbst erlauben, tief durchzuatmen und sich zu entspannen.
2. *Tun Sie nichts, was Sie nicht tun wollen.* Wenn Sie Dinge tun, die Sie eigentlich nicht tun möchten, verstossen Sie gegen Ihr wahres Selbst, gegen Ihre eigene innere Natur. Das ist keine Entschuldigung dafür, nicht zur Arbeit oder in die Schule zu gehen oder die Verantwortung für Ihr Leben nicht zu übernehmen. Es soll Sie vielmehr ermutigen, auf sich selbst zu hören. Ihr instinktives Gefühl ist für Sie immer richtig. Tun Sie das, was sich für Sie richtig anfühlt, ohne darauf zu achten, was andere sagen oder denken. Wenn Sie sich selbst treu sind, können Sie sich nicht irren.
3. *Leben Sie in der Gegenwart.* Die Vergangenheit ist tot, die Zukunft noch nicht geboren. Wenn Sie in der Vergangenheit oder in der Zukunft leben, leben Sie nirgends. Leben findet nur in der Gegenwart statt. Beobachten Sie Ihre Gedanken; wenn Sie beginnen, in die Vergangenheit oder in die Zukunft abzugleiten, oder wenn Sie vergleichen, kritisieren und sich selbst oder andere verurteilen, rufen Sie: «Halt!» Kontrollieren Sie dann die Stellung Ihrer Füsse. Wo befinden Sie sich in diesem Moment?
4. *Nehmen Sie das Leben und alle Erfahrungen als gleichwertig an, ohne etwas zu bevorzugen.* Stellen Sie sich den Übergang vom Tag zur Nacht vor. Von der Dämmerung bis zum Sonnenuntergang vollzieht sich die Veränderung im Licht stufenweise und sanft, wie eine leichte Kurve. Das Leben ahmt diese Kurve nach. Wenn Sie Dinge vorziehen und extreme Begierden zeigen, machen Sie aus dieser sanften Kurve eine scharfe Ecke. Dann befinden Sie sich in einer Zwickmühle. Einen Moment der Realität einem anderen vorzuziehen ist Zeitverschwendung und ähnelt dem Versuch, einen Vogel einzufangen. Nichts bleibt, wie es ist. Wenn Sie etwas anderes als den gegenwärtigen Moment möchten, dann warten Sie einfach ab. Alles wird sich früher oder später verändern – alles.
5. *Nehmen Sie die Natur zum Vorbild.* Wenn Sie in einer Krise oder in spirituellen Schwierigkeiten stecken, beklagen Sie sich nicht, denn Sie können die Welt nicht verändern. Die Welt

ist das, was sie ist, und die Probleme hören nie auf. Statt das zu erwarten, können Sie sich selbst verändern. Nehmen Sie sich die Natur zum Vorbild.

- *Holz:* Wie ein durch die Erde dringender Spross sollten Sie jeden Moment zu einem Neubeginn machen. Das Leben beginnt immer wieder von vorn. Umarmen Sie einen Baum, um seine Kraft zu empfangen.
- *Feuer:* Sie haben Verstand. Benutzen Sie ihn, um sich zu kontrollieren und zu überlegen, wie Sie auf jeden Moment reagieren wollen. Schalten Sie das Licht ein. Setzen Sie sich in die Sonne.
- *Erde:* Wenn Sie in einer Krise stecken, bremsen Sie etwas. Nehmen Sie sich die Zeit, in Ihr Zentrum zurückzukehren, dorthin, wo Ruhe herrscht. Gehen Sie barfuss durch den Park. Tragen Sie einen Stein in Ihrer Tasche mit sich und berühren Sie ihn oft.
- *Metall:* Lassen Sie los. Enden sind so wichtig wie Anfänge. Ist die Zeit für eine Veränderung gekommen, ist es am besten, diese zuzulassen. Tragen Sie Ihren Lieblingsschmuck.
- *Wasser:* Bleiben Sie tief und ruhig wie das Meer; passen Sie sich jedem Umstand an. Nehmen Sie jede erforderliche Form an. Gehen Sie schwimmen oder nehmen Sie ein Bad.

So wie das Ziel im Feng Shui darin besteht, Harmonie mit Hilfe der Natur zu erreichen, ist das Ziel im Leben, Harmonie durch Kenntnis, Annahme und Wertschätzung unserer eigenen wahren Natur zu schaffen. Denken Sie daran: Sie sind einzigartig. Was immer Sie tun, wie Sie leben und welche Entscheidungen Sie auch treffen, es wird immer richtig sein für Sie, wenn Sie auf Ihr inneres Selbst hören.

Lassen Sie sich von dieser Vorstellung Vertrauen einflössen und laden Sie Feng Shui in Ihren Raum ein, im Wissen, dass die Helfer von Mutter Natur Ihnen ein langes Leben, Gesundheit, Erfolg und inneren Frieden schenken werden.

Ich hoffe, dieses Buch hat Ihnen geholfen, sich selbst und Ihren Raum mit anderen Augen zu sehen. Es kann weder eine gute und gesunde Einstellung zu Ihrem eigenen Leben, noch eine richtige Feng Shui-Beratung durch einen Experten ersetzen, aber es wird die Art, wie Sie die Beziehung zwischen sich und Ihrer Umgebung wahrnehmen, auf eine Weise sensibilisieren, die Sie nie für möglich gehalten hätten.

Kein Buch kann je die unzähligen Details berücksichtigen, die in einer Wohnung oder an einem Arbeitsplatz vorhanden sind. Aber das ist auch das Spannende an diesem Buch. Es wird Ihnen helfen, das alles selbst herauszufinden – diese drolligen kleinen Übereinstimmungen, die z. B. zwischen einem tropfenden Wasserhahn und einer hohen Rechnung der Kreditkartenfirma bestehen. Aber das ist nur eine davon. Sie werden unzählige weitere Übereinstimmungen selbst entdecken und sich voller Erstaunen an den Kopf greifen. Geniessen Sie es.

# Anhang

## Das *Ba Gua*

Um den Einfluss der Richtungen zu bestimmen, benutzen wir im Feng Shui das *ba gua*. Es handelt sich dabei um eine achteckige Figur, in der jede Seite eine Richtung und einen Lebensbereich wie Familie, Gesundheit, Kinder, Liebe, Freundschaft, Reisen, Geschäft und Geld symbolisiert.

Ob man nun ein ganzes Einkaufszentrum, ein Grundstück mit einem Gebäude oder ein einzelnes Zimmer in einem Gebäude analysiert, man kann sich in jedem Raum acht verschiedene Abschnitte mit je einem eigenen und von den anderen verschiedenen Energiefeld vorstellen. Jedes Energiefeld stellt eine besondere Aktivität dar. Die acht Abschnitte des *ba gua* sind:

| | | |
|---|---|---|
| Osten | Gesundheit | Holz |
| Südosten | Geld | Holz |
| Süden | Ruhm | Feuer |
| Südwesten | Liebe | Erde |
| Westen | Familie | Metall |
| Nordwesten | Reisen | Metall |
| Norden | Geschäft | Wasser |
| Nordosten | Wissen | Erde |

Die Praxis und Philosophie des *ba gua* stützt sich auf die Idee, dass ein regelmässig geformter Raum alle acht Seiten enthalten kann. In einen unregelmässig geformten Raum (Dreieck, L) passen aber nicht alle Seiten hinein. Wenn der Raum nicht genau quadratisch oder rechteckig ist (was auf die meisten Räume zutrifft) können gewisse Teile des *ba gua* darin fehlen, oder ein Teil des Raums kann über das *ba gua* hinausragen. Da jeder Abschnitt des *ba gua* einen der acht Lebensbereiche darstellt, könnte das Leben der Bewohner eines solchen Raums unausgewogen sein. Sie könnten z. B. alle Energie in das Geschäft stecken und kein Familienleben mehr haben, oder aber so viel Zeit mit der Familie verbringen, dass die Gesundheit darunter leidet.

Um einen bestimmten Ort mit Hilfe des *ba gua* zu untersuchen, sollten Sie einen Plan des betreffenden Hauses, Zimmers oder Büros zeichnen. Legen Sie das *ba gua* dann auf den Plan und drehen Sie es, bis es parallel zur Wand mit der Eingangstüre liegt. Wenn sich die Tür im Osten befindet, müssen Sie die Ost-Seite des *ba gua* parallel zu dieser Wand ausrichten. Liegt die Tür im Norden, muss die Nordseite des *ba gua* parallel zur Wand mit der Tür liegen.

*Das* ba gua *und seine Entsprechungen*

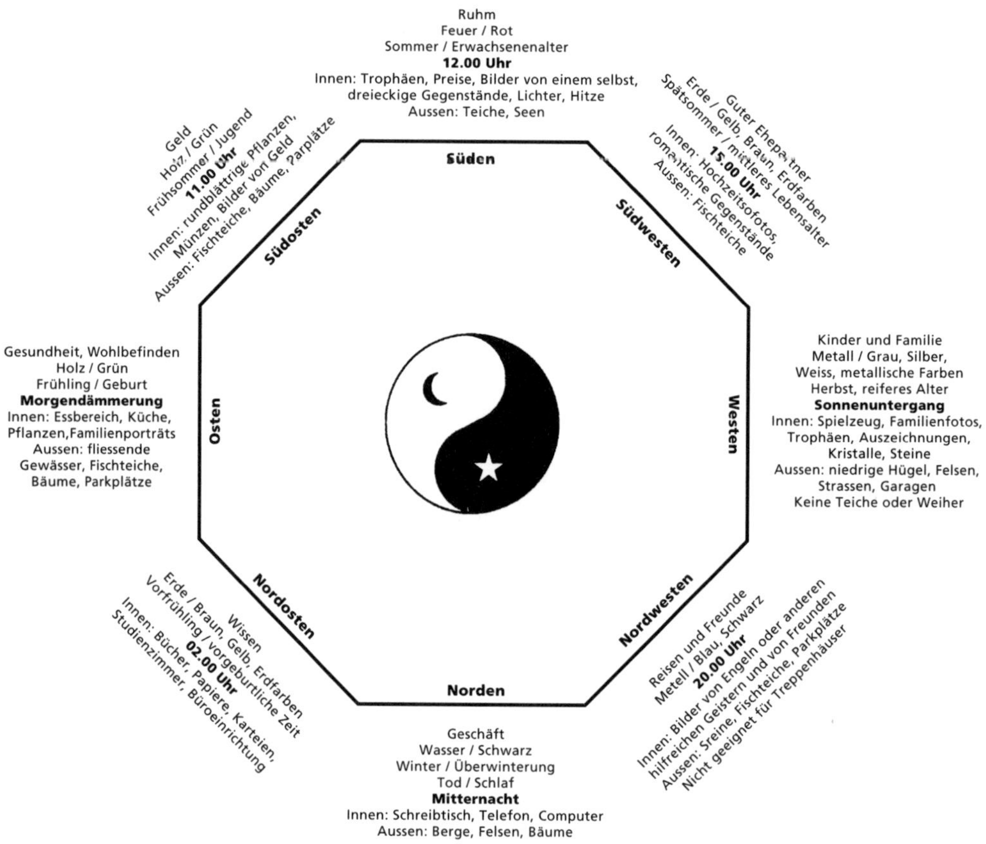


Der ideale Raum ist quadratisch oder rechteckig, weil er dann alle acht Seiten des *ba gua* enthalten kann, was bei einem Raum mit unregelmässiger, L-, U- oder T-Form nicht der Fall ist. Um die fehlenden oder überstehenden Bereiche auszugleichen, kann man Spiegel oder zu den betreffenden Elementen gehörende Dinge benutzen.

Jede Richtung entspricht einem der fünf Elemente. Um die Aktivität eines Lebensbereiches zu fördern, muss man Zubehör aus dem zur entsprechenden Richtung gehörenden Element einsetzen. Wenn Sie z. B. berühmt werden wollen, müssen Sie Feuer-Gegenstände in Ihr Heim oder Büro stellen, vorzugsweise in den südlichen Teil des Raums. Sie können auch Objekte benutzen, die etwas mit der erwünschten Qualität zu tun haben, in diesem Fall also ein Bild von Ihnen, Ihre Diplome, Auszeichnungen oder andere Trophäen.

Stellen Sie die Möbel in der Richtung auf, die dem Verwendungszweck des Raumes am besten entspricht. Zum Beispiel wird die Familie vom Westen beherrscht. Stellen Sie Familienerinnerungen, Familienfotos und andere Gegenstände, die mit der Familie in Verbindung stehen, im Westen auf. Wenn Sie mehr Geld brauchen, sollten Sie den Südosten aktivieren (die Richtung des Wohlstands) indem Sie dort Geldobjekte, Pflanzen mit münzenförmigen Blättern, rote Bänder oder sprudelndes Wasser aufstellen.

Spielen Sie damit, und Sie werden feststellen, wie kreativ Sie bei der Plazierung Ihrer Möbel, Kunstgegenstände, Büroausstattung usw. sein können, wenn Sie sich nach den Elementen und dem *ba gua* richten. Seien Sie ganz naiv. Rennen Sie nicht gleich in den nächsten Laden, sondern benutzen Sie das, was vorhanden ist, um die gewünschten Richtungen zu aktivieren.

### *Arbeit mit dem* Ba Gua

Ein magnetischer Kompass hat nur eine festgelegte Richtung, den Norden, und muss danach ausgerichtet werden. Von diesem Punkt werden alle anderen abgeleitet.

Das *ba gua* ist insofern ähnlich, als die Richtungen darauf festgelegt sind und nicht verändert werden können. Norden ist immer im Norden. Aber das *ba gua* kann so gedreht werden, dass jede Richtung der Richtung der Eingangstür angepasst werden kann.

Das *ba gua* wird in den Raum gestellt und nach der Richtung des Eingangs ausgerichtet. So können wir sehen, welche Bereiche im Raum enthalten sind und welche nicht, oder welche zu gross sind.

Richtungen hängen von der Stellung des Betrachters ab. Wenn man die Richtung einer Tür bestimmt, sei es der Eingang oder Ausgang eines Gebäudes oder eines Raums, muss man in der Türöffnung stehen und nach aussen blicken. Blicken Sie immer nach vorn und aus dem Raum hinaus – das ist die Richtung der Tür. Richtungen werden nie mit dem Blick in einen Raum bestimmt. Das *ba gua* wird dann in den zu untersuchenden Raum gelegt.

Wenn ich hier stehe, schaue ich nach Süden

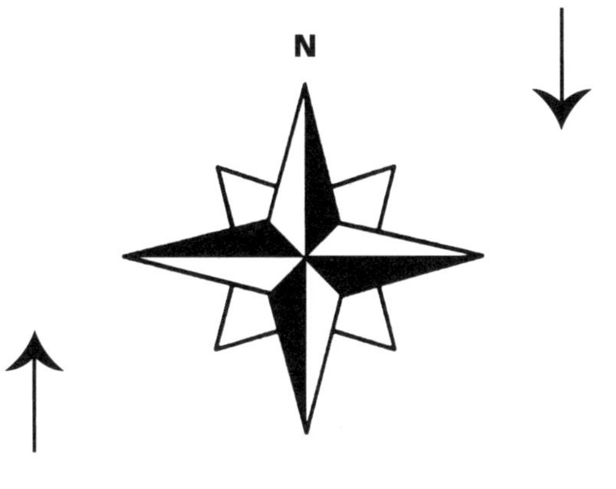


Wenn ich hier stehe, schaue ich nach Norden

*Der Eingang zu irgendeinem Raum oder Gebäude kann in jeder beliebigen Richtung liegen.*

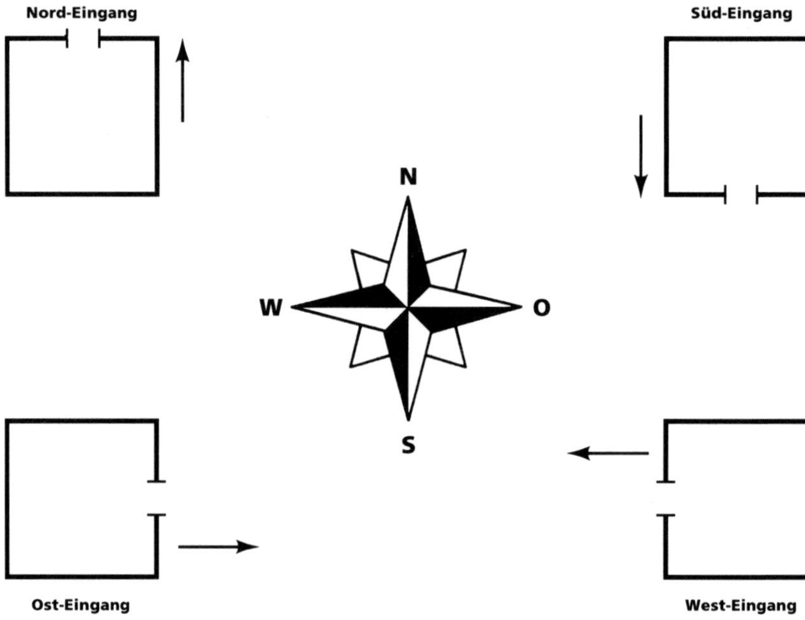


Wenn Sie das *ba gua* für ein ganzes Gebäude benutzen, kann man sehen, wie jeder Raum darin einem bestimmten Bereich entspricht. Gewisse Richtungen sind für ganz bestimmte Funktionen förderlich. Der Westen steht z. B. in Verbindung mit Entspannung, Erholung und Kindern. Wenn der Präsident der Firma sein Büro im Westteil des Gebäudes hat, wird er bei der Arbeit an Ruhe und Entspannung denken und könnte oft freinehmen, um Golf zu spielen oder ins Kino zu gehen, statt zu arbeiten.

Wenn das *ba gua* auf einen einzelnen Raum gelegt wird, muss es parallel zur Wand mit der Zimmertür liegen. Nun können Sie sehen, welche Bereiche eingeschlossen sind, fehlen oder überstehen und welche Richtungen durch Möbel oder andere Gegenstände betont sind. Wenn z. B. im Schlafzimmer das Bett im Norden steht, wird die Person, die darin liegt, an Geschäft und Karriere denken statt an Schlaf. Wenn der Schreibtisch im südwestlichen Teil des Büros steht, der Richtung von Liebe und Ehe, wird die dort sitzende Person im Büro mehr Zeit mit romantischen Intrigen verbringen als mit Arbeit.

Einen Raum mit unregelmässiger Form kann man mit Spiegeln und anderen Hilfsmitteln so verändern, dass er alle Teile des *ba gua* einschliesst. Wenn das gesamte Gebäude unregelmässig ist, muss man die umliegende Landschaft oder andere Dinge wie Zäune und Laternenpfähle miteinbeziehen, um die unregelmässige Form zu einem Quadrat oder Rechteck zu machen.

1. Zeichnen Sie einen Grundriss des Raumes, den Sie analysieren wollen.

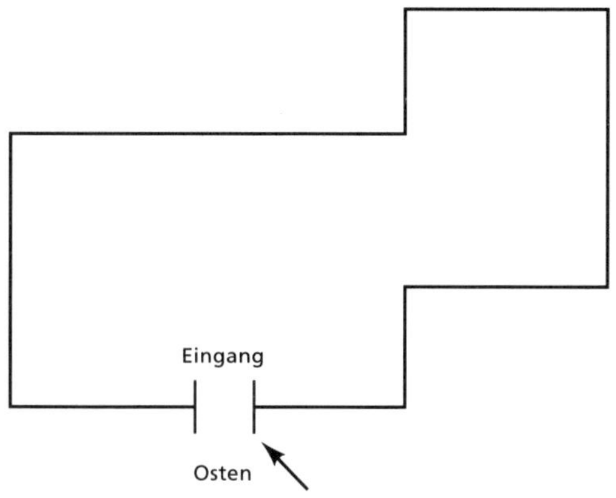


2. Benutzen Sie einen gewöhnlichen Kompass, um die Richtung zu bestimmen, in die Sie beim Blick aus der Eingangstür schauen.
3. Zeichnen Sie ein *ba gua* im selben Massstab wie den Grundriss. Es müssen nicht alle Seiten gleich lang sein. Nur parallele Linien wie Ost/West und Nord/Süd müssen genau übereinstimmen. Das *ba gua* kann zu praktisch jeder Grösse gestreckt oder verkleinert werden.

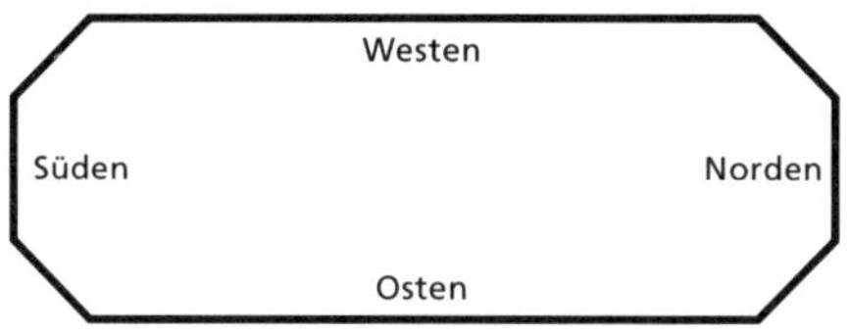


4. Plazieren Sie das *ba gua* auf Ihrem Plan so, dass es so gut wie möglich in den Raum passt und die Richtung des Raumeingangs genau parallel zur Wand mit der Türe liegt.

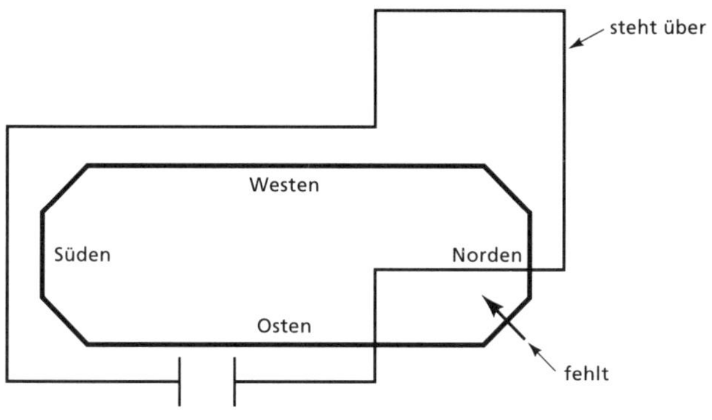

5. Wenn der Raum nicht genau quadratisch oder rechteckig ist, werden sich einige Stellen des Raumes und des *ba gua* nicht decken. Diese Bereiche müssen in den Raum «hineingezogen» werden, entweder mit Hilfe von Spiegeln oder mit Accessoires aus dem Element der fehlenden oder überstehenden Richtung.

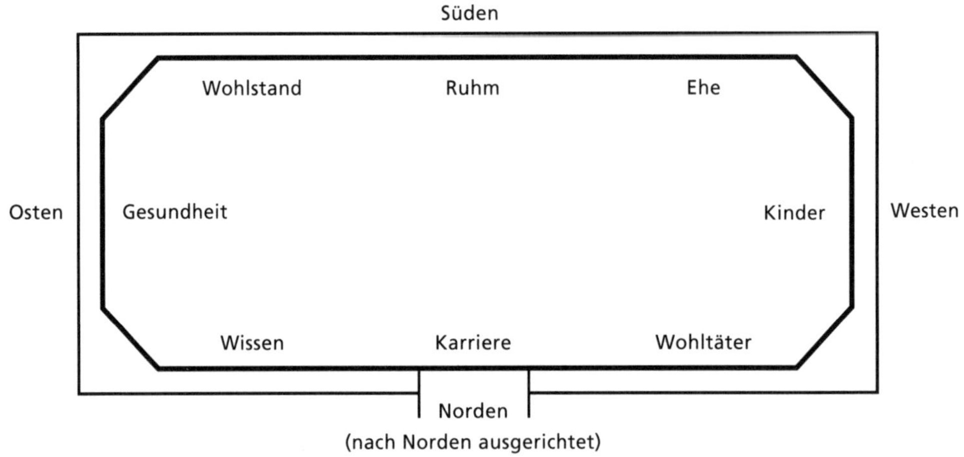


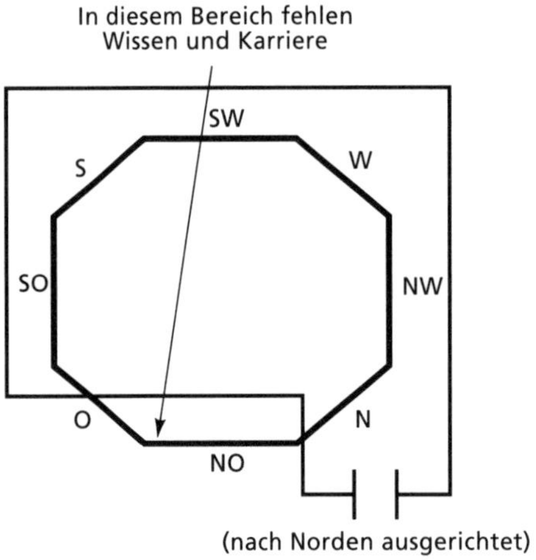


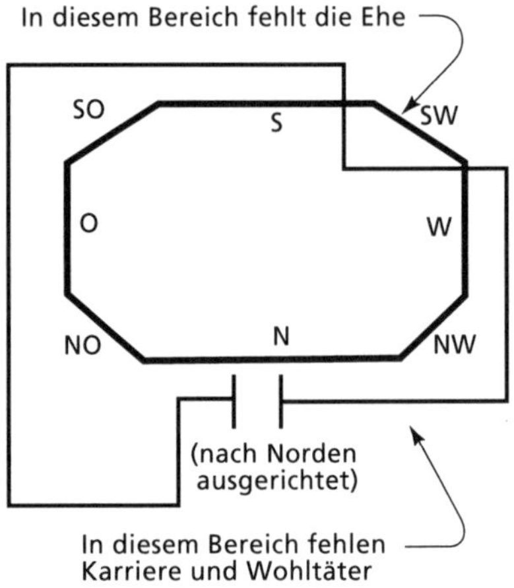


6. Mit Hilfe der Tabelle auf Seite 195 können Sie bestimmen, welche Elemente Sie hinzufügen müssen, um alle acht Aspekte des *ba gua* in Ihrem Raum, Heim oder Büro einzuschliessen.

Mit Hilfe des *ba gua* können Sie bestimmen, wo Sie Möbel, Büromaschinen, Kassen, Geschäftsleitungsbüros, Grossraumbüro, Sekretariat, Kaffeeküche, Toiletten, Lagerraum und alle anderen notwendigen Räume unterbringen sollten.

*Osten:* Passend für Depots, Transport und Verteilung von Waren, Postraum, Esszimmer, Büro des Firmengründers, Firmenfotos, Erinnerungen, Auszeichnungen, Empfangspersonal.

*Südosten:* Passend für Routinearbeit, Montageketten, Grossraumbüros, Geldkassetten, Registrierkasse und Unterlagen über Finanzen sowie alles, was Sicherheit braucht.

*Süden:* Passend für Vorgänge, die mit Hitze, Elektrizität, Computern oder Laboratorien zu tun haben, Beratung, Personalabteilung, Weiterbildungsabteilungen.

*Südwesten:* Sanitätsraum, Aufenthalts- und Speiseräume.

*Westen:* Pause, Entspannung, Unterhaltung, Kinderhort, Bühnen, Küchen- und Essbereich, Parkplätze.

*Nordwesten:* Passend für die Geschäftsleitung, Verkäufe, Leasing, Reisen, Planung von Tagungen, Marketing, Werbung, PR-Abteilung.

*Norden:* Passend für Werkstätten, Rennbahnen, mechanische Kommunikation, Büros der Geschäftsleitung, Computer, Faxgeräte, Telefone.

*Nordosten:* Passend für Eingänge, Sicherheitssysteme, Lagerräume, Magazine, Parkplätze, Archiv, Bibliotheken, Ausbildungszentren, Bücher, Ablage, wichtige Dokumente. Befindet sich im Nordosten ein Bad, sollten Sie an alle vier Wände Spiegel hängen.

## Die drei Zyklen der Elemente

Die Natur hält das Gleichgewicht durch Ordnung und Struktur aufrecht, indem sie die fünf Elemente in drei verschiedenen Folgen anordnet, die der Fortsetzung des Lebens und der Schaffung neuer Formen dienen.

Im *Schöpfungszyklus* bringen sich die Elemente nacheinander selbst hervor, was eine wachstumsorientierte, fliessende Beziehung ergibt – wie die einer Mutter zu ihrem Kind.

Im *Reduktionszyklus* schwächen die Elemente sich gegenseitig der Reihe nach in ihrer Kraft und erzeugen dadurch ein langsames, aber harmonisches Wachstum – wie das Kind von der Kraft seiner Mutter zehrt.

Im *Machtzyklus* kämfen die Elemente miteinander um die Vorherrschaft. Werden die Elemente in dieser Reihenfolge miteinander kombiniert, entsteht eine dynamische Spannung, die intensive Energie hervorbringt – wie in der Beziehung von Vater und Kind.

Diese drei Zyklen wirken wie ein System von Kontrollen und Gegengewichten zusammen, und so wird die Umgebung immer im Gleichgewicht gehalten. Es ist unerlässlich, diese Zyklen zu verstehen, um bestimmen zu können, welche Elemente man hinzufügen und welche man entfernen soll.

Der Schöpfungszyklus ist harmonisch. Elemente bringen das im Uhrzeigersinn nächstfolgende Element hervor; sie schaffen oder gebären es, genau wie eine Mutter ihr Kind gebiert. Die Regeln der Mutter sind sanft, nachgebend, nicht kompetitiv, sondern ermutigend und liebevoll. Wenn man der natürlichen Ordnung folgt, gibt die Mutter dem Kind bedingungslos. Wenn sie zuviel gibt, erstickt sie das Kind und erschöpft ihre Reserven; wenn sie zuwenig gibt, leidet sie an Überfluss und das Kind kann keine Autonomie und Unabhängigkeit erreichen.

Im Schöpfungszyklus ist Holz die Mutter des Feuers. Um ein Feuer zu entfachen, braucht man Brennstoff; um es am Brennen zu halten, braucht man Holz. Feuer ist die Mutter der Erde. Nirgends kommt das dramatischer zum Ausdruck als bei einem Vulkan. Vulkane sind die Baumeister der Natur: Sie schaffen Volumen und Masse der Erdoberfläche aus ihrem feurigen Inneren. Wenn die flüssige Lava Meer und Land trifft, legt sie den Grundstein für neue Kontinente und Meerbecken, wie sie das vor vier Milliarden Jahren tat, als vulkanische Gase die erste Ur-Atmosphäre und die ersten Meere unseres Planeten bildeten.

Erde ist die Mutter von Metall. Erdpartikel werden unter starkem Druck aus einatomigen Mineralien zu wertvollen Metallen gemacht (Gold, Silber, Kupfer, Zinn), die im Bergbau gewonnen und zu Münzen und Schmuck verarbeitet werden.

Metall ist die Mutter von Wasser, das es aus der Luft erschafft, indem es Feuchtigkeit durch Kondensation anzieht. Wenn Metall geschmolzen wird, hat es dieselben Eigenschaften wie Wasser und kann ausgedehnt, verbogen, gekrümmt, gestreckt und in verschiedene Formen gegossen werden.

Wasser ist die Mutter von Holz. Wasser fliesst und nährt alles Lebendige. Wenn Mutter Wasser ihr Kind Holz nicht nährt, kann das Holz nicht wachsen und stirbt ab.

## *Der Reduktionszyklus*

Der Reduktionszyklus ist die Umkehrung des Schöpfungszyklus. In einer Bewegung im Gegenuhrzeigersinn nimmt das Kind von der Mutter, was die Kraft der Mutter zwar reduziert, aber nicht zerstört. Das Kind gehorcht der Mutter, indem es genug von ihrer Essenz aufnimmt, um sich zu nähren und jeden Überschuss auszubalancieren, der von der Erschaffung des Kindes noch übriggeblieben sein könnte.

Mutter Holz wird vom Kind Feuer, wie in einem Kamin oder Ofen, reduziert. Feuer berührt einen Teigklumpen und macht daraus Brot – Nahrung für das Leben. Mutter Feuer wird reduziert von Kind Erde, weshalb Kamine und Feuerstellen im Freien mit Steinen, Backsteinen oder anderen Erdmaterialien umgeben sind; und Minenarbeiter tragen Lichter auf ihren Helmen, um die Dunkelheit des Unterirdischen zu durchdringen. Erde wird durch Druck reduziert, der Mineralien in Gold, Silber und Edelsteine verwandelt. Sie kann vom Kind Metall auch reduziert werden, wenn es als Schaufel oder Pflug die Erde zu fruchtbaren Furchen umgräbt. Kind Wasser nimmt von Mutter Metall Mineralien auf, die sich auflösen und nach dem Verdunsten des Wassers zu Kristallen werden. Kind Holz nimmt Mutter Wasser auf, als sauge es süsse, warme Milch. Das Kind ist naiv und unschuldig und muss von der Mutter physisch versorgt werden, während der Vater ihm die Naturgesetze beibringt.

Eigenschaften und Entsprechungen der fünf Elemente

| ***Element:*** | **Holz** | **Feuer** | **Erde** | **Metall** | **Wasser** |
|---|---|---|---|---|---|
| *Schafft:* | Feuer | Erde | Metall | Wasser | Holz |
| *Kontrolliert:* | Erde | Metall | Wasser | Holz | Feuer |
| *Reduziert:* | Wasser | Holz | Feuer | Erde | Metall |
| *Form:* | Rechteck | Dreieck | Quadrat | Kreis | Welle |
| *Richtung:* | Osten | Süden | Mitte | Westen | Norden |
| *Jahreszeit:* | Frühling | Sommer | Pause | Herbst | Winter |
| *Farbe:* | Grün | Rot | Gelb | Weiss | Schwarz |
| *Klima:* | windig | heiss | feucht | trocken | kalt |
| *Geschmack:* | sauer | bitter | süss | scharf | salzig |
| *Emotion:* | Ärger | Freude | Zuneigung | Kummer | Angst |
| *Laut:* | schreien | lachen | singen | weinen | stöhnen |
| *Sinn:* | Gesicht | Geschmack | Tastsinn | Geruch | Gehör |
| *Energie:* | psychisch | lenkend | ursprünglich | physisch | kreativ |
| *Tugend:* | Güte | Demut | Vertrauen | Integrität | Weisheit |

Schliesslich wird das Kind in Opposition gehen und seine Kräfte an den Eltern ausprobieren. Wenn sich das Kind den Eltern nicht widersetzt, wird es nie unabhängig. Ist seine Opposition zu stark, wird sie die Eltern töten. Dann wird das Leben unterbrochen.

### *Machtzyklus: Zyklus des Vaters*

Im Machtzyklus, der auch Kontroll- oder Destruktionszyklus genannt wird, besitzen die Elemente die Macht, ein anderes Element zu zerstören oder zu beherrschen. Elemente in diesem Zyklus verhalten sich wie ein Vater und wetteifern mieinander, um dynamische Spannung zu erzeugen.

Es liegt in der Verantwortung des Vaters, tadelloses Verhalten und Unterwerfung unter die unveränderlichen Gesetze der Natur zu lehren. Die Regeln des Vaters sind streng und unnachgiebig. Er lehrt, unterweist, führt, leitet, diszipliniert, straft, hindert, kontrolliert und dominiert letztlich das regellose, rebellische Kind, wobei die Methoden an Strenge zunehmen, bis die Lektion sitzt. Der Vater besitzt Macht, weil er älter ist als das Kind und auch mehr Erfahrung hat, und die Natur lässt diese Macht zu, wenn er sie sich verdient hat, indem er die Gesetze befolgt.

Wenn der Vater in seiner Rolle versagt, werden die Gesetze nicht mehr befolgt, und das Leben löst sich in Chaos auf. Ist er zu streng, straft er zu hart oder verlangt er zuviel, wird das Kind irreparabel geschädigt und kann den Zyklus nicht mehr fortsetzen.

Vater Holz kontrolliert Kind Erde, indem er es absorbiert und aufbraucht, so wie Pflanzen Nahrung aus dem Boden ziehen. Nach einer gewissen Zeit müssen die nährenden Bestandteile erneuert werden, um das Gleichgewicht wiederherzustellen. Wenn das Veilchen den Stein durchbricht, hat Vater Holz die Domäne von Kind Erde betreten. Vater Metall fällt, hackt, entfernt, behindert oder reduziert Kind Holz. Vater Erde absorbiert Kind Wasser, wie die Berge, Felsen und Sandkörner den riesigen Ozean aufhalten. Vater Feuer schmilzt Kind Metall und macht aus ihm eine Flüssigkeit, die in jede Form gebracht werden kann. Vater Wasser zerstört das Feuer, wie die Regenwolken die Sonne verdunkeln.

## Die drei Zyklen

### *Der Schöpfungszyklus*

Holz brennt, schafft oder unterhält Feuer.
Feuer brennt und hinterlässt Asche, woraus Erde entsteht.
Erde übt Druck auf Teilchen aus, wodurch Metall entsteht.
Metall zieht Feuchtigkeit an, woraus Wasser entsteht.
Wasser nährt Holz.

### *Der Reduktionszyklus*

Feuer reduziert Holz durch Verbrennen.
Holz reduziert Wasser durch Aufsaugen.
Wasser reduziert Metall durch Auflösen.
Metall reduziert Erde durch Verdichtung.
Erde reduziert Feuer durch Ersticken.

### *Der Machtzyklus*

Holz verbraucht Erde.
Erde hält Wasser auf.
Wasser löscht Feuer.
Feuer schmilzt Metall.
Metall in Form von Beil oder Säge
hackt Holz.

*Die drei Zyklen*

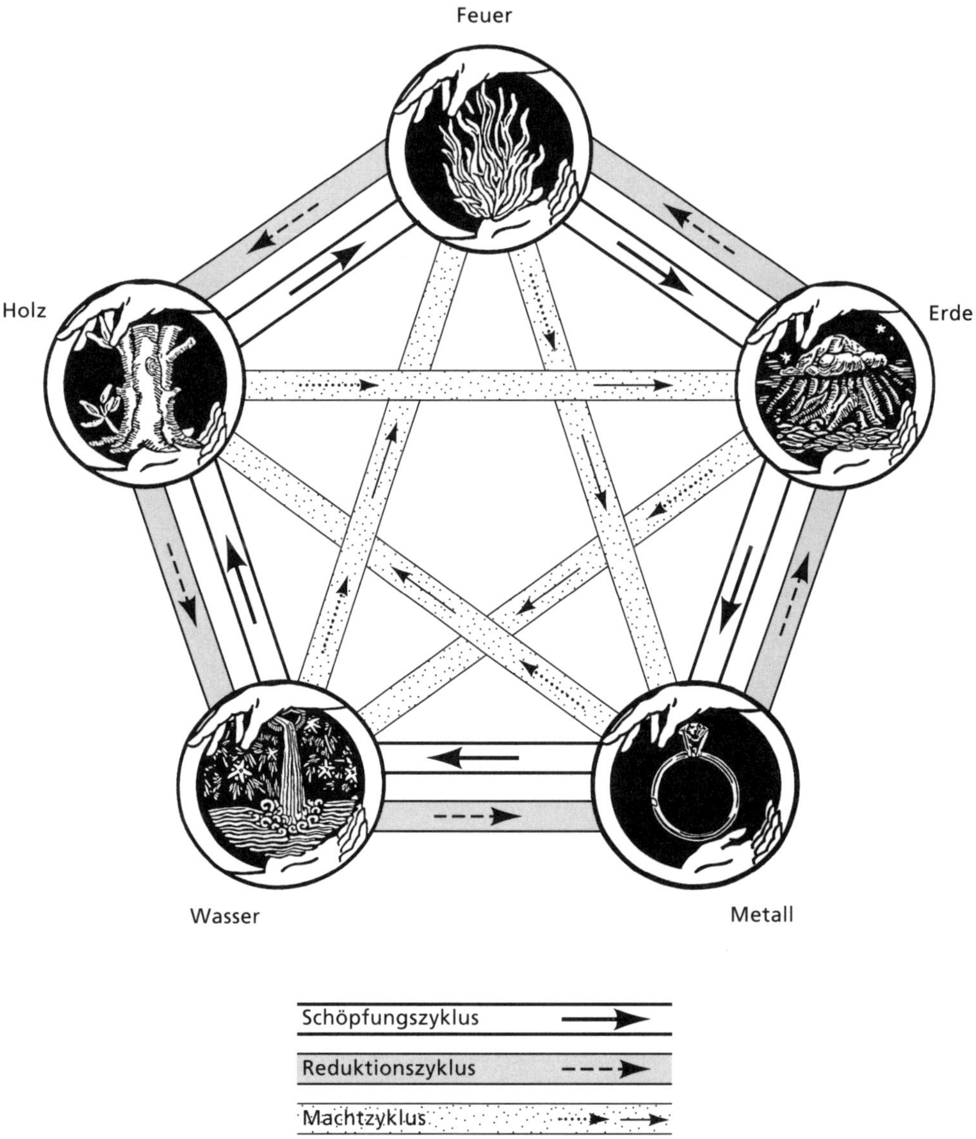

# Bibliographie


Beinfield, Harriet, und Korngold, Efrem: *Between Heaven and Earth*. Ballantine Books, New York 1991.

Blofeld, John: *I Ging*. Scherz, München 1991.

Caruso, Paul: *Chinese Astrology*. Open Court, London 1974.

Chang, Stephen: *The Integral Management of Tao*. Tao Publishing, San Francisco 1988.

Chu, W. K. und Sherril, W. A.: *Astrologie des I Ging*. Diederichs, München 1992.

Cleary, Thomas: *I Ging*. Diogenes, Zürich 1995.

Cozzi, Steve: *Die Astrologie des Standortes*. Chiron, Mössingen 1993.

Eberhard, Wolfram: *Lexikon chinesischer Symbole*. Diederichs, München 1989.

Eitel, Ernest: *Feng Schui oder die Rudimente der Naturwissenschaft in China*. Felicitas Hübner, Waldeck 1982.

Fields, Rich: *Chop Wood, Carry Water*. Jeremy Tarcher, Los Angeles 1984.

Furlong, Monica: *Zen Effects*. Houghton Mifflin, Boston 1986.

Gallagher, Winifred: *The Power of Place*. Poseidon Press, New York 1993.

Graves, Tom: *Pendeln*. Aurum (Edition Roter Löwe), Braunschweig 1992.

Groves, Derham: *Feng Shui and Western Building Ceremonies*. Graham Brash, Singapur 1991.

Jayne, Charles: *Introduction to Locality Astrology*. Charles Jayne, New York 1970.

Jenner, W. J. F. (engl. Übers.): *Journey to the West*. Foreign Languages Press, Peking 1988.

Kapchuk, Ted: *The Web That Has no Weaver*. Congdon and Weed, New York 1983.

Lau, Theodora: *Das grosse Buch der chinesischen Astrologie*. Droemer Knaur, München 1983.

Lawson, Joyce und Lawson-Wood, Dennis: *The Five Elements of Acupuncture and Chinese Massage*. Health Science Press, Devon, England, 1973.

Legge, James (engl. Übers.): *The four Books: The Great Learning; The Doctrine of the Mean; Confucian Dialects; The Works of Mencius*. Culture Book Company.

Lip, Evelyn: *Chinese Geomancy*. Times Books, Singapur 1979.

– *Chinese Numbers*. Heian Publishers, Union City 1992

– *Feng Shui in the Home*. Heian Publishers, Union City 1991

– *Feng Shui for Business*. Heian Publishers, Union City 1991.

Mann, A. T.: *Mystische Architektur*. Edition Astrodata, Wettswil 1996.

Ni, Hua Ching: *The Unchanging Truth and the Book of Changes*. College of Tao, Los Angeles 1979.

O'Brien, Joanne und Ho, Kwok Man: *The Elements of Feng Shui*. Element Books, London 1991.

Pennick, Nigel: *Handbuch der angewandten Geomantie*. Neue Erde, Saarbrücken 1992.

Rabten, Geshe, und Dhargvey, Geshe: *Advice from a Spiritual Friend.* Wisdom Publications, London 1984.
Rossbach, Sarah: *Feng Shui.* Droemer Knaur, München 1994.
Schonberger, Martin: *The I Ching and the Genetic Code.* ASI, New York 1979.
Senzaki, Nyogen (engl. Übers.): *The Iron Flute.* Charles Tuttle, Tokio 1961.
Skinner, Stephen: *The Living Manual of Feng Shui.* Routledge & Kegan Paul, London 1984.
– *The Oracle of Geomancy.* Prism Press, Lan Leandro 1977.
Taylor, Norman: *Taylor's Encyclopedia of Gardening.* Chanticleer Press, New York 1961.
Walters, Derek: *Feng Shui – Die Kunst des Wohnens.* Scherz, München 1993.
– *Das Feng-Shui-Praxisbuch.* Scherz, München 1996.
– *Feng Shui.* Zürich, Edition Astroterra, Wettswil 1996.
– *Ming Shu.* Zürich, Edition Astroterra, Chur 1988.
Wilhelm, Helmut: *Heaven, Earth and Man.* University of Washington Press, Seattle 1978.
– *Sinn des I Ging.* Diederichs, München 1995.
Williams, C. A. S.: *Chinese Symbolism and Art Motifs.* Charles E. Tuttle, Boston 1974.
Wintle, Justin: *The Dragon's Almanac.* Graham Brashm, Singapur 1983.

# Register

# Weitere Bücher der Edition Astrodata

Erhältlich in jeder Buchhandlung

---

*A. T. Mann & Jane Lyle*

## Mystische Sexualität

Format 19.6 x 27.5 cm, geb., 188 farbige Abb., 192 Seiten, ISBN 3-907029-53-4

In manchen alten Kulturen symbolisierte die Sexualität den höchsten heiligen Akt und hatte den Charakter eines heiligen Sakraments, welches den Menschen mit seinem göttlichen Ursprung in Verbindung bringt. Mystische Sexualität geht dem Ursprung und den Praktiken religiöser Sexualität in verschiedenen Kulturen nach und untersucht die sich wandelnden Verhaltensweisen wie auch die Konflikte der modernen Gesellschaft mit der Sexualität. Dieses aktuelle, vollständig farbig illustrierte Buch unterstützt Kräfte der Veränderung und der Rückbesinnung auf intensive Lebensfreude. Sexualität wird dargestellt als tiefgreifend verwandelnde Lebenserfahrung und als ein Initiationsweg.

**Aus dem Inhalt:** *Anfänge der Sexualität, Die Schlangengöttin, Mesopotamiens heilige Prostituierte, Sexuelle Mythologie Ägyptens, Kundalini – Götter und Göttinnen, Yin-Yang als sexuelle Alchemie, Griechische Sexgöttinnen, Sexgöttinnen im römischen Reich, Die Jungfrau und die Hure, Mittelalter: Idealisierungen des Weiblichen, Die alchemistische Hochzeit, Esoterische Sexualität.*

*A. T. Mann*

## Mystische Architektur

Format 19.6 x 27.5 cm, geb., 288 farbige Abb., 192 Seiten, ISBN 3-907029-54-2

Architektur war früher immer ein materieller Ausdruck heiliger, esoterischer Zusammenhänge. Dieses vollständig vierfarbig illustrierte Buch erforscht verschiedene Stile und schöpferische architektonische Leistungen, angefangen beim Tempel von Luxor in Ägypten, dem Parthenon in Griechenland bis zum Taj Mahal von Indien sowie den grossen Kathedralen Europas. Hinter diesen sichtbaren Werken wird bei näherem Hinschauen immer die Signatur des Heiligen und Esoterischen sichtbar. *Mystische Architektur* hilft uns, eine kollektive Erbschaft wieder zu entdecken, und zeigt uns, wie die sich wandelnden Lebensanschauungen in Gebäuden und Monumenten unserer Vorfahren sichtbar werden. Ausgehend von den astrologischen und mythologischen Einflüssen, welche Standort, Form und Funktion früher Gebäude und Monumente bestimmten, führt uns der Autor auf eine Reise bis in die moderne Zeit, die im Gegensatz zu früher kaum mehr vom Esoterischen, sondern vom Profanen bestimmt wird.

**Aus dem Inhalt:** *Das Esoterische und das Symbolische, Frühe Kosmologien und der kosmische Würfel, Tempel in der Welt, Der Bereich des Sakralen, Feng Shui, Die Magie der Erde, Architektonische Mandalas, Geheime ägyptische Architektur, Islamische Architektur, Die grossen Kathedralen, Humanismus und die Ablösung durch den Modernismus.*

*Erin Sullivan*

## Astrologische Familiendynamik

Format 17 x 24 cm, geb., 10 Hskpe., 10 Abb., 300 Seiten, ISBN 3-907029-55-0

Jeder Mensch trägt in sich das Erbe seiner Vorfahren und ist tief verwurzelt in der Geschichte seiner Herkunftsfamilie. Zugleich trägt auch jeder Mensch etwas Neues und Unbekanntes in seine Familie hinein und bringt dadurch eine Dynamik in Gang, die sowohl zum Fortbestand der Familie als auch zur Erneuerung des familiären Musters beiträgt. Dieses Buch zeigt, wie in den Horoskopen der Familienmitglieder archetypische Strukturen und Themen von einer Generation an die nächste weitervererbt werden. Ebenso werden die astrologischen Generationszyklen beschrieben. Gerade in der heutigen Zeit, wo viele Menschen auf der Suche nach neuen Formen des familiären Zusammenlebens sind, ist das Buch ein nützlicher Wegbegleiter: Es zeigt, dass wir uns erst dann in die grosse Familie der Menschheit eingliedern können, wenn wir die Dynamik unserer eigenen Familie erkannt und integriert haben. Dabei leistet das Horoskop unschätzbare Hilfe.

**Aus dem Inhalt:** *Individuum und Kollektiv, Die grosse Familie der Menschheit, Das System der Kernfamilie, Astrologische Modelle für offene und geschlossene Familiensysteme, Sonne und Mond in der Familiendynamik, Die Rolle des Einzelnen in der Familie: Das schwarze Schaf, Der Vermittler, Der Katalysator, Die vier Elemente in der Familiendynamik, Astrologische Fallbeispiele für Familiendynastien*

*Rainer Öhlschleger*

## Stichworte zur Horoskopdeutung

PLANETEN, ZEICHEN, HÄUSER UND ASPEKTE

Format 17 x 24 cm, geb., 352 Seiten, ISBN 3-907029-52-6

Das vorliegende Lehrbuch mit Stichworten zur ganzheitlichen Horoskopdeutung zeigt auf, wie sich die Analogien zwischen kosmischem und irdischem Geschehen im menschlichen Leben konkret äussern können. Der Autor unterscheidet bei allen Planetenstellungen und -aspekten zwischen passiv-gehemmten und aktiv-übersteigerten Entsprechungen, denen auch bestimmte Krankheitsdispositionen zugeordnet werden. Um nicht in die Extreme zu geraten oder sogar krank zu werden, muss der Mensch die sinnvolle Mitte zwischen Übersteigerung und Hemmung finden. Deshalb beschreibt der Autor jeweils auch die möglichen Lösungen für den Umgang mit problematischen Konstellationen und nennt die Berufe, in denen es möglich ist, die besprochenen Anlagen sinnvoll und kreativ zu leben. Dieses Buch wendet sich an alle Astrologieinteressierte, ist aber auch für Therapeuten gedacht, die den tieferen Ursachen von Erkrankungen und psychischen Problemen auf den Grund gehen wollen.

# Weitere Bücher der Edition Astrodata

Erhältlich in jeder Buchhandlung

*Jessie Adler Gral:* **Unser innerer Geliebter,** Anima, Animus, der Schatten und das innere Kind in Liebesbeziehungen, Format 14 x 21 cm, brosch., 336 S., 12 Hskpe., 27 Tabellen, ISBN 3-907029-47-X

*Jessie Adler Gral:* **Die verzauberte Seele,** Sucht und Spiritualität im Horoskop, Format 14 x 21 cm, brosch., 306 S., 14 Hskpe., 27 Tabellen, ISBN 3-907029-31-3

*Baigent/Campion/Harvey:* **Mundan-Astrologie,** Handbuch der Astrologie des Weltgeschehens, Format 17 x 24 cm, geb., 456 S., 98 Abb., ISBN 3-907029-12-7

*Nicholas Campion:* **Das Buch der Welthoroskope,** Alle wichtigen Daten und Quellen zu Ländern, Nationen und weltpolitischen Ereignissen, Format 17 x 24 cm, geb., 660 S., 364 Hskpe., ISBN 3-907029-19-4

*Donna Cunningham:* **Handbuch der astrologischen Beratung,** Format 17 x 24 cm, geb., 232 S., 11 Horoskope, 2 Abb., ISBN 3-907029-51-8

*Brigitte Eichenberger:* **Astrologie-Fibel,** Ein Wegweiser für Laien, Format 14 x 21 cm, brosch., 38 farbige Illustrationen und Fotos, 96 S., ISBN 3-907029-44-5

*Dennis Elwell:* **Das kosmische Netzwerk,** Astrologie – eine neue Wissenschaft, Format 17 x 24 cm, geb., 224 S., ISBN 3-907029-08-9

*Martin Freeman:* **Astrologische Prognosemethoden,** Format 17 x 24 cm, geb., 152 S., 10 Abb., ISBN 3-907029-02-X

*Joëlle de Gravelaine:* **Lilith – Der Schwarze Mond,** Die Grosse Göttin im Horoskop, Format 17 x 24 cm, geb., 224 S., 40 Abb., ISBN 3-907029-13-5

*Judy Hall:* **Die karmische Reise**, Geburtshoroskop, Karma und Reinkarnation, Format 17 x 24 cm, geb., 320 S., zahlr. Hskpe. und Abb., ISBN 3-907029-22-4

*Brigitte Hamann:* **Lebensmuster,** Elternbilder im Horoskop, Format 17 x 24 cm, geb., 280 S., ISBN 3-907029-41-0

*Michael Harding/Charles Harvey:* **Die Feinanalyse des Horoskops,** Das Arbeiten mit Harmonics, Schnittpunkten und Astro*Carto*Graphy, Format 17 x 24 cm, geb., 406 S., zahlr. Abb., ISBN 3-907029-21-6

*Nancy Anne Hastings:* **Progressionen und Transite,** Ein praxisorientiertes Deutungsbuch, Format 17 x 24 cm, geb., 295 S., 35 Abb., ISBN 3-907029-15-1

*Johan Hjelmborg/Louise Kirsebom:* **Augenblicksastrologie,** Partituren und Spiele der Planeten, Format 17 x 24 cm, geb., 204 S., 75 Abb., ISBN 3-907029-04-6

*Johan Hjelmborg/Louise Kirsebom:* **Zeichen und Planeten in der Hand,** Format 17 x 24 cm, geb., 308 S., 180 Abb., ISBN 3-907029-18-6

*Eve Jackson:* **Jupiter – Der alte Wohltäter in einem neuen Licht,** Format 17 x 24 cm, geb., 184 S., 31 Abb., ISBN 3-907029-07-0

*Marc Edmund Jones:* **Die sabischen Symbole in der Astrologie**, Format 17 x 24 cm, geb., 416 S., 7 Ill., 1000 Horoskopstellungen, ISBN 3-907029-40-2

*Jim Lewis/Ariel Guttman:* **Astro*Carto*Graphy-Atlas,** Mit Horoskopen und Biographien, Format 21 x 28 cm, brosch., 328 S., 270 Abb., ISBN 3-907029-14-3

*Bernd A. Mertz:* **Also sprachen für die Astrologie ...,** Zitate berühmter Persönlichkeiten, Format 14 x 21 cm, brosch., 33 Abb., 136 S., ISBN 3-907029-45-3

*Bernd A. Mertz:* **Liebe – Opfer – Magie,** Der Mensch als Geheimnis des Kosmos, Format 17 x 24 cm, geb., 219 S., 42 Hskpe., 10 Abb., ISBN 3-907029-25-9

*Bernd A. Mertz:* **Paracelsus und seine Astrologie,** «Im Menschen nämlich sind Sonne und Mond und alle Planeten», Format 14 x 21 cm, brosch., 96 S., 2 Hskpe., 52 Abb., ISBN 3-907029-32-1

*Bernd A. Mertz:* **Schicksalspunkte im Horoskop,** Die Schnelldiagnose in der Astrologie, Format 17x24 cm, geb., 232 S., 40 Abb., ISBN 3-907029-20-8

*Hermann Meyer:* **Befreiung vom Schicksalszwang,** Astropsychotherapie, Format 17x24 cm, geb., 208 S., ISBN 3-907029-01-1

*Michael Newton:* **Die Reisen der Seele,** Karmische Fallstudien, Format 17x24 cm, geb., 240 S., ISBN 3-907029-50-X

*Melanie Reinhart:* **Chiron – Heiler und Botschafter des Kosmos**, Format 17 x 24 cm, geb., 346 S., 22 Hskpe., Ephemeriden 1900–2000, ISBN 3-907029-26-7

*Jane Ridder Patrick:* **Praktische Astro-Medizin,** Entsprechungen zwischen Kosmos, Körper und Seele, Vorwort von Charles Harvey, Format 17x24 cm, geb., 189 S., 15 Abb., ISBN 3-907029-24-0

*Dane Rudhyar/Leyla Rael-Rudhyar:* **Der Sonne/Mond-Zyklus,** Ein Schlüssel zum Verständnis der Persönlichkeit, Format 17x24 cm, geb., 192 S., 25 Abb., ISBN 3-907029-06-2

*Thomas Schäfer:* **Astrologie und Traumdeutung,** Die innere Welt des Horoskops in Träumen und Märchen, Format 17x24 cm, geb., 192 S., 19 Abb., 4 Hskpe., ISBN 3-907029-42-9

*Thomas Schäfer:* **Bildersprache Astrologie,** Format 17x24 cm, geb., 172 S., 5 Abb., ISBN 3-907029-17-8

*H. H. Schöffler:* **Gœthes Leben aus den Sternen,** Kleines Lesebuch der Transitastrologie, Format 15x21 cm, kart., 208 S., 100 Hskpe., ISBN 3-907029-10-0

*H. H. Schöffler:* **Mozart und die Musik der Sterne,** Ein astrologischer Lebenslauf, Format 15x21 cm, kart., 170 S., 80 Hskpe., ISBN 3-907029-16-X

*Pauline Stone:* **Partnerschaft, Astrologie und Karma**, Wie man Beziehungen verstehen, transformieren und heilen kann, Format 17x 24 cm, geb., 192 S.,3 Abb., ISBN 3-907029-23-2

*Erin Sullivan:* **Rückläufige Planeten**, Aufbruch in die innere Landschaft, Format 17x24 cm, geb., 360 S., 16 Hskpe., 28 Abb., ISBN 3-907029-29-1

*Hannelore Traugott:* **Lilith – Eros des Schwarzen Mondes**, Format 17x24 cm, geb., 232 S., 3 Hskpe., 29 s/w und 8 fg. Abb., ISBN 3-907029-48-8

*Noel Tyl (Hg.):* **Sexualität im Horoskop,** Format 17x24cm, geb., 49 Hskpe. und 11 Abb., 328 S., ISBN 3-907029-46-1

*Noel Tyl (Hg.):* **Uranus, Neptun und Pluto im persönlichen Erleben,** Format 17x24 cm, geb., 256 S., 12 Horoskope., 7 Abb., ISBN 3-907029-38-0

*Eric J. Weil:* **Das kombinierte Fragehoroskop,** Die verfeinerte Methode der Fragehoroskope, Format 14x21 cm, brosch., 82 S., 49 Hskpe., ISBN 3-907029-33-X

*J. Claude Weiss/Verena Bachmann:* **Pluto – Das Erotische und Dämonische,** Format 17x24 cm, geb., 256 S., 43 Abb., ISBN 3-907029-05-4

*J. Claude Weiss:* **Karmische Horoskopanalyse Band I,** Unbewusste Lebenspläne erkennen und verändern – Mondknoten-, Saturn- und Plutothemen im Horoskop, Format 17x24 cm, geb., 296 S., ISBN 3-907029-39-9

*J. Claude Weiss:* **Karmische Horoskopanalyse Band II,** Das Skriptmodell – Uranus und Neptun als Wege geistiger Entfaltung – Lilith und Chiron als Botschafter kommender Zeiten – Das karmische Neumondhoroskop, Format 17x24 cm, geb., ca. 248 S., ISBN 3-907029-49-6

*J. Claude Weiss:* **Astrologie – Eine Wissenschaft von Raum und Zeit,** Format 17x24 cm, geb., 200 S., 24 Abb., ISBN 3-907029-03-8

*Jürgen Wiering:* **Astrologie und Beruf,** Berufs- und Unternehmensberatung mit Hilfe der Astrologie, Format 17x24 cm, geb., 192 S., 1 Horoskop, 31 Tab., 1 Abb., ISBN 3-907029-37-2

**100 zeitgenössische Filmschauspieler und Filmschauspielerinnen,** Lebensläufe und Horoskope, Format 21 x 29,7 cm, kart., 208 S., 100 Hskpe., ISBN 3-907029-09-7

**100 Regisseure und klassische Filmschauspieler und Filmschauspielerinnen,** Lebensläufe und Horoskope, Format 21 x 29,7 cm, kart., 208 S., 100 Hskpe., ISBN 3-907029-11-9

# Weitere Bücher der Edition Astrodata

Erhältlich in jeder Buchhandlung

Die Zeitschrift ASTROLOGIE HEUTE erscheint seit 1986 alle zwei Monate und berichtet über alle wesentlichen Strömungen der deutschsprachigen und internationalen Astrologieszene.

Das Heft enthält im Mittelteil jeweils ein *farbiges Magazin,* wo auf spielerische, verständliche Weise die Grundlagen der Astrologie vermittelt werden. In der Rubrik *Astrologie im Weltgeschehen* werden anhand der mundanen Konstellationen (in bezug auf das aktuelle Weltgeschehen) die politischen und gesellschaftlichen Ereignisse astrologisch analysiert und interpretiert. In jeder Nummer sind jeweils die Horoskope von sechs *berühmten Persönlichkeiten,* die im entsprechenden Zeitraum Geburtstag haben, farbig abgedruckt und mit einer Kurzbiographie versehen. Weitere Rubriken: *Kalender* (astrologische Vorschau über die folgenden zwei Monate), *Praxis* (astrologische Deutungs- und Arbeitsmethodik), *Baukasten* (astrologisches Grundwissen), *Psychologie, Bücherschau, Esoterik/New Age, Reflexe/Reflexionen* (Meldungen, Kongressberichte). Regelmässig werden *Interviews* mit bekannten Persönlichkeiten zu astrologischen und philosophischen Themen veröffentlicht. Herausgeber: *Claude Weiss*

*Eine Gratis-Probenummer oder ein Abonnement erhalten Sie bei:*

**ASTROLOGIE HEUTE, Postfach, CH-8047 Zürich**

Tel. (0041) (0) 1 493 51 30, Fax (0041) (0) 1 493 51 35.

Auch erhältlich an allen grösseren Kiosken in Deutschland und in der Schweiz.